홍익인간 사상과 국가개조 방향

– 광복 100주년을 생각하며

유경문 지음

도서출판 해남

홍익인간 사상과 국가개조 방향

–광복 100주년을 생각하며

초판1쇄 인쇄 2015년 9월 24일
초판1쇄 발행 2015년 10월 3일

저 자 유경문
발행인 노현철
발행처 도서출판 해남

출판등록 1995. 5. 10 제 1-1885호
주 소 서울특별시 서대문구 충정로 38-12(충정로 3가) 우리타워 6F
전 화 739-4822 팩스 720-4823
이 메 일 haenamin30@naver.com
홈페이지 www.hpub.co.kr

ISBN 978-89-6238-091-0 93320

머리말

21세기가 시작된 지 벌써 15년이 되었다. 2015년은 한민족이 일본 식민지로부터 해방된 광복 70주년이 되는 해이기도 하지만, 또한 한민족이 남한과 북한으로 분단된 지 70년이 되는 해이기도 하다. 앞으로 10년 또는 20년 안에 대한민국이 시급히 해결해야 할 중요한 과제는 무엇일까? 각자의 입장에 따라 우리 사회가 해결해야 할 문제가 다르겠지만 필자의 생각으로는 크게, 첫째는 남한과 북한 간의 평화적 통일이며, 둘째는 사회적 · 경제적 양극화의 해결이라 판단된다.

그런데 이러한 문제를 해결하기 이전에 보다 근원적으로 해결해야 할 문제가 있다. 바로 사회 구성원들의 올바른 가치관 확립이다. 우리 사회가 시급히 해결해야 할 남한과 북한 간의 평화적인 통일 문제의 해결뿐만 아니라, 사회적 · 경제적 양극화 문제의 해결 등 우리 사회가 가지고 있는 많은 문제들의 해결 방법의 출발점이자 열쇠는 '국가운영 철학과 사회 구성원들 간에 공유할 수 있는 가치관이 무엇인가'를 인식하는 데 있다.

모든 사회 문제의 해결 방안은 발생 원인과 그 문제의 핵심 쟁점이 무엇인지 정확히 인식하는 것, 그리고 당시 사회의 구성원들이 어떠한 가치관을 가지고 있느냐에 따라 다르게 나타난다. 우리나라를 이끌어가는 정치 지도자나 사회 지도자들이 아무리 좋은 국가운영 철학이나 고차원의 이론들을 가지고 있다 하더라도 그것이 사회 구성원 중 일부 계층으로부터만 지지를 받는다면 그

정책은 성공하기 어렵다.

한때, 우리 사회에서 유행했던 샌델(Michael Sandel)의 저서 『정의란 무엇인가(*Justice*)』에서 샌델은 "정의란 미덕을 키우고 공동선을 고민하는 것"이라고 말한다. 그리고 "정의는 올바른 분배만의 문제는 아니다. 올바른 가치 측정의 문제이기도 하다"라고 거론하면서 "도덕에 기초하는 정치"를 요구하였다.[1] 그러나 샌델은 '공동선'과 '도덕에 기초한 정치'를 어떻게 이룩할 수 있는지에 대한 구체적인 방법에 대해서는 답을 하지 못했다.

그런데 샌델이 하지 못한 답이나, 서양의 사상가와 철학자들이 말한 '사회적 · 경제적 정의'를 실현할 수 있는 방법을 우리 선조들의 사상에서 찾을 수 있다. 우리 조상은 이미 B.C.2333년에 '단군왕검'으로 시작한 단군조선 시대부터 '재세이화 홍익인간'(在世理化 弘益人間)이라는 사상과 통치철학을 가지고 있었으며, 우리가 물려받은 지 4,300여 년이나 되었다. 그리고 현대적인 구체적 실천 방안으로 약 70여 년 전에 조소앙의 '삼균제도'(三均制度)가 있다. 단지 이것을 시대에 맞게 적용하고 실천하지 못하고 있을 뿐이다.

만약에 70여 년 전에 조소앙이 주장했던 '삼균제도'를 착실하게 추진하고 실천해 왔었더라면, 오늘날 세계 제일의 복지국가로 평가받는 스웨덴이나 덴마크 이상으로 우리나라도 행복한 복지국가가 되었을 것이라 상상을 해본다.

이 책에서는 우리 사회의 올바른 가치관의 확립이나 국가운영의 철학을 '홍익인간 사상'에서 찾고자 하였으며, 우리 사회가 해결해야 할 중요한 과제의 해법도 '홍익인간 사상'에서 찾아보고자 하였다.

본 책은 크게 3부로 나누었다. 제1부는 '홍익인간 사상의 의미와 실천'이라 하여, 제1장에서는 홍익인간 사상의 현대적 해석과 가치를 다루었으며, 제2장

1 마이클 샌델 지음, 이창신 옮김, 『정의란 무엇인가(*Justice*)』, 김영사, 2011, pp. 360~371.

에서는 논의의 전개를 위하여 서양의 '경제적 정의'에 관하여 간략히 소개하고, 홍익인간 사상의 우수성을 비교 설명하였다. 그리고 제3장에서는 홍익인간 사상의 사회 · 경제적 해석 – 삼균제도를 중심으로 다루었으며, 제4장에서는 홍익인간 사상의 실천 방안으로서 조소앙의 삼균제도의 현대적 실현 방안을 다루었고, 제5장에서는 홍익인간 사상과 복지논쟁이라는 제목으로 우리나라의 복지수준 및 조세부담률을 중심으로 우리나라가 나가야 할 방향을 제시해 보았다. 제6장에서는 홍익인간 사상과 남북한 통일 문제라는 제목으로 우리는 왜 평화적 통일을 빠른 시일 내에 해야만 하는지, 그리고 남북한 통일의 추진 방식은 어떠한 것이 있을 수 있는지를 다루었다.

또한 제7장에서는 통일을 위하여 이 시대를 살아가는 우리는 어떤 준비를 해야 하나? 라는 제목하에, 통일을 위한 새로운 조세제도와 조세체계의 준비의 필요성을 다루어 보았다. 그리고 제8장에서는 남북통일을 위한 조세제도와 조세체계의 기본방향을 다루었으며, 제9장에서는 남북한 통일 이후의 북한지역의 부동산 관련 세제에 대한 기본구상을 다루어 보았다.

그리고 제2부는 '홍익인간 사상과 기타 해결 과제들'로서, 제10장에서는 '대한민국이 해결해야 할 과제들'이라 하여, 이념적 갈등과 경제적 갈등 문제를 어떻게 해소해야 하는지, 부정부패 문제와 자본의 세습화 문제를 어떻게 해결하는 것이 바람직한지를 다루었다. 그리고 제11장에서는 '홍익인간 사상과 노블레스 오블리주'라는 제목으로 우리나라에서도 기부문화 확산의 필요성을 살펴보았다. 그리고 제12장에서는 '홍익인간 사상과 21세기 남북한 통일국가가 요구하는 리더십의 조건과 리더의 역할'을 다루어 보았다.

마지막으로 제3부에서는 앞서 소개된 내용을 중심으로 요약과 더불어 실천적 제안을 하였다.

본 책은 필자가 그 동안 홍익인간 사상을 염두에 두고 쓴 논문이나 잡지에 기고한 글들을 중심으로 수정 · 보완하며 재구성 한 것이다. 그러므로 중복되는 내용들이 있음을 독자분들께 양해를 구하고자 한다. 중복되는 내용을 삭제할 경우 그 부분에서 앞뒤 내용 연결이 잘 안 되는 경우도 있고, 또 필자의 생각으로는 중요하다고 판단하여 중복되더라도 그대로 사용하였음을 밝힌다.

본 책은 어떠한 학술적 · 논리적 순서를 염두에 두고 쓴 책이 아니라 우리 사회에서 벌어지는 여러 현상에 대하여 '홍익인간 사상'을 바탕으로 어떻게 하면 보다 좋은 사회로 만들 수 있을까를 생각하며 쓴 글들을 모은 것이다. 따라서 처음부터 끝까지 순서에 따라 읽을 필요는 없고 관심이 있는 부분을 순서 없이 읽어도 되리라 생각한다.

끝으로 지금까지의 삶을 뒤돌아볼 때, 매순간 하나님의 은혜와 자비의 연속이었음을 고백하며, 본 책이 출간될 수 있게 하여주심을 하나님께 감사드립니다. 또한 본 책이 출간될 수 있도록 키워주신 고인이 되신 유붕노 아버님과, 투병중이신 신태성 어머님께 감사드리며 이 책을 바칩니다.

그리고 여러 어려움을 참고 묵묵히 뒷받침해준 아내 석은영과 부족한 아빠를 이해해주려고 애쓰며 잘 자라준 세 딸 태임, 태선, 태욱에게도 고마움을 표한다. 또한 책의 출판을 맡아주신 도서출판 해남 노현철 사장님과 원고를 꼼꼼이 점검하고 다듬어준 직원분들께도 감사드리며, 초고를 다듬어준 양정화 선생에게도 감사를 드립니다.

광복 70주년, 남북 분단 70주년에 평화통일을 바라며

광복 100주년을 생각하며

2015년 10월 3일에

유 경 문

차례

제2부
홍익인간 사상과 기타 해결 과제들

제3부
요약 및 실천적 제안

제1부

홍익인간 사상의 의미와 실천

제1장
홍익인간 사상의 현대적 해석과 가치

홍익인간 사상의 현대적 해석[1]과 가치[2]

기록으로 남은 인류의 역사는 많은 경우가 정복자나 지배계층에 의해 새로 쓰이고, 피정복자나 피지배계층의 역사는 왜곡되고 훼손되며, 심지어는 그 실존했던 역사 자체가 말살되는 경우를 얼마든지 쉽게 찾아볼 수 있다. 우리 조상의 건국 역사이며, 실존했던 단군조선사[3]도 우리 후손들이 우리 것을 제대로 지키지 못하여 왜곡되었고, 훼손되었으며, 많은 사료들이 증발해 버렸다.

실증 사학자들은 확실한 유물과 역사적 기록들을 바탕으로만 역사를 말한다고 한다. 그러나 수천 년에 걸친 우리 조상들의 역사와 유물은 왕조가 바뀌면서, 그리고 수없이 많았던 외국으로부터의 침략과 점령으로, 그리고 치명적으로 일본의 식민지배 기간 동안 우리의 역사는 철저히 왜곡되었고 훼손되었다. 일본은 식민통치 기간 동안 전국 방방곡곡을 돌아다니며 심지어는 민가에 있는 귀중한 사료나 문헌들을 수집해 갔다고 하니 아마도 우리보다 일본이 우리 조상들에 대한 귀중한 역사적 자료들을 더 많이 소장하고 있을 것으로 추정한

1 본 장은 다음에 전개할 '홍익인간 사상을 바탕으로 한 국가개조 방향'에 대한 논의를 위한 것으로, 본 장의 많은 내용은 정영훈의 「홍익인간 이념의 유래와 현대적 의의」(『정신문화연구』 제22권 제1호, 한국정신문화연구원, 1999, pp. 3~26)의 내용과, 권성아의 박사학위논문 「홍익인간사상과 민족통일교육」(강원대학교, 1998. 2) 및 「홍익인간 이념의 교육적 해석」(『정신문화연구』 제22권 제1호, 한국정신문화연구원, 1999, pp. 57~82)의 내용을 발췌 소개한 것이며, 논의의 전개를 위해 필자는 이에 약간의 보완을 하였음을 밝힌다.

2 본 글 제1장과 다음 제2장 '경제적 정의와 홍익인간 사상'의 내용은 논의의 전개를 위하여 1999년 12월 단군학회 주관, '홍익인간 교육이념 제정 50주년 기념 학술회의'에서 필자가 발표한 논문, 「홍익인간 사상과 경제」의 내용 중 일부를 발췌하여 재인용 수정 · 보완한 것이다.

3 강무학, 『단군조선의 실존』, 명문당, 1989; 김영돈, 『홍익인간과 한단고기』, 유풍출판사, 1995; 김진혁, 『단군성조의 사상과 그의 인간학』, 인간사랑, 1991; 안경전 역주, 『환단고기(桓檀古記)』(보급판), 상생출판, 2012; 윤이흠 외, 『단군 – 그 이해와 자료』, 서울대학교출판부, 1997; 이형구 엮음, 『단군과 고조선』, 살림터, 1999; 최종철, 『환웅 · 단군 9000년 비사』, 미래문화사, 1999.

다.[4] 이러한 역사적 과정을 고려하지 않고, 또 고대 중국의 여러 사료에서 단군조선에 대한 기록이 있음에도 불구하고 국내의 일부 사학자들은 자료가 없기 때문에 '단군조선사'를 정사로 인정할 수 없다고 한다.

일본은 우리의 고대 역사를 철저히 왜곡 · 축소하였고, 중국은 '동북공정'이라 하여 고구려의 역사를 자국의 변방 역사로 편입하여 젊은이들에게 가르치고 있다. 그러나 우리나라의 상당한 수의 역사학자들은 '단군조선사'를 실사로 인정하기보다는 단군신화로 취급하는데 대해 비통함을 느낌과 동시에 역사학자로서 책임을 다하고 있는지 묻고 싶다.

그러나 비록 일부 사학자들의 주장과 최근 단군에 관하여 출간된 문헌과 연구자료들을 접하면서 단군왕검(제사장을 가리키는 '단군'과 정치적 지배자를 뜻하는 '왕검'의 합성어)은 우리 민족의 역사 속에서 실존했던 인물이었으며, 단군조선은 현재 우리들이 일반적으로 상상하는 것보다 더 광대한 영토와 힘을 가졌던 나라였다는 믿음을 가지고 논의를 전개하기로 한다.

고대의 역사서를 보면 단군왕검은 고조선의 제1대 단군으로 서기전 2333년 10월 3일에 조선을 세우고 93년 동안 다스리다 서기전 2241년 3월 15일에 세상을 떠났다는 기록이 있으며, 『단군세기』는 고려시대 문정공이 쓴 책으로 1세 단군왕검부터 47세 단군 고열가까지 고조선 2096년 왕조사를 담고 있다.

『단군세기』 뿐만 아니라 『삼국유사』와 그나마 남아 있는 역사서를 통해 우리 민족정신의 뿌리이며 수천 년을 지나면서도 우리 조상들에게 면면히 흐르

4 1999년 12월 6일자 중앙일보 "단군 관련 史書 日왕실도서관에 가득"이라는 제목의 기사에 의하면, "한민족의 뿌리가 되는 단군조선의 실체를 알리는 자료와 상고사에 관한 국내의 기록은 수많은 전란(우리 민족이 겪은 크고 작은 외침은 약 830회에서 900회로 추정)을 거치면서 대부분 소실되었으며, 또 일제강점기에 조선총독부가 한민족의 혼을 말살하기 위해 단군조선에 관한 책들을 몽땅 약탈해 태워 버렸다"는 설이 있다. 행방 후 출간된 『군국일본조선강점36년사』, 『제헌국회사』 등에 따르면, 조선총독부 초대 총독 데라우치 마사다케(寺內正毅)의 명령에 의해 1910년 11월부터 이듬해 12월 말까지 1년 2개월 동안 고사서 51종 20여만 권을 약탈당했으며, '단군조선'에 관한 서적 대부분이 이때 소실된 것으로 본다. 이런 가운데 최근 "일본 궁내청 쇼료부(書陵部: 일명 황실도서관)에 단군조선과 관련된 책들이 쌓여 있다"는 새로운 주장이 나왔다.

는 단군사상을 찾을 수 있다. **단군사상의 핵심은 "하늘의 뜻에 따라 이 세상을 다스려 인간을 널리 이롭게 하라"(在世理化 弘益人間)로 압축된다 할 수 있다.**

'홍익인간'(弘益人間), '재세이화'(在世理化) 표현이 나타난 역사적 근거 사료는 고려시대 승려 일연이 지은 『삼국유사(三國遺事)』의 〈기이편〉(紀異編) 「고조선조」(단군왕검)에 나타나 있으며, 그 중 「고조선조」는 고조선의 건국 사실을 전하는 가장 오래된 역사서이다.

『삼국유사』의 '고조선'(古朝鮮(王儉朝鮮))에 관한 내용 중 "……가이 홍익인간(可以 弘益人間)이라 ……범주인간삼백육십여사 재세이화(凡主人間三百六十餘事 在世理化) ……"라는 기록이 있다.[5] 그 내용 중 일부를 이해하기 쉽게 풀어 정리하면 『위서(魏書)』에 이르기를, "① 지금부터 2000년 전에 단군왕검(檀君王儉)이 있었다. ② 도읍을 아사달(阿斯達)에 세우고 나라를 여니 조선(朝鮮)이라고 불렀다. ③ 단군왕검은 당(唐)나라 요(堯)임금과 같은 시기이다(요임금이 즉위한 50년째인 경인년에 평양성에 도읍을 정하고 처음으로 나라를 조선(朝鮮)이라고 불렀다.)"라는 내용이 기록되어 있다.[6]

이 기록은 당시 불교의 세계관을 바탕으로 신화적인 방식에 따라 단군왕검의 고조선 건국을 이야기하고 있다. 2천년 이상의 연대기를 자랑하는 고조선의 역사를 320자에 담아내기 위해서는 신화의 구조와 함께 축약과 상징이 필수적인 요소였을 것으로 추정할 수 있다. 따라서 단군왕검의 고조선 건국은 단순히 '신화'라고 보아서는 안 된다. 즉, 320자에 담겨 있는 글자는 하나하나가 당대의 역사상과 시대상을 반영하고 있다고 보아야 한다.[7]

일연의 『삼국유사』, 「고조선조」에도 환인께서 환웅에게 전수하신 역사 개창의 이념이라 기록하였다. 환인께서 처음 여신 '홍익인간 · 재세이화'는 본래

5 일연 지음, 이민수 옮김, 『삼국유사』, 을유문화사, 2013, p. 26.
6 오정윤, 『단숨에 읽는 한국사』, 베이직북스, 2007, p. 52.
7 오정윤, 위의 책, pp. 52~53.

환국의 7세 지위리 환인이 배달을 연 초대 환웅천황에게 전수한 가르침이다. 한편, '삼신상제님(하느님)의 진리(신교)로서 백성을 교화하고(在世理化), 인간을 널리 이롭게 한다(弘益人間)'는 위대한 한민족의 인간 구원 정신은 수천 년 동안 민족의 가슴 속 깊이 아로새겨져 면면히 이어져 왔다. 여기서 홍익인간이란 단순히 '인간을 널리 이롭게 하라'는 규범적 가르침이 아니라, 이상적 인간상을 지칭하는 말로서 '홍익('널리 이롭게' 또는 '크게 돕는')하는 인간'을 뜻한다.[8)]

'홍익인간 재세이화'로 압축 표현되는 단군사상을 이해하기 위하여 '천범8조'와 '8조금법'을 알 필요가 있다. 아마도 고조선 시대의 '천범8조'와 '8조금법'은 '홍익인간 재세이화'를 실현하는 방편으로 추정된다.

『단군세기』에 의하면 고조선의 단군왕검은 백성들에게 '천범8조'(단군왕검의 8대 강령)라 하여 인간이 가져야 할 8가지 규범을 정하였다. '천범8조'라 불리는 이 규범은 현재에도 전해져 내려오는데, "단군왕검께서 조칙(詔勅: 천자나 왕명을 기록한 문서)을 내려 말씀하시니" 그 해설된 내용은 다음과 같다.[9)]

제1조: 하늘의 법도는 오직 하나요, 그 문은 둘이 아니니라. 너희들이 오직 순수한 정성으로 다져진 일심을 가져야 하느님을 뵐 수 있느니라.

제2조: 하늘의 법도는 항상 하나며, 사람 마음은 똑같으니라. 자기의 마음을 미루어 다른 사람의 마음을 깊이 생각하라. 사람의 마음과 잘 융합하면, 이는 하늘의 법도에 일치하는 것이니 이로써 만방을 다스릴 수 있게 되리라.

제3조: 너를 낳으신 분은 부모요, 부모는 하늘로부터 내려오셨으니, 오직 너희 부모를 잘 공경하여야 능히 하느님을 경배할 수 있느니라. 이

8 안경전 역주, 『환단고기(桓檀古記)』(보급판), 상생출판, 2012, p. 164.
9 안경전 역주, 위의 책, pp. 210~213.

러한 정신이 온 나라에 퍼져 나가면 충효(忠孝)가 되나니, 너희가 이러한 도를 몸으로 잘 익히면 하늘이 무너져도 반드시 먼저 벗어나 살 수 있다.

제4조: 짐승도 짝이 있고 헌 신도 짝이 있는 법이니라. 너희 남녀는 잘 조화하여 원망하지 말고 질투하지 말며, 음행하지 말지어다.

제5조: 너희 열 손가락을 깨물어 보라. 그 아픔에 차이가 없느니라. 그러므로 서로 사랑하여 헐뜯지 말며, 서로 돕고 해치지 말아야 집안과 나라가 번영하리라.

제6조: 너희는 소와 말을 보라. 오히려 먹이를 나누어 먹나니, 너희는 서로 양보하여 빼앗지 말며, 함께 일하고 도적질하지 않아야 나라와 집안이 번영하리라.

제7조: 너희는 저 호랑이를 보아라. 강포(彊暴)하고 신령하지 못하여 재앙을 일으키느니라. 너희는 사납고 성급히 행하여 성품을 해하지 말고 남을 해치지 말며, 하늘의 법을 항상 잘 준수하여 능히 만물을 사랑하여라. 너희는 위태로운 사람을 붙잡아주고 약한 사람을 능멸하지 말 것이며, 불쌍한 사람을 도와주고 비천한 사람을 업신여기지 말지어다. 너희가 이러한 원칙을 어기면 영원히 신의 도움을 얻지 못하여 몸과 집안이 함께 망하리라.

제8조: 너희가 만일 충돌하여 논밭에 불을 내면 곡식이 다 타서 없어져 신과 사람이 노하게 되리라. 너희가 아무리 두텁게 싸고 덮는다 해도 그 냄새는 반드시 새어 나오게 되느니라. 너희는 타고난 본성을 잘 간직하여 사특한 생각을 품지 말고, 악을 숨기지 말며, 남을 해치려는 마음을 지니지 말지어다. 하늘을 공경하고 백성을 사랑하여야 너희들의 복록이 무궁하리라. 너희 백성들아 나의 말을 잘 받들지어다.

[표 1-1] **단군왕검의 천범8조**

규약	제1조	제2조	제3조	제4조	제5조	제6조	제7조	제8조
내용	하늘 공경	이웃 사랑	부모 효도	남녀 화목	형제 우애	은혜 양보	성품 조신	부족 화합

자료: 오정윤, 『단숨에 읽는 한국사』, 베이직북스, 2007, p. 51.

이상 소개된 단군왕검의 8대 강령 '천범8조'의 해설 내용은 안경전 역주, 『환단고기(桓檀古記)』의 내용이다. 이들을 더 간략하게 하면 [표 1-1]과 같이 표현할 수 있다.

또한 고조선의 8조금법(八條禁法)은 22세 색불루단군 때 금팔조(禁八條: 고조선의 '8조금법'이라고도 함)로 「삼한관경본기」, 「번한세가」 하편에 기록되어 있는데, 색불루단군 4년 기해(단기 1052, B.C.1282)년에, 진조선(眞朝鮮)이 천왕(색불루단군)의 칙문을 전하였다. 그 칙문에서 말하기를 "너희 삼한은 위로 천신(하느님)을 받들고 아래로 뭇 백성을 맞아 잘 교화하라"라고 하였다. 또 백성을 위하여 금팔조를 정하였는데 내용은 다음과 같다.[10)]

제1조: 살인한 자는 즉시 사형에 처한다.

제2조: 상해를 입힌 자는 곡식으로 보상한다.

제3조: 도둑질한 자 중에서 남자는 거두어들여 그 집의 노(奴: 남자 종)로 삼고 여자는 비(婢: 여자 종)로 삼는다.

제4조: 소도(蘇塗)를 훼손한 자는 금고(禁錮)형에 처한다.

제5조: 예의를 잃은 자는 군에 복역시킨다.

제6조: 게으른 자는 부역에 동원시킨다.

10 안경전 역주, 앞의 책, pp. 405~406.

제7조: 음란한 자는 태형(笞刑)으로 다스린다.

제8조: 남을 속인 자는 잘 타일러 방면한다.

이리하여 백성이 마침내 도적질하지 않고, 문을 닫고 사는 일이 없으며, 전야(田野)와 도읍을 개간하고, 어질고 겸양하는 교화가 이루어졌다 한다.

그런데 단군사상에서 '재세이화 홍익인간'이라는 표현 중 '재세이화'의 '재세'(在世)는 세상에 머물며 인간과 함께 산다는 의미이며, 이는 현세주의적 세계관과 인간중시 사고를 드러내고 있다. 그리고 '이화'(理化)라는 말은 '치화'(治化)와 같은 의미로 쓰이는데, '다스려 인도함' 정도로 해석된다.[11] '이화'는 정치에서 먹고 사는 문제(주곡)와 병을 고치는(주병) 문제와 같은 실질적 복지와 관련된 과업과 사회의 질서를 세우고(주형) 도덕을 정비하는 일(주선악)과 같은 사회적 · 윤리적 사안까지 모두 고려하고 있다. 모두가 현세에서의 일이라 할 수 있다. 홍익인간의 인간 존중 사상은 사후나 내세에서의 구원보다는 현세에서의 복지와 정의를 더 중시하며, 인간에게 구체적인 도움을 주고자 했다.[12]

한편, **우리가 지금까지 일반적으로 사용하던 '弘益人間'(널리 인간을 이롭게 한다)이라는 용어의 개념은 그 본래의 의미가 왜곡되기도 했을 뿐만 아니라 의미가 협의로 해석되고 있다는 비판이 있다.**

특히, 홍익인간 사상에 대하여 정영훈은 어떤 문헌보다도 '弘益人間'이라는 4자의 한자가 의미하는 바를 폭넓게 그리고 상세히 잘 설명하고 있다. 정영훈의 '弘益人間' 한자의 글자 풀이는 홍익인간 사상의 현대적 의미와 가치를 이해하는데 매우 중요하기 때문에 그의 강의자료의 상당한 부분을 인용, 소개하

11 이가원 · 장상식 편, 『詳解 漢字大典』, 교육출판사공사, 1980, p. 977; 정영훈, 「홍익인간 사상의 인문학」, 〈성남시민을 위한 인문학 수요강좌 강의자료〉, 2014. 10. 8, pp. 16~17 재인용.

12 정영훈, 위의 자료, pp. 16~17.

면 다음과 같다.

"홍익인간에 대한 연구는 많이 부족한 실정이다. 물론 이와 같은 현실은 문헌상의 한계에 일차적인 원인을 돌릴 수 있을 것이다. 신화는 홍익인간이 구체적으로 어떤 행동이나 정책을 가리키는지, 어떻게 행동—통치하라는 얘기인지 체계적으로 분명하게 말해 주지 않는다. 『삼국유사』에서 환웅이 지상에 신시를 건설하고는 풍백 등을 거느리고 '범주인간삼백육십여사' 하였다" 고 한 활동 내용이 홍익인간을 구체적으로 실천한 것이었으리라는 짐작이 가능하지만, 더 이상의 직접적인 설명은 없다. 이 같은 모호성과 불확실성은 이 아이디어가 후세에 제대로 계승되거나 실천되지 못한 중요한 원인이 되고 있으며, 지나친 확대 해석이나 왜곡된 이해가 유통되고 있는 배경이 되고 있기도 하다.[13)]

그러나 그런 한계 속에서도 우리가 좀 더 합리적 상상력에 기초한 치밀한 분석 작업을 전개한다면, 현재의 문헌만으로도 홍익인간이 지향하는 가치나 취지에 대해 많은 것을 찾아낼 수 있다고 본다. 우선 중요한 것은 '弘益人間'이라는 4자의 한자가 의미하는 바를 추적하고 종합하여 전체를 추적하여 취지를 더듬는 일이며, 다음으로는 신화의 문맥을 더듬어서 홍익인간을 둘러싸고 있는 주변 정황을 파악하는 일이 필요하다. 여기서는 먼저 弘益人間이라 번역된 한자의 의미를 더듬는 일부터 시작해 보자.

홍익인간은 일단 '홍익'과 '인간'을 분리하여 이해할 필요가 있다. '인간'은 '홍익' 행위 또는 조치의 대상이나 목적물에 해당한다. '인간'을 '홍익'하는 구

13 일각에서는 홍익인간의 구체적 내용을, 고조선 시기의 역사나 민족고유 사상과의 연관 관계를 실증하기 어려운 자료나 또는 사료 비판을 거치지 않은 자료를 가지고 채우려 한다. 가령 기자가 단군시대의 문화를 계승하였을 것이라는 전제 하에 기자가 주 무왕에게 전한 홍범구주가 홍익인간 이념을 구체화한 것이라 속단하고 홍범구주 내용을 가지고 홍익인간을 설명하려는 시도나, 「삼일신고」, 「천부경」, 「참전계경」이나 「환단고기」, 「부도지」 같은 단군 관련(특히, 대종교) 경전이나 「재야사서」들을 이용하여 홍익인간을 연구하려는 태도 같은 것들이 그것이다. 그러나 엄격한 사료 비판을 통과한 문헌들에 기초하지 않은 연구는 비판에 취약할 수밖에 없다. 정영훈은 홍익인간을 전하는 『삼국유사』나 『제왕운기』의 단군신화 부분을 세밀히 분석하기만 해도 홍익인간이 지향하는 가치나 관점에 대한 많은 것을 추출해 낼 수 있다고 본다.

[표 1-2] '弘益人間'의 글자 풀이

弘益人間 = 弘+益+人間

弘: ① '크다' (수량이나 규모가 많은 모습) → 성장 · 생산성 · 경쟁력 · 자유 → 자유주의 ↔ 작음 · 부족함 · 가난
② '넓다' (고르고 넓게 펼쳐진 모습) → 평등 · 분배 · 복지 → 공동체주의 ↔ 편중 · 독점 · 편파성
益: 돕는다. 더한다. 이롭게 한다 → 행복하게 한다 ↔ 빼앗음 · 착취 · 억압 · 방관
人間: 人(사람) + 間(사이, 관계)
① 인간세상 · 공동체 (human society, community) ↔ 개인
② 사람(human being(s)) ↔ 신 · 동물 · 자연 · 돈(물질) · 권력(국가) · 체제 · 구조
③ 백성, 피치자, 인민, 민중(people, populace) ↔ 국가 · 통치자 · 지배층
④ 타인 ↔ 나 · 자아 · ego

자료: 정영훈, 「홍익인간 사상의 인문학」, 〈성남시민을 위한 인문학 수요강좌 강의자료〉, 2014. 10, p. 9 재인용.

조이다. 그리고 '홍익'은 다시 '홍'과 '익'을 분리하여 해석하는 것이 타당하다. '홍'은 '익'을 수식-한정하는 부사어로 보는 것이다.[14] 먼저 '홍익' 부분부터 살펴보기로 하자.

'홍익'의 '弘'은 1차적으로는 '크다'로 새겨야 하고, 2차적으로 '넓다'로도 새길 수 있는 한자이다. 홍익인간에 대한 가장 일반적인 해석은 '널리 인간을 이롭게 한다'인데, 그때의 '홍'은 넓다는 의미로 해석한 것으로, 1차적 의미가 아닌 2차적 의미를 적용한 셈이다. 그런데 '크다'와 '넓다'는 의미상 큰 차이를 수반하는 말이다. '크다'고 할 때는 부피 · 길이 · 넓이 등이 규모면에서 수적 · 양적으로 많은 것을 의미하지만, '넓다' 고 할 때는 어떤 것이(규모의 측면이 아닌) 고르거나 너그럽게 존재하며 펼쳐져 있는 모습 또는 양상을 가리키고 있는 것

14 '홍'과 '익'을 모두 동사로 보아 '홍익인간'을 '인간을 넓히고 돕는다'거나 '키우고 이롭게 한다' 등으로 해석할 수도 있다고 제안하는 이들이 있지만, '홍익'은 복합동사로 해석하기보다는 부사와 동사로 이해하는 것이 순리에 가깝다고 본다.

이다. 이 둘은 정치 · 사회적으로 볼 때 서로 다른 지향의 원리와 결합한다. 곧 규모가 '크다'는 말은 성장이나 생산성 등을 우선시하는 관점으로 연결되지만, '넓다', '고르다'는 말은 연대성이나 평등–분배를 중시하는 정책노선으로 전개되는 것이다.

물론 성장이나 생산성은 자유주의의 사회 원리와 평등–분배는 공동체주의와 각각 친화력을 가지는 가치이다. 자유주의는 인간의 본성을 자유에서 찾고 이기심과 이윤 동기를 발전의 동력으로 상정하지만, 공동체주의는 인간을 공동체적 존재라 보고 인간이 갖고 있는 이타심과 선의지를 발전의 동력으로 상정한다.[15] **'홍'에 대한 올바른 해석은 '크다'와 '넓다'를 모두 포괄하는 용어로 보는 것이다.**

이렇게 볼 수 있다면, **'홍'은 성장(발전)과 복지(통합)를 동시에 추구하는 지향을 갖는 말이며, 자유주의와 공동체주의의 정책 지향을 조화시키고자 하는 말로 해석될 수 있다. 또 '홍'의 이러한 해석은 홍익인간의 본뜻을 크면서도 넓은, 풍요로우면서도 평등한 행복과 복지를 동시에 추구하는 것이라 해석할 수 있는 가능성을 뒷받침해 준다.**[16]

또한 홍익인간의 '익'은 '돕는다'와 '더한다'의 의미를 가지고 있고, '이롭게 한다'는 의미로도 자주 새겨지고 있다. 통상적인 해석인 '이롭게 한다'의 의미보다는 '돕는다'는 의미가 우선적이라 할 수도 있는데, '돕는다'의 본래적 의미는 '되게 한다'거나 '답게 한다'는 뜻으로서, 어떤 것이 본래의 속성을 다할 수

15 정영훈은 '홍'을 '넓게'와 '크게' 중 어느 하나로만 해석하는 것은 홍익인간 사상의 본래 의미를 제한하거나 왜곡하는 결과로 이어질 수 있다고 본다. 두 방향으로의 해석 가능성을 모두 열어 두는 것이 바람직하며, 실천적으로 볼 때는, 두 방향의 가치 모두를 동시에 충족하는(크면서 동시에 넓은 행복을 가능하게 할 수 있는) 정책 대안을 찾는 것이 홍익인간 사상의 핵심적 지향이라고 판단한다. 물량적으로 풍요로우면서 고르게 행복을 누리는 상태 또는 그러한 세상이 홍익인간 사상의 지향점이라 보는 것이다.

16 이렇게 보면 '홍'을 '널리'로 보아 홍익인간을 "널리 인간을 이롭게 한다"로 풀이하는 기왕의 주류의 해석은 홍익인간의 가능성을 너무 좁히는 결과를 초래하는 것 같다. 홍익인간의 '홍'을 '넓게'로 해석한 대표적인 사람은 조소앙인데, 그는 홍익인간을 "널리 인간을 이롭게 한다"로 새겨서, 자신의 삼균주의가 추구하는 균등 사회론의 민족사적 연원으로 거론한 바 있다.

있도록 도와주는 것을 말한다.[17] **논자들 중에는 현실주의적 '이익'의 개념이 연상되는 '이롭게 한다'로의 해석은 홍익인간의 본래적 지향을 어지럽힌다고 보고, '돕는다'라는 용어를 사용하여 홍익인간을 번역해야 한다고 주장하는 이들도 있다.** 그러나 '인간을 돕는다'로 새기더라도 '인간을 이롭게 한다'라는 기존의 해석과 의미에서 크게 어긋나는 것은 아닌 것 같다. 굳이 말한다면, '이롭게 한다'와 '돕는다' 사이에 존재하는 의미 차이보다는 '크다'와 '넓다' 사이의 의미 차이가 더 크고 중요하다고 말할 수 있다.

'이롭게 한다'거나 '돕는다'는 의미는 우리가 통상 사용하는 '행복하게 해준다', '행복해지도록 도와준다'는 의미로 새겨도 될 것이다. 홍익인간은 인간을 행복하도록 도와주는 것이며, 그렇게 행동하도록 권고하는 지침이다. 물론 행복의 내용은 상황마다 다를 것이다. 인간을 불행하게 만드는 요인이 무엇인지, 인간을 행복하게 만들기 위해 무엇이 필요한지, 시대 상황과 인간 상황에 따라 행복의 내용은 달리 규정되고 내용이 채워지게 될 것이다.

배고픔이 인간을 괴롭힐 때는 주림을 면하게 하는 것이고, 질병으로 고통받을 때는 건강을 회복시켜 주는 일이며, 인간의 생명과 복지가 위협받는 상황에서는 안전과 복지를 제고하는 일이 될 것이고, 범죄가 난무하여 사회가 불안할 때는 질서를 지키고 평화를 회복하는 일이 될 것이다.

홍익인간은 인간을 행복하게 해주어야 한다는 명제이다. 환인이 환웅에게 물었던 '下至三危太白 弘益人間歟'(삼위태백에 내려가서 홍익인간 해보겠는가?『제왕운기』)의 본래 의미는 인간을 행복하게 해줄 수 있는가, 그런 의지가 있는가, 방법을 알고 있는가를 묻고 다짐받은 것이었다.

그러면 홍익인간의 '인간'은 누구인가. 행복하게 만들어 주어야 할 대상으

---

17 최봉영, 「대한민국의 교육이념과 교육목적에 대한 검토」, 『인격교육』 제1권 제1호, 한국인격교육학회, 2007.

로의 '인간'은 누구인가. '홍익' 행위의 대상이자 목적인 '인간'이 누구를 가리키는가에 대한 그 동안의 일반적 해석은, 오늘날 의미로의 '사람'으로 해석해서는 안 되고, '인간세상'이나 '공동체' 정도로 해석해야 한다는 것이었다.[18] 그러나 인간을 이렇게만 이해해서는 홍익인간의 지향에 대한 종합적인 해석에 도달할 수 없다고 본다.

정영훈은 홍익인간의 '인간'은 네 가지 각도에서 파악할 수 있다고 생각한다. 물론 그 제1의 해석은 기존의 해석, 곧 사람들이 모여 사는 인간세상 또는 공동체(human society, community)로의 의미이다. **'人間'은 사람 '人'과, 사이 또는 관계를 의미하는 '間'을 결합한 말이므로 일단 인간사회-인간세상이나 공동체로 해석하는 것이 순리적이다. 이때의 '인간'은 '개인'에 대한 상대 개념이라 할 수 있다. 공동체 내의 특정 개인을 중심으로 생각하는 사고는(가령 집권자나 특정 이해관계자의 입장에서 판단하는 생각 등) 홍익인간과 대립한다.**

그런데 홍익인간의 '인간'은 신이나 동물과 구분되는 존재로의 사람(human being, human beings)으로 해석될 수도 있고, 현대어로의 사람이나 인간(존재)을 가리키는 말이기도 했다. 이때의 '인간'은 일차적으로는 신과 동물에 상대된 개념이지만 자연이나 돈(물질)·권력·국가·사회체제·구조 등과 상대되는 개념이기도 하다. 단군신화에서의 인간은 '凡主人間三百六十餘事'와 '주곡(主穀)·주명(主命)·주병(主病)·주선악(主善惡)·주형(主刑)' 등 이른바 五事의 수혜자이자 배려대상이다. '주곡·주명·주병·주선악·주형' 등의 사회적 기능을 필요로 하는 존재라는 얘기는, 곡(穀)·명(命)·병(病)·선악(善惡)·형(刑) 등의 사안들과 씨름하면서 살 수밖에 없는 존재임을 암시한다.

단군사상 속의 인간은(홍익 행위의 대상이 되는 인간은) 말하자면, 먹고 사는

18 가령 권성아는 홍익인간의 인간을 개인보다는 사람과 사람이 더불어 사는 세상으로의 인간세계를 뜻하는 것으로 해석하는데(권성아, 「홍익인간이념의 교육적 해석」, 정영훈 외 공저, 『홍익인간 이념연구』, 한국정신문화연구원, 1999, p. 102), 이 같은 해석은 일반적인 것이라 할 수 있다.

문제로 고민하고(주곡: 主穀), 질병으로 인하여 고통 받으며(주병: 主病), 선악의 사이에서 고뇌하다가(주선악: 主善惡), 죄를 짓고 형벌을 받기도 하는 존재이자(주형: 主刑), 한정된 시공간 속에서 살다가 죽을 수밖에 없는 운명을 타고난(주명: 主命) 존재였던 것이다. 그리고 그 존재는 바로 '사람(들)'이다.[19]

이 지점에서 하나 더 언급할 것은, 학자들 중에는 이 '인간'을 사람과 자연을 망라한 개념인 '누리'로 해석하는 이도 있지만,[20] 그 같은 해석은 좀 지나친 면이 있다. 홍익인간을 자연만물 모두를 이롭게 하는 이념이라고 해석하는 데는 무리가 있다. 단군신화는 인본주의 또는 인간중심주의적 관점으로 일관되어 있는 것이다. 가령 환웅이 굳이 '탐구인세'라 하여 천하와 지상에 뜻을 둔 것은 거기에 사람-인간이 있기 때문이었으며, 그가 신시에서 처결한 곡 · 명 · 병 · 선악 · 형 등의 일들 역시 인간사회의 복지 및 질서에 관계되는 일이었다.

신화 내용을 두고 볼 때, 홍익인간 관념은 우선 인간-사람과 사회-공동체의 행복을 우선 고려하고 있다. 자연만물은 인간의 복지와 행복에 도움이 되는 범위 안에서 의미 부여되고 있다. 물론 그것은 단기적인 인간중심주의에 빠진 정복적 자연관이나 찰나적 인간중심주의는 아니다. 장기적이고 지속 가능하며 공존적인 자연관을 동반하고 있다. 그러나 **분명한 것은 인간의 행복을 추구하는 데에 홍익인간의 본질이 있었다는 것이다.**

한편, 정치 · 사회적으로 볼 때의 인간은 왕이나 특권계급이 아닌 피치자-

19 단군사상 속에는 '人'이 포함된 사례가 '인간' 외에도 여러 용례에서 찾아볼 수 있다. '人世'와 '人 · 人形 · 人身' 등이다. 그 중에 특히 인간세상을 의미하는 용어로 '인세'가 있다. (탐구인세) 만약 단군신화를 한자로 번역한 채록자가 인간세상만을 지칭하려 하였다면, 굳이 '인간'이라 하지 않고 '인세'라 하였을 것이나. '홍익인세'라 번역하지 않고, '홍익인간'이라 번역한 것은 '인간세상'만이 아니라 사람(들)까지를 의미하려 하였을 수 있다고 판단한다. 불교문헌에서 사용되는 '인간' 개념 역시, 윤회의 바퀴에 얽혀 있는 축생, 아귀 같은 온갖 생류를 통칭하는 개념으로의 '중생'과 구분되는 용어였다. 그리고 그 '인간'은 생로병사의 고통을 안고 현생을 살아가는 존재로의 '사람들'이다. 홍익인간의 '인간'은 주어진 삶을 살면서 현실 조건 속에 부대끼며 고통 받기도 하고 배고픔과 질병, 선악, 형벌에 구속되는 존재이기도 하다. 하이데거가 말한 구체적이고 개별적인 현존재로의 다자인(dasein)이다.

20 가령 김인회는 개국이념으로의 홍익인간은 원래 사람과 자연을 함께 생각하는 개념이었지 결코 사람중심의 개념이 아니었던 것인데, 교육이념으로 채택될 때 사람위주의 인간중심주의로 변질되었다고 주장하였다(김인회, 「21세기 한국교육과 홍익인간 교육이념」, 『정신문화연구』 제74호, 한국정신문화연구원, 1999, p. 47).

백성–국민–민중–대중을 가리킨다고 할 수 있다. 이 측면은 기왕의 홍익인간 이해가 놓치고 있는 매우 중대한 측면이다. 홍익인간은 국가나 권력의 사명과 존재 이유에 대한 언명이면서 지도층이 가져야 하는 자세나 역할에 대해 언급한 것으로 이해되어야 한다. 이 측면은 기존의 이해에서 간과되거나 제대로 이해되지 않은 것으로 앞으로의 홍익인간 연구에서 중시되어야 할 대목이라 본다. 단군신화 속의 '인간'은 환웅이라는 통치자와 풍백 · 우사 · 운사 · 주곡 · 주명 등 관리계급 또는 국가기능의 보살핌 또는 다스림을 받는 존재들이며, 탐구인세와 재세이화라는 권력 작용의 대상이기도 하다. 홍익인간 사상은 백성, 곧 다스림을 받는 자들을 행복하게 해주라는 명제이다. 홍익인간 사상은 특히 피치자–백성–민중을 향해 있다. 홍익인간의 '인간'은 바로 지배받고 통치받는 존재, 백성 또는 민중으로의 인간이다.

윤리적으로 볼 때 '인간'은 또 타인이고 이웃이다. 특히, 홍익인간을 실천하고 집행하는 주체의 입장에서는 그러하다. 사회와 공동체 구성원 중에도 '나'(자기)는 제외한 남들이다. 이때의 '인간'은 이기적이고 자기중심적인 본성을 갖고 있는 존재로서의 개인이나 에고(ego)에 상대되는 개념이기도 하다. 홍익인간이 선공후사의 덕이나 사랑 · 자비 · 봉사 등과 같은 이타주의적 윤리규범으로 해석될 수 있는 것은 이런 이해에서이다. 이때의 인간은 개인과 가족 · 당파와 지역 등과 같은 소아를 넘어서 민족으로 나아갈 수 있고 인류로까지 확대될 수 있다.

결론적으로 단군사상 속의 '인간'은 공동체이기도 하고 사람이기도 하다. 신과 자연과 돈(물질), 권력, 체제, 구조에 상대된 개념이며 국가, 통치자, 지배층에 상대된 개념이기도 하다. **홍익인간은 인간세상을 행복하게 만들어 주라는 명제이다. 그리고 개개의 사람을 행복하게 해주라는 것이다. 특히, 백성과 피치자–약자를 행복하게 만들어 주라는 명령이었다. 그것은 인간중심주의–사람중**

심주의를 지향한다. 홍익인간은 '인간'을 억압하고 불행하게 만드는 상황에 반대하며, 인간을 행복하게 만들어 주기 위해 노력할 것을 촉구한다.[21]

위에서 소개한 바와 같이, '널리 인간을 이롭게 하라는 홍익인간 사상'이란 구성원들에게 사랑을 베풀고 자비를 실천하는 삶을 지향하며, 개인의 이익을 앞세우는 이기주의를 거부하고 편협성과 독단성을 배척하며, 타인의 입장을 먼저 배려하고 나를 낮추는 겸양–관용–포용의 덕으로 통한다. 그리고 부정–부패–독선–독점 같은 반공동체적 가치관을 거부하고 성실과 화합–공존의 윤리를 지향한다.

그리고 이러한 **홍익인간 사상은 사회 구성원 개개인들에게 타인과 공동체에 대하여 사랑하고 봉사하는 이타주의적 삶을 촉구한다. 이때 사랑과 자비의 대상인 '인간'은 좁게는 우리 이웃과 국민–민족일 수 있지만, 국가와 민족의 벽을 뛰어넘어 다른 나라 사람이나 다른 민족일 수도 있으며, 전 인류를 위한 것으로까지 확산될 수 있는 포용성과 개방성을 가진다. 심지어는 인간만을 위한 것이 아니라, 인간과 자연의 조화를 의미하기도 한다.** 이처럼 홍익인간 사상이 지향하는 삶의 구체적인 방법은 상황과 여건에 따라 다양한 형태로 나타날 수 있을 것이다.[22]

한편, '하늘(신)의 뜻에 따라 이 세상을 다스려 홍익인간을 이룬다'는 '재세이화 홍익인간' 개념은 인간사회가 복잡 · 다원화되면서 종교가 정치, 교육과 분리됨에 따라 신이 인간생활에 직접 관여하는 측면을 종교가 맡게 되자, 종교와 뷰리된 정치와 교육을 '眞理로 세계를 化로 한다'는 말인 '理化世界'라는 말로, 즉 '인간이 신의 뜻에 따라 '진리'로 이끌어 간다'는 의미로 변화된 것이라 볼 수 있다. 이로써 **"신의 뜻에 따라 이 세상을 다스려 홍익인간을 이룬다"는**

21 정영훈, 앞의 자료, 2014. 10, pp. 9~13.
22 정영훈, 「홍익인간 이념의 유래와 현대적 의의」, 『정신문화연구』 제22권 제1호, 한국정신문화연구원, 1999, p. 9.

단군사상의 '재세이화 홍익인간'(在世理化 弘益人間)의 개념은 "홍익인간이 되어 이 세상을 진리로 다스린다"는 '홍익인간 이화세계'(弘益人間 理化世界)로 보다 적극적이고도 인간 주체적인 의미로 발전되었다.[23]

그리고 이러한 홍익인간 사상은 세상의 어떠한 이념과 사상 및 문화라 하더라도 그것을 포용하고 한계를 극복함으로써 새로운 정통사상으로 재창조할 수 있는 잠재력을 안에 지니고 있는 것이다. 그러나 지나치게 오랫동안 계속된 유교문화와 일제강점기 및 남한과 북한 간 분단시대를 거치면서 홍익인간 사상은 사회적 지배이념이 되지 못하였고, 그렇다고 정당하게 현대적 학문으로 성장할 수 있는 기회도 갖지 못하고 민족종교의 형태로만 남아 있다.[24]

우리의 나쁜 폐습 중의 하나는 우리의 것, 우리의 문화, 우리 학자들의 주장을 소중히 여기기보다는 외국의 것, 외국의 문화, 외국 학자의 주장을 더욱 숭배하는 것인데, 이러한 습성은 옛날뿐만 아니라 오늘날에도 여전히 사대주의적 폐습에서 벗어나지 못하고 있는 실태를 반증하는 것이다.

21세기에는 폐쇄적이며, 무조건 우리 것이 최고라는 환상에 빠진 편협한 국수주의적 민족주의로는 세계인과 함께 생존해 나갈 수가 없다. 그러나 21세기에 세계의 다른 국가들과의 경쟁에서 이기고 공생공영(共生共榮)하기 위해서는, 우리 것을 존중하지 않고 무시하며 우리 것을 버리고 외국 것을 쫓아 가기에 급급하기보다는 우리 것을 지키고 우리 것을 바탕으로 한 외국 문물이나 문화를 흡수하는 쪽이 우리를 강하게 만들 것임을 명심하여야 한다.

단군조선의 홍익인간 사상은 단군시대뿐만 아니라 수천 년 동안 우리 민족에게 면면히 흐르는 민족정신으로서 그 명칭과 형태를 달리하여도 홍익인간 정신이 살아 있을 때에는 우리 민족이 활력을 찾았으나, 홍익인간 정신이 희미

23 권성아, 「홍익인간 이념의 교육적 해석」, 『정신문화연구』 제22권 제1호, 한국정신문화연구원, 1999, p. 63.
24 권성아, 「홍익인간 사상과 민족통일교육」, 강원대학교 대학원 교육학과 박사학위논문, 1998, pp. 274~275.

할 때에는 민족이 분열되고 위축되어 왔다고 할 수 있다.

21세기를 생존해 나가는 데 있어 이 시대에 우리 민족에게 가장 필요하고 중요한 것은 남북한 주민뿐만 아니라 전 세계에 흩어져 있는 동포들도 함께 공감할 수 있는 정신적 일체감이다. 그것은 다름 아닌 홍익인간 정신이다. 홍익인간 사상에 대한 가치는 권성아의 박사학위논문 결론에 잘 정리되어 있어 이를 인용 · 소개하기로 한다.

"홍익인간 사상은 우리 민족에게 고유한 것이라는 점에서 민족 주체적이면서도 그것이 지닌 보편적 인류애(人類愛)는 어떠한 사상이나 이념도 뛰어넘어 인류 모두의 영원한 이상이기 때문에, 통일한국이 지향하는 궁극적 인간관, 사회관 및 세계관을 여기에서 찾을 수 있다. 그런데 인간을 널리 이롭게 한다는 한민족의 고유사상인 홍익인간 사상은 우리 민족에게만 적용되는 폐쇄적 이념이 아니다. 이는 세계의 모든 종교와 철학이 다 같이 요청하는 최고의 이념으로서 사람과 역사가 원하고 실현해야 할 목적이다.[25)]

강대국의 틈바구니에 끼인 약소 민족의 고난과 운명을 묘사한 장편소설 『25시』를 1949년에 발표하여 세계에 알려진 루마니아 작가 게오르규(C.V. Gheorghiu, 1919~1992)는 우리나라에 왔다 가면서 '한민족이 낳은 홍익인간 사상은 미래 21세기의 태평양 시대를 주도할 세계의 지도사상'이라고 역설하였다. 또한 1986년 4월 18일자 프랑스 신문 「라 프레스 프랑세즈」(La Press Francaise)에서도 홍익인간이란 단군의 통치이념은 이 지구상에서 가장 강력한 법률이며, 가장 완벽한 법률이라고 발표하였다.[26)]

따라서 **홍익인간 사상을 근간으로 한민족이 공동체 의식을 회복하고 이를 만민 공동체 의식으로 확대시킬 수 있을 때, 우리 민족에게 있어 통일이란 단순**

25 안호상, 「배달민족의 전통적 사상의 뿌리와 줄거리」, 『한국의 전통사상』, 형설출판사, 1983, p. 16.
26 송호수, 「한민족의 뿌리사상」, 『시원문화를 찾아서』, 컴네트, 1988, pp. 29~30.

한 분단된 우리 민족이 하나로 통합된다는 차원을 넘어 세계에 새로운 민족주의를 일으키는 계기가 될 것이며, 그와 같이 하면 통일한국은 21세기 중반에는 조화와 평화가 바탕이 된 교육을 매개로 정치, 경제, 사회, 문화가 고루 발전한 세계 강대국이 되어 있을 것이다."[27]

한편, 정영훈은 홍익인간 사상이 가지는 현대적 의의에 대하여 다음과 같이 설명하고 있다. 즉, 홍익인간 사상은 세계화 시대를 헤쳐 가는데 필요한 건강한 민족정체성을 확립하고, 세계화 · 정보화에 수반될 수 있는 부작용을 최소화하는 과제와 관련하여 의미 있는 지혜를 주고 있으며, 우리 사회를 도덕적으로 정화하고 통합하여 남북이 화합하여 분단을 극복하는 과제와 관련하여 중요한 의의를 가진다고 보고 있다. 그리고 **홍익인간 사상은 21세기의 한국과 한민족을 조화롭게 통합하고 세계 속에서 그 존재를 부각시키는 데 꼭 필요한 것이며, 이는 21세기 현대문명의 진로와 관련하여 동아시아-한민족이 세계인에 대하여 제시하고 기여할 수 있는 이상이기도 하다**[28]고 주장한다.

이러한 홍익인간 정신은 21세기 우리나라의 교육이념으로도 전혀 손색이 없으며 여전히 유효하게 될 뿐만 아니라, 우리의 생활철학이 될 수 있다. '홍익인간 사상'을 존중하고 귀하게 여겨 학술적 논리체계를 갖춘 학문으로 발전시키는 노력과 함께 일상생활 속에서 삶의 실천철학이 될 수 있다면, **홍익인간 사상은 우리 한민족을 지켜줄 수 있는 기본 가치관이자 생활철학이며, 세계인과 공생공영 할 수 있는 21세기의 시대정신이 되기에 충분하다.**

오늘날의 총체적 국가위기를 벗어나고, 치열한 국제경쟁 속에서 살아 남기 위하여 또는 보다 적극적으로 대한민국이 21세기에 세계 강대국가 중의 하나가 되기 위해서는 어떠한 정책이나 국가전략보다도 국민들의 의식과 정신자

27 권성아, 앞의 논문, 1999, p. 276.
28 정영훈, 앞의 논문, 1999, p. 26.

세의 재정립이 선행되어야만 가능하다. 그렇게 함으로써 여러 국가정책이나 국가발전 전략이 효과를 발휘할 수 있게 되는 것을 명심할 필요가 있다. 따라서 **21세기 대한민국의 국가발전을 위한 최우선의 전략은 국민의 올바른 정신자세의 확립에서 출발하여야 한다.**

우리에게는 어떠한 정신과 생활원칙이 있는가? 이에 대한 물음의 대답은 B.C.2333년에 단군왕검이 아사달에 도읍을 정하고 단군조선의 왕이 우리 역사의 기원이라 한다면 **단군 이래 우리에게 면면히 흐르던 삶의 원칙으로 홍익인간 정신이 있다고 말할 수 있다. '널리 인간세계를 이롭게 함' 또는 '널리 인간을 돕는다' 라는 홍익인간 사상은 '인간을 행복하도록 도와주는 것이며, 그렇게 행동하도록 권하는 지침' 이며, 행복하게 해주어야 한다는 명제이다.**[29)]

그리고 이러한 이 사상은 21세기 우리 민족의 삶의 철학으로 확실하게 자리매김하고 일상생활의 기본원칙이 되어야 할 것이며, 앞으로 통일 한민족의 중심적 가치관이 되기에 충분한 가치가 있다.

29 정영훈, 앞의 자료, 2014. 10, p. 11.

제2장
경제적 정의와 홍익인간 사상

경제적 정의와 홍익인간 사상[1)]

경제(經濟, economy)란 무엇인가? 경제란 한마디로 '희소한 자원을 이용하여 인간의 삶에 필요한 물질(재화)과 서비스(services)를 생산하고, 분배하고, 교환의 과정을 거쳐, 소비함으로써 인간의 욕구를 충족시키는 것과 관련된 일체의 행위를 경제행위 또는 경제활동'이라 하며, 간단히 '경제'라 한다. 때로는 이러한 재화와 서비스의 생산, 분배, 교환, 소비와 관련된 사회질서와 제도를 포함한 인간행위를 통틀어 경제라 하기도 한다.

경제에 대하여 전혀 경제 개념이 없는 사람들이 '**경제란 무엇인가?**'라고 묻는다면 이를 어떻게 설명하면 좋을까? 가장 쉬운 대답은 "사람들의 삶 그 자체"라고 할 수 있다. 즉, **경제란 우리 인간의 삶 그 자체("make a living itself" is a concerns of economies)와 깊은 연관이 있으며, 극단적으로는 인간의 삶 그 자체를 경제활동(경제행위, 경제)이라 할 수 있다. 그리고 이러한 생산, 분배, 교환 및 소비활동 과정에서 생기는 문제를 경제 문제라 한다.** 그리고 이러한 여러 경제현상과 경제 문제를 체계적으로 그리고 이론적으로 설명하는 것을 경제이론 또는 경제학(Economics)이라 한다.

그러면 인간의 경제활동 또는 경제(행위)의 궁극적 목적은 무엇일까? 사람마다 다르게 생각할 수 있으나, 필자의 생각으로는 **경제(활동)의 궁극적 목적은 행복(happiness)의 추구와 달성에 있다고 생각한다.**

1 유경문, 「홍익인간 사상과 경제」, 『단군학연구』 제2호, 단군학회, 2000. 4, pp. 239~264 내용을 보완 · 수정한 것임.

행복! 사람은 누구나 행복을 얻으려 애쓰고 있다. 그러면 **인간의 행복이란 무엇일까?** 이것도 사람마다 다르게 생각할 수 있으나, 티벳의 고승 달라이 라마는 『마음을 바뀌면 인생이 변한다(*The Transformed Mind*)』라는 책에서 행복의 두 가지 유형을 설명하고 있다. **"첫째는, 심신(心身)이 편안하고 만족스러운 데서 비롯되는 행복이 있고, 둘째는 고통을 감소시킴으로써 얻는 행복이 있다"** 고 한다.

그러면서 '달라이 라마'는 다음과 같이 말하고 있다. 즉, "우리의 삶이란 하나의 원인과 조건이 아니라 여러 원인과 조건에 좌우된다. 우리는 사회적인 동물이다. 아무리 강한 사람도 인간 공동체 속에서 살아야 한다. 고립되어 살면, 결국은 절망을 경험하게 된다. 사회를 이루어 사는 것이 인간의 본성이기 때문에 충분한 음식과 쉼터와 같은 다양한 욕구가 충족되는 것은 다른 사람의 노력 덕분이다.

그러니 **일상의 행복과 편안함은 타인에게 의존하는 셈이다. 자신의 삶이 타인의 존재와 도움, 지원에 달려 있음을 깨달아야 한다.** 이것이 현실이며 일상생활이나 사고 방식은 이러한 상황과 요인들에 따라 이루어져야 한다.

주위 환경에서 받는 도움과 지원을 깨닫지 못하면, 많은 문제와 고통이 생긴다. 또 주변 환경의 중요성을 이해하지 못하는 것도 문제와 고통이 생기는 이유이다. 개인의 행복과 안위에만 초점을 맞춘다 해도, 개인의 삶이 주위 환경에 의해 얼마나 좌우되는지 안다면, 폭넓은 안목으로 현실을 파악할 수 있게 된다. 이러한 폭넓은 시각은 본인뿐만 아니라 타인을 위해서도 조화로운 삶을 영위할 수 있게 한다. 안목이나 시각이 폭넓어지면, 저절로 타인에게 헌신하고 마음을 쓰게 된다."[2)]

---

2 달라이 라마 지음, 공경희 옮김, 『마음을 바뀌면 인생이 변한다(*The Transformed Mind*)』, 문이당, 2002, pp. 109~112.

이러한 달라이 라마와 같은 생각은 앞에서 설명한 바와 같이 한민족의 경우 이미 B.C.2333년에 '단군사상' 또는 '홍익인간' 정신이라 하여 우리 민족의 고유 정신으로 맥을 이어 왔다. 다만 이러한 정신을 우리 조상들이 잘 받들어 우리 일상생활의 삶의 원리로 적용하지 못했을 뿐이다. 21세기에는 우리 민족의 고유 사상이자 철학인 '단군사상' 또는 '홍익인간' 정신을 되살려 우리 일상생활의 삶의 철학으로 만들어야 한다.

그런데 '몸과 마음을 편안하고 만족스러운 상태'에서 또는 '큰 고통 속에서 그 고통을 줄임'으로써 행복을 얻을 수 있다면, 보통 사람들의 경우 행복은 물질, 즉 경제(물질) 문제와 인간 관계의 문제와 매우 밀접한 관계를 갖게 된다.

경제적으로는 인간으로서의 존엄성과 자유를 유지할 수 있는 최소한의 의(衣), 식(食), 주(住)가 보장되어야 하며, 사회적으로는 공동체 안에서 경제적 관계나 인간 관계가 만족스러울 때 사람들은 행복감을 얻게 된다. 즉, 인간의 행복은 경제 문제와 인간 관계 속에서 찾아볼 수 있다.

인간의 행복을 경제학에서는 '어떠한 경제상태가 가장 바람직한가'라는 주제로 끊임없이 논의해 왔으며, 이는 경제적 정의(economic justice)라는 이름으로 논의되고 있다. 인간의 행복을 위하여 어떠한 상태가 바람직한 경제 상태인가를 논함에 있어, 경제학자들 사이의 주요 관심대상은 일반적으로 효율성(efficiency)과 공평성(equity)에 관한 문제로 압축된다. 효율성은 경제성장에 관한 문제를 압축한 표현이며, 공평성은 부(소득)의 분배에 관한 문제를 압축한 표현으로 해석할 수 있다.

희소성의 법칙이 작용하는 경제 문제에서는 일차적 관심은 '최소의 비용으로 최대의 효과'를 얻고, '자원배분의 효율성'을 높이는 것이다. 그러나 경제적 효율성만 지나치게 강조하다 보면 경제적 효율성은 달성할 수 있으나, 그 결과로 빈부격차가 심화되어 '경제적 공평성'을 크게 훼손시킬 수 있다. 즉, 경제적 공평성이 크게 악화되면 부익부 빈익빈(富益富 貧益貧) 현상이 심화됨으로써 경제구조가 왜곡되고 취약해지며, 정치 · 사회적으로도 불안해져 장기적으로 경제적 효율성을 떨어뜨리는 결과를 초래하게 된다.

따라서 경제 문제를 다룸에 있어 중 · 장기적으로는 경제적 효율성 못지않게 중요한 것이 경제적 공평성을 달성하는 문제이다. 그리고 이러한 경제적 공평성을 달성하기 위하여 많은 경우 정부가 개입한다. 그런데 정부의 개입, 즉 정부의 경제정책은 필연적으로 '개인의 자유'(individual freedom)를 침해하게 되는데 이때 개인의 자유를 최대한으로 보장해 주는 것이 바람직하다는 것에 경제학자들은 대체적인 공감을 이루고 있다.

경제적 공평성에 관한 문제는 '경제적 정의'로 표현되기도 하는데, 이는 ① 소득분배의 공평성, 즉 생산된 생산물을 어떻게 공평하게 분배하는 것이 바람직한가 하는 문제와 ② 공정가격(just price) 또는 공정거래(fair trade), 즉 교환경제가 발전함에 따라 상품이나 서비스가 어떻게 거래되는 것이 바람직한가에 대한 문제로 압축된다.

경제정의에 관한 논의의 기록은 일반적으로 서양의 고대 그리스(희랍)의 경제사상에서 찾는데, 그리스의 사상의 근원을 플라톤(Plato, B.C.427~347)과 아리스토텔레스(Aristotle, B.C.384~322)로부터 찾을 수 있다. 플라톤은 『국가론(Repebulic)』[3]에서 통치자나 지배계층은 오로지 진리와 정의만을 추구하여야 하며, 타락을 방지하기 위하여 통치자와 지배계층에게는 사유재산을 인정하지 않고 철저한 공유재산제도를 촉구하였고, 농 · 공 · 상업에 종사하는 생산자 계급에게만 이윤과 부의 축적을 위한 경제활동을 영위할 수 있게 해야 한다고 하였다. 또한 플라톤은 그의 『법률론(*Laws*)』[4]에서 이자징수 반대론을 주장하며

---

3 Plato, *The Collected Dialogues – Republic*, Princeton University Press, 1980, pp. 575~844.
4 Plato, *The Collected Dialogues – Laws*, Princeton University Press, 1980, pp. 1225~1513.

이자를 받고 화폐를 대여해서는 안 된다고 강조하였다. 뿐만 아니라 『국가론』에서는 당시 화폐를 대여하는 고리대금업이 성행하자 고리대금업자에게 빌린 돈은 반환할 필요조차 없다고 극론하였다.

또 그의 『법률론』에서 토지와 재산의 사유화가 인정되었으나, 재산의 불평등에서 오는 빈부의 차를 좁히기 위하여 균등한 가치를 가지도록 분배되어야 하며, 동산(動産)의 사유화는 부동산(不動産) 가격의 4배를 한도로 하고, 그 이상의 동산은 모두 국유로 하여야 한다고 주장하였다.

그리고 **플라톤은 "국가의 목적은 한 계급의 불균형적 행복이 아니고 전체의 최대 행복"이라 하고, 국가는 정의(正義)의 목적을 달성하기 위한 정치를 해야 한다고 주장하였다. 이러한 그의 주장은 오늘날 뿐만 아니라 21세기에도 적용되는 것으로 국가와 정치인의 역할이 어떠해야 하는가를 일깨워주는 말이다.**

경제적 정의에 대하여 보다 구체적으로 제시한 사람은 아리스토텔레스로서 그의 『니코마코스 윤리학(*Nicomachean Ethics*)』[5]과 『정치학(*Politics*)』[6]에서 찾아볼 수 있다. 아리스토텔레스는 그의 윤리학에서 '개인 거래의 정의 문제'를 다루면서 교환에 있어 준수되어야 하는 정의의 법칙으로서 '등가교환의 원칙'을 주장하였는데, 정확히 같은 가치의 물건을 획득할 때 그 교환의 결과로 거래당사자 간 이득도 손실도 없게 된다고 주장하였다. 이러한 형태는 윤리적 형태이기는 하지만 '공정가격'에 관한 최초의 학설이기도 하다.

그런데 아리스토텔레스의 경제정의에 관한 기여는 분배의 공평성에 관한 설명이다. 그는 정의를 분배적 정의(distributive justice)와 보정적 정의(corrective justice)로 구분하고 있다. '분배적 정의'는 사회의 부(富)나 명예를 나누어 갖는 것

5 Aristotle, *Nicomachean Ethics*, M. Ostwald trans., The Bobb-Merrill, Indianapolis, 1979.
6 Aristotle, *Politics*, Benjamin Jowett trans., Modern Library, 1942.

인데, 이는 완전히 평등한 나누어 가짐이 아니라 공로나 생산성에 비례한 나누어 가짐을 의미한다. 한편, '보정적 정의'는 분배적 정의에 의해서 분배된 결과로 발생한 불평등을 국가권력을 통해서 시정하는 것이다. 즉, 그의 '보정적 정의'란 분배적 정의에 의해서 분배된 결과로 발생한 불평등을 국가권력에 의하여 시정되는 것으로서 오늘날의 의미로 설명한다면 사유재산제도의 부분적 제한, 고용기회의 증대, 재정 · 금융정책에 의한 소득불평등의 시정, 사회보장제도의 시행, 교육기회의 보편화 등으로 설명될 수 있다.[7)]

한편, 현대적 의미에서 사회 전체를 대상으로 한 정의 문제를 가장 포괄적으로 다룬 사상은 공리주의(utilitarianism)적 정의관이다. 공리주의 사상의 주된 내용은 한 사회의 주요 제도가 그에 속하는 모든 개인을 최대로 만족시킬 수 있게 편성될 경우, 그 사회는 정당한 질서를 갖춘 것이며, 따라서 정의롭다는 것이다. 물론 벤담(Jeremy Bentham)으로 대표되는 공리주의자들은 경제적 정의 자체의 논의는 거부하였으나, 그들은 두 가지 원리를 사용하였는데 우선적으로 적용되는 것은 ① '최대 만족의 원리'이고, 이 원리가 충분하지 않는 경우에는 ② '최대 다수의 원리(최대 균등의 원리)의 적용'이다.[8)] 즉, 벤담의 공리주의는 '최대 다수의 최대 행복'(the greatest happiness of the greatest number)으로 표현하여 이러한 원리가 실현된 사회는 경제적 정의가 실현된 상태라 한다.

벤담의 주장에 의하면 "인간이란 원래 자신의 이익에 따라 행동하는 이기적 동물(egoistic creature)이므로 개인의 이해가 공공의 이해와 상충하게 될 때에는 본능적으로 개인의 이해가 공공의 이해에 우선하게 된다. 그런데 사회는 이를 구성하는 개인의 총화이므로 사회의 이익 역시 이를 구성하는 개인의 이익의 총화이며 사회는 개인적인 성격을 띠고 있다. 따라서 **정부란 개인의 행복을 늘**

7 강철규 · 최광 외 5인 공저, 『현대경제학』, 박영사, 1993, pp. 614~623.
8 강철규 · 최광 외 5인 공저, 위의 책, pp. 614~616.

리고 고통을 줄이는 데 필요한 기구에 불과하다[9]고 보았다. 그리고 이러한 정부는 입법이라는 수단을 통한 상벌의 체제를 마련함으로써 개인을 '최대 다수의 최대 행복'이라는 방향으로 유도하는 것이 그 기능이라고 보고, 이러한 원칙에 따라 공공정책의 목표로 '생존, 안전, 풍요 및 평등'을 지적하였다.[10] 벤담이 주장하는 '최대 다수의 최대 행복'이란 그 사회의 총체적 후생을 극대화하는 것으로 바람직한 분배로 해석될 수 있어 '공리주의적 정의관'이라 부른다.

한편, 철학자 롤즈(John Rawls)는 1971년에 출간한 저서 『정의론(*A Theory of Justice*)』[11]에서 공정한 또는 정의로운 사회의 개념을 정립하였는데, 이는 루소(J. J. Rousseau), 칸트(I. Kant), 로크(John Locke) 등의 계약론을 일반화하고, 이를 보다 높은 수준으로 끌어올리려는 시도로서 고전적 사회계약론의 재고찰이라 할 수 있으며, 아리스토텔레스의 정의론 중 '보정적 정의'의 정당성을 공준으로 하는 것이 특징이라 하겠다.[12]

롤즈의 정의의 원리는 제1의 원리와 제2의 원리로 나누어지는데, 제1의 원리란 자유의 원칙으로서, 개인은 다른 사람에게 부여되고 있는 기본적 자유의 가장 광범위한 총체에 대한 평등한 권리를 가져야 한다는 것이다. 또한 제2의 원리란 사회적 · 경제적 불평등에 관한 조건으로 '차등원칙'(difference principle)과 '기회의 공정한 균등성'(fair equality of opportunity)을 제시하고 있다.

여기서 차등원칙이란 사회적 · 경제적 불평등은 가장 불리한 여건에 처해 있는 사람, 즉 최소 수혜자의 후생을 개선할 수 있는 경우에만 허용된다는 것이다. 이는 최소치 중 최대(maximin)의 원리라 하여 '한 사회에서 가장 못 사는 사람의 생활수준을 가능한 가장 크게 개선시키는 것'이 최우선의 과제임을 뜻한

9 Jeremy Bentham, *Introduction to the Principle of Morals and Legislation*, Haffner, 1940, p. 3.
10 박기혁, 『경제학사』, 법문사, 1990, p. 20.
11 John Rawals, *A Theory of Justice*, Harvard Univ. Press, Massachusetts, 1971.
12 강철규 · 최광 외 5인 공저, 앞의 책, p. 616.

다. 그리고 '기회의 공정한 균등성'이란 모든 사람에게 공정하게 직위와 직책이 개방, 공개되어야 한다는 것이다.[13)]

문제는 이들 원리들이 요구하는 것이 서로 상충할 경우 어떠한 규칙에 따라 우선순위를 정하느냐 하는 것이다. 이에 대해 롤즈는 제1의 원리가 제2의 원리보다 우선되어야 하며, 제2의 원리 내에서는 '기회의 공정한 균등성'이 '차등원리'보다 우선하고, 또 제2의 원리는 효율성의 원리보다 우선한다는 것이다. 특히, '차등원리'에 있어서 보다 많은 재능을 가지고 태어난 개인이 자유시장경제체제 하에서는 상대적으로 적은 이익을 보게 되는데, 이는 **특별한 재능을 가진 사람이 향유하게 될 경제적 부(富)도 자신의 재능 자체보다 사회 구성원의 협동의 산물이라고 보고 있다.**

그리고 이러한 능력은 협동체제의 테두리 안에서만 비로소 발휘될 수 있는 것이므로, 협동체제 내에서 발생되는 모든 이익에 대해서는 구성원 모두가 권리를 가지는 공동의 자산이 된다. 따라서 자연적 재능은 공동의 자산이고, 자연적 재능에 대해서 과다한 몫을 요구하는 것은 도덕적 관점에서 부당하다고 보고 있다.[14)]

노직(Robert Nozick)[15)]은 롤즈의 정의론을 비롯한 그 이전의 정의관을 비판하면서, 국가의 기능을 강압, 절도, 사기로부터 보호하고 계약집행 등에만 관여하는 최소 국가로 국한하여 국가에 의한 재분배를 부인하는 입장에서 '소유권리적 정의론'(the entitlement theory of justice)을 새롭게 제시했다.[16)] 즉, 노직은 자유교환은 자발적이기 때문에 정당화될 수 있지만, 조세를 통한 소득이나 부의 재분배는 개인들의 권리를 침해하므로 소득세, 사회보장세, 최저임금법 또는 다른

13 John Rawls, Ibid., pp. 60~117.
14 강철규 · 최광 외 5인 공저, 앞의 책, pp. 616~620.
15 Robert Nozick, *Anarchy, State and Utopia*, N.Y. Basic Books, 1974.
16 강철규 · 최광 외 5인 공저, 앞의 책, p. 621.

자유계약을 제약하는 어떠한 조치나 정책에 대해서도 반대한다.[17]

한편, 샌델(M. Sandel)은 『정의란 무엇인가(*Justice*)』라는 그의 저서에서 결론적으로 "정의란 미덕을 키우고 공동선을 고민하는 것"이라고 말한다. 그러면서 "정의는 올바른 분배만의 문제는 아니다. 올바른 가치 측정의 문제이기도 하다. 정의로운 사회에서는 강한 공동체 의식이 필요하다면, …… 공동선에 헌신하는 태도를 키울 방법을 찾아야 한다"고 주장하면서 "도덕에 기초하는 정치"를 요구하였다.[18] 그러나 샌델은 '공동선'과 '강한 공동체 의식을 키우는 방법' 그리고 '도덕에 기초한 정치'를 어떻게 이룩할 수 있는지에 대한 구체적이거나 방법에 대해서는 답을 못하였다.

그런데 **이상과 같은 서구의 경제적 정의에 관한 내용이나 샌델의 정의에 대한 생각은 이미 B.C.2333년에 '檀君(제사장) 王儉(정치적 지배자: 왕)'의 사상인 "하늘의 뜻대로 나라를 다스려 인간을 널리 이롭게 하라"(在世理化 弘益人間)는 사상과 통치철학에 잘 반영되고 있다. 즉, 우리 민족이 태고적부터 물려받은 고유의 사상, 즉 '다른 사람을 널리 돕는(유익하게 하는) 삶'이란 홍익인간 사상 속에는 오늘날의 사회정의인 자유, 평등, 평화의 사상이 다 포함되어 있다고 할 수 있다.**

우리 조상은 이미 B.C.2333년에 단군왕검으로 시작한 단군조선 시대부터 '재세이화 홍익인간' 정신을 보다 적극적으로 해석하여 '홍익인간 이화세계'를 추구하였다. **그리고 70여 년 전 해방 이후, 우리 사회에 정의(justice)를 이루기 위한 홍익인간 사상의 실천적 방안으로 조소앙(趙素昻, 1887~1958)이 '삼균제도'(三均制度)를 제창한 바 있다.**

조소앙이 제창한 삼균제도(삼균주의)는 협의로는 정치 · 경제 · 교육의 균등

17 강철규 · 최광 외 5인 공저, 앞의 책, pp. 621~622.
18 마이클 샌델 지음, 이창신 옮김, 『정의란 무엇인가(*Justice*)』, 김영사, 2011, pp. 360~371.

화를 통하여 바람직한 이상사회를 실현하고자 꿈꾸었던 것이며, 광의로는 개인 · 민족 · 국가 간의 대등화로 세계화를 달성하려는 것을 의미한다.[19] 물론 21세기인 오늘날의 입장에서는 해방 직후와 정치 · 경제적 상황과 조건이 매우 다르기 때문에 조소앙의 주장이 그대로 받아들여질 수는 없겠으나, 오늘날에도 그 의미하는 바가 매우 크다 할 수 있다. 단지 이들을 시대에 맞게 적용하거나 실천하지 못하고 있을 뿐이다.

19 정영훈, 「홍익인간 이념의 유래와 현대적 의의」, 『정신문화연구』 제22권 제1호, 한국정신문화연구원, 1999, pp. 12~14.

제3장
홍익인간 사상의 사회 · 경제적 해석 – 삼균제도를 중심으로

홍익인간 사상의 사회 · 경제적 해석 - 삼균제도를 중심으로

본 장에서는 조소앙의 삼균제도를 중심으로 하여 21세기에 우리 사회가 정의로운 사회가 되기 위하여 어떠한 개혁과 변화를 하여야 하는가를 다루어 보기로 한다.

홍익인간 사상의 사회 · 경제적 의의는 홍익인간 사상을 우리 사회에서 어떻게 실현하는가에 달려 있다. "모든 인간을 이롭게 하는 배려" 또는 "인간세상을 널리 이롭게 하라"는 홍익인간 사상은 시각에 따라 그 의미를 다소 달리하기도 한다. 하나는 인간을 존중하면서 사회-국가 및 인류 공동체에 대한 봉사와 사랑을 촉구하는 이념으로 인간의 존엄성과 행복을 최상의 목표 가치로 삼는 인간 존중 사상이다. 여기서 '인간'이란 개인과 공동체를 포함한 개념으로 인간사회-인간세상을 의미한다.[1]

다른 하나는 홍익인간은 원래 사람과 자연을 함께 생각하는 개념이지 결코 사람중심의 개념은 아니었다는 것이다.[2] 이러한 의미 부여의 차이는 전자는 협의적 홍익인간 개념이며, 후자는 광의적 홍익인간 개념으로 해석한다면 양자 간의 견해 차이는 극복될 수 있을 것이다.

홍익인간 사상의 구체적인 근대적 실천 방안은 조소앙의 '삼균제도'(三均制度: 이를 삼균주의(三均主義)라 부르기도 함)를 들 수 있다. 그런데 조소앙은 이 "삼

1 정영훈, 「홍익인간 이념의 유래와 현대적 의의」, 『정신문화연구』 제22권 제1호, 한국정신문화연구원, 1999, p. 7.
2 김인회, 「21세기 한국교육과 홍익인간 이념」, 『정신문화연구』 제22권 제1호, 한국정신문화연구원, 1999, pp. 43~44 및 p. 55.

균제도는 단군사상과 밀접한 관계가 있으며, 이 삼균원리는 홍익인간(弘益人間)과 이화세계(理化世界)하자는 우리 민족이 지킬 바 최고 공리"라 부연하였다. 그리고 홍익인간 사상은 우리 민족의 고유적 이상이며, 통일국가 건설과 세계일가(世界一家) 이상을 실현하기 위한 최고 공리라 규정함으로써, 홍익인간 사상은 조소앙에 와서 재발견되어 삼균주의라는 신국가 건설 이론으로 재해석된 셈이다.

삼균주의는 임시정부의 지도이념이었던 것으로 평가되고 있으며, 건국 구상인 '대한민국 건국강령'(1941) 역시 삼균주의 이론에 기초하여 작성되었다.[3] 그리고 임시정부의 '대한민국 건국강령'은 해방 후 1948년 제헌헌법의 기초가 되었다.

이러한 조소앙의 삼균주의에 기반을 둔 임시정부의 건국 원칙으로 천명한 **'삼균제도'란 협의로는 정치 · 경제 · 교육의 균등화를 통하여 이상사회를 실현하려는 것이며, 광의로는 개인 · 민족 · 국가 간의 대등화로 세계일가를 달성하려는 것이다.** 정치에 있어서의 균등화는 권력의 균등, 즉 **'균권'(均權)**으로서 이는 보통선거제도 실시를 뜻한다. 경제에 있어서의 균등화는 부력(富力)의 균등화, 즉 **'균부'(均富)**로 이는 기본적으로 토지제도의 국유화로 달성될 수 있다고 보았다. 그리고 교육에 있어 균등화는 지력(智力)의 균등, 즉 **'균학'(均學)**으로 이는 국비에 의한 의무교육제도를 실시함으로써 달성될 수 있다고 보았다.

그리고 정치 · 경제 · 교육의 균등화를 꾀한 후 삼균제도는 그와 같은 원칙을 개인 · 민족 · 세계로 확대하여 개인 관계에 있어서의 균등생활과 민족 관계에서의 자결(自決) 및 국제 관계에서의 완전한 주권행사를 최대 공리로 삼고 있는 것으로, 자유와 평등을 초월한 '균등화'로 완전한 이상사회를 구현하고자

3 정영훈, 앞의 논문, p. 13.

했던 것이다. 이처럼 홍익인간 사상에서 균권, 균부, 균학을 중심으로 자유로우면서도 평등한 개인 균생, 민족자결, 세계 평화를 이루자는 임시정부의 삼균주의는 홍익인간 사상을 구체화시킨 한민족의 독특한 사회사상이라 할 수 있다.[4)]

만약 홍익인간 사상이 우리의 일상생활에서 가치관의 기준으로 생활철학이 되고, 일상의 삶 속에서 조소앙의 삼균제도가 실천된다면, 우리 사회는 경제적 정의뿐만이 아니라 사회적 정의가 이룩되는 사회가 될 것이다. 이것이 홍익인간 사상의 사회 · 경제적 의의이기도 하다.

4 권성아, 「홍익인간의 이념의 교육적 해석」, 『정신문화연구』 제22권 제1호, 한국정신문화연구원, 1999, pp. 62~64.

제4장

홍익인간 사상의 실천 방안 – 신 삼균주의를 중심으로

홍익인간 사상의 실천 방안 -신 삼균주의를 중심으로

조소앙의 삼균제도를 현대적 의미로 재해석하자면, '균권'(均權), '균학'(均學), '균부'(均富)를 통해 홍익인간 사상을 실현하고자 하는 주의를 '삼균주의'(三均主義)라 규정해 볼 수 있다. 21세기에 대한민국이 홍익인간 사상을 실현하여 세계 초일류 강대국가와 민족이 되기 위하여 구체적으로 어떠한 개혁과 경제 전략 및 정책이 필요한지 시급히 해결하여야 할 개혁과제를 중심으로 논의하기로 한다.

2015년은 광복 70주년이자 남북 분단 70년이 되는 해이다. 21세기에 들어선 지 15년이 지난 오늘날 입장에서 평가할 때, 홍익인간 사상을 실현하기 위한 조소앙의 삼균제도(삼균주의)는 아직도 제대로 실천되지 못하고 있다고 판단된다. 1941년 11월 28일에 '대한민국 건국강령'(大韓民國 建國綱領)이 제정 · 공포되었을 당시 조소앙이 주창하던 '삼균제도'를 실현하기 위해 사회 각층의 지력(智力, 또는 교육)과 권력(權力, 또는 정치)과 부력(富力, 또는 경제)의 가짐을 고르게 하는 방안들이 제시된 바 있다. 물론 오늘날 사회적, 정치적, 경제적, 교육 및 문화적 여건이 70여 년 전과 크게 다른 상황에서 그 방안들을 그대로 받아들일 수는 없을 것이다. 그러나 삼균제도(또는 삼균주의)의 기본정신은 여전히 21세기에 홍익인간 사상을 실현하기 위한 핵심적 요소가 될 것이다.

그러면 구체적으로 21세기에 우리 사회가 보다 바람직한 사회가 되기 위하여, 그리고 미래의 남한과 북한 간의 통일국가를 이루기 위하여 또는 통일국가가 된 이후를 위하여, 어떠한 일들을 우선적으로 해결해야 할지 다루어 보기로 한다.

논의의 효율성을 위하여 조소앙이 제창했던 삼균제도(삼균주의)를 염두에 두고 이를 중심으로 논의하되, 논의의 분량이 적은 주제부터 다루기로 한다. 즉, ① 지력의 균등화인 '균학정책'(均學政策), ② 권력의 균등화인 '균권정책'(均權政策) 그리고 ③ 부력과 경제력의 균등화인 '균부정책'(均富政策) 순서로 다루기로 한다.

4.1. 균학정책 – 교육기회의 균등화 방안

대한민국 임시정부의 '건국강령'에 명시된 조소앙의 '삼균제도'(삼균주의) 중 "사회 각층의 지력의 가짐을 고르게 하여 국가를 진흥하며 태평을 보전 · 유지함이니 ……"라고 하였으며, "공비교육(公費教育)으로서 학권(學權)을 균(均)하며"라고 명시하여 무상교육을 70여 년 전에 이미 주장하였다. 선견지명이 있는 매우 탁월한 주장이었다고 평가된다.

오늘날 우리나라의 교육제도의 개혁 방안은 크게, ① 교육 받을 기회의 균등화 확대와 ② 교육비 부담의 균등화라고 할 수 있다.

4.1.1. 교육 받을 기회의 균등화 방안

교육기회의 균등화 확대 방안은 우리나라의 대학 입시제도의 개혁에서 찾을 수 있다. 우리나라의 경우 초등학교와 중학교까지 의무교육으로 되어 있어 공적 교육비를 국가가 부담함으로 최소한의 교육기회 균등화는 보장되고 있다고 할 수 있다.

그러나 우리 사회의 교육 문제는 근본적으로 대학 입학제도가 문제이다. 우리나라의 사회적 분위기는 좋은 대학을 나와야만 졸업 후 월급이 많고 안정적인 좋은 직장에 취업하기가 수월하며, 경제적 부를 누리기 쉽고, 또한 좋은 대학을 나와야 사회에서 인간적 대접을 받는다고 생각하는 사람들이 많다. 따라서 거의 모든 부모들이나 학생들이 소위 일류 대학을 들어가려고 학교 교육 이외에 막대한 비용을 들여가며 사설학원에 다니거나 과외를 받으면서 돈과 학생들의 에너지를 낭비하고 있다.

이러한 사회적 환경은 학벌위주의 사회적 환경과 대학 입시제도의 결함 때문이라고 판단된다. 대학 입시제도를 획기적으로 변화시키지 않고서는 우리 사회의 학벌위주 사회구조를 바꾸기가 어렵다. 지금처럼 고등학교를 졸업한 후 약 80% 학생들이 바로 대학에 진학하는 제도에 근본적인 변화가 필요하다.

지금처럼 좋은 대학에 들어가기 위해서는 시골이나 지방보다는 서울이나 수도권 또는 대도시에서 좋은 중 · 고등학교를 나와야 좋은 대학을 들어갈 가능성이 많다. 일반 고등학교보다, 특히 외국어고등학교나 과학고등학교처럼 특수목적 고등학교를 나와야만 일류 대학에 입학할 가능성이 많은 대학 입학제도 하에서는 양질의 좋은 교육을 받을 기회의 균등화가 제한을 받게 된다.

지금처럼 서울이나 대도시의 소위 일류 고등학교를 나와야만 일류 대학에 바로 들어가기가 수월한 제도에 근본적이고 획기적인 대학 입시제도의 변화가 필요하다. 구체적인 방안을 제시하자면, 현재와 같이 고등학교를 졸업하고 많은 학생들이 바로 대학에 진학하는 제도를 바꿀 필요가 있다. 즉, 서울대, 연세대, 고려대 등 소위 일류 대학은 물론 모든 대학의 현재 대학 입학정원의 50%는 지금과 같이 고등학교 졸업 후 바로 대학에 진학하고자 하는 학생들을 현행 입시제도와 같은 방법으로 선발을 하고, 나머지는 최대 50%(현행 각 대학 입학정원의 10%씩을 매년 증가시켜)까지를 고등학교 졸업 후 최소 3년 이상 실제로 직장생활을 한 경력자(근로소득세 납부실적, 직장의료보험이나 고용보험 가입 등 실제 일한 경력이 있는 사람)들끼리 별도의 시험을 거쳐 대학 입학을 허용하는 방안이다.

예를 들어, 유예기간 3년(2016~2018)을 고려한다면, 2019년 이후부터는 각 대학이 입학정원의 10%씩을 고등학교 졸업 후 최소 3년 이상의 직장경력이 있는 사람들에게 그들끼리만의 입학시험 경쟁을 통하여 대학 입학을 허용하는 방안이다. 실제로 직장경력이 있는 사람들끼리 시험을 보되 필수과목으로 국어, 영어, 수학을 그리고 선택과목으로는 어학 분야, 사회학 분야, 자연과학 분야, 예능체육(실기 포함) 분야 중 1~3과목(어떤 분야에서 어떤 과목을 몇 개 선택하게 할지는 각 대학이 자율로 결정)을 선택하여 시험을 보게 하여 대학에 입학하는 길을 열어 주는 방안이 요구된다.

즉, 고등학교를 졸업한 후 바로 대학을 안 가고, 최소한 3년 이상 사회 각 분야에서 직장생활을 하도록 유도하여, 청년실업 해소와 중소기업의 인력난을 해소할 수 있을 뿐만 아니라 고등학교 졸업 후 최소 3년 동안의 직업활동으로 본인의 적성과 재능을 재발견하고 능력을 키울 수 있는 기회를 갖게 한다. 그리고 직장생활 후 더 많은 이론적 공부가 필요하다고 느낄 때 나이와 상관없이 일생 중 언제든지 직장 경력자들끼리의 경쟁으로 원하는 대학에 들어갈 수 있는 길을 열어 준다면, 지금처럼 고등학교 졸업 후 바로 대학에 들어갈 필요가 없다. 고등학교 졸업 후 직장생활을 하면 영원히 좋은 대학을 들어가기가 어렵다는 생각을 바꾸어 줄 필요가 있다.

일반 고등학교 졸업생은 물론, 실업계 고등학교나 마이스터 고등학교, 예체능계 고등학교 등 어떠한 고등학교를 졸업(검정고시 통과자 포함)하든지, 고등학교 졸업 후 사회에서의 직장생활을 최소한 3년간 하는 동안 대학을 안 나와도 충분히 먹고 사는 문제를 해결할 수 있고, 행복하게 살 수 있다고 판단된다면 굳이 대학을 다닐 필요가 없을 것이다. 예를 들어, 농산물을 재배하거나 수산물을 잡아 생계를 풍족하게 잘 유지할 수 있다면 굳이 대학을 나올 필요가 없을 것이다. 또한 간단한 자동차 정비공이나, 전자제품, 기계설비 등에 대한 수리 업무, 건축과 관련하여 목공일, 배관공, 벽지 바르기, 페인트 칠하기 등 여러 기술적 일들이 꼭 비싼 등록금을 내고 대학을 나와야 하는 것은 아니다. 또한 맛있는 빵을 만들거나, 맛있는 음식을 만들거나, 구두나 옷을 만드는 기술자들처럼 그리고 여러 분야에서의 서비스 업무를 담당하는 사람들이 꼭 비싼 등록금을 내고 대학교육을 받아야 할 수 있는 일은 아니다. 대학교육을 안 받아도 충분히 잘 해낼 수 있는 일들이 얼마든지 있다.

고등학교 졸업 후 3년 이상 직장생활을 하다 대학에서 더 많은 전문지식을 배울 필요를 느끼는 사람들이 그들끼리만의 경쟁으로 서울대, 연세대, 고려대 등 소위 일류 대학뿐만 아니라 자신들이 원하는 대학에 일생 중 나이제한 없이 자신이 원하는 시기에 언제든지 교육 받을 기회를 확대해 주는 대학 입시제도의 획기적인 제도개혁이 필요하다. 오늘날 우리 사회의 대학 입시 경쟁 때문에 어린 학생들이 힘들어 하고, 정규교육 이외에 밤늦게까지 학원을 다니느라고 돈 낭비와 젊은 사람들의 에너지를 낭비하고 있다. 그러나 앞에 소개된 바와 같은 교육기회의 확대와 교육제도의 변화는 우리나라 중소기업의 인력난을 해결해 줄 수 있을 뿐만 아니라, 청년의 실업 문제를 크게 줄일 수 있다.

이때 주의할 점은 '고등학교 졸업 후 최소한 3년 이상 직장 생활을 하다 그들끼리만의 경쟁으로 대학에 들어갈 수 있는 제도'가 실행될 경우, 기업들이 이러한 제도를 임금착취의 수단으로 악용하지 못하도록 법적 · 제도적 장치가 마련되어야 한다. 즉, 고등학교 졸업자에게 취업을 시켜주는 조건으로 낮은 임금(예를 들어, 최저 임금 수준 이하의 급료)으로 이들의 노동력을 사용하지 못하도록 법적 · 제도적 장치를 만들고, 이를 철저히 감시하고, 위반자에게는 엄중한 법적 조치가 있어야 한다.

4.1.2. 교육비 부담의 균등화 방안

우리나라는 초등학교와 중학교까지 의무교육으로 되어 있어 최소한의 교육기회의 균등화는 보장되고 있다고 할 수 있다. 그러나 앞으로 최소한 고등학교까지 그리고 가능하다면 대학교육까지 학비 걱정 없이 교육을 받을 수 있는 교육비 부담의 균등화 방안이 요구된다.

교육에는 많은 비용이 들어간다. 교육에 무상교육이란 있을 수 없다. 다만 자녀들의 교육에 들어가는 비용을 누가, 어떻게 부담하느냐에 대한 문제일 뿐이다. 현재 대한민국의 교육비 부담은 거의 전적으로 자녀를 둔 부모들이 책임지고 있다. 초등학교와 중학교의 공교육비는 국가가 부담하고는 있으나, 교육과정에 필요한 준비물들은 여전히 학부모의 부담이다.

고등학생들의 등록금뿐만 아니라, 특히 한 학기에 수백만 원씩 하는 값비싼 대학생의 등록금은 주로 학부모가 부담하고 있다. 대학 입학을 준비하는 고등학생을 둔 부모나 대학을 다니는 자녀를 둔 부모들은, 자녀들의 학비 부담 때문에 대부분의 가정들은 빚을 내지 않고는 그 교육비를 부담하기 어려운 실정이다.

우리나라의 사회적 분위기에서는 대학을 나와야 좋은 직장을 구할 수 있고, 대접을 받을 수 있다는 생각 때문에 학부모들은 자신들의 노후를 위한 저축도 할 수 없으며, 대학 등록금을 마련하기 위해 빚을 내기도 하여 노년을 매우 힘들게 보내야 하는 노인들도 많다. 부모가 경제력이 없는 경우 대학생들은 학비를 조금이라도 더 벌기 위하여 자신의 능력을 쌓기 위한 공부를 하기보다는 아르바이트를 하느라고 많은 시간을 빼앗기고 있다. 대학 등록금을 마련하기 위하여 대학시절에 자신의 삶을 더욱 풍요롭게 만들 수 있는 능력을 기르는 시간을 아르바이트를 하여 돈을 버느라고 공부할 귀중한 시간을 빼앗기고 있다. 또한 학자금 대출로 등록금을 마련한 경우 일부 학생들의 경우 이자를 제때에 내지 못하여 대학을 졸업함과 동시에 신용불량자가 되어 취업과 사회생활을 어렵게 만드는 악순환이 되기도 한다.

대학생을 둔 부모들이 노후준비를 못하고 빚을 내어 자녀들을 대학 공부를 시켜 놓으면 누가 더 많은 이익을 보고 있나 생각해 보아야 한다. 물론 비싼 등록금을 내어 공부를 잘 마치고 능력을 키웠다면 그 학생들은 대기업에 취업하여 다른 사람보다 많은 월급을 받고 경제적으로 좀 더 여유롭게 살 수도 있을 것이므로, 대학을 졸업한 학생들이 일차적으로 이득을 볼 것이다.

그러나 **좀 더 냉정하게 생각하면, 빚을 내어 비싼 등록금을 내고 많은 노력을 들여 졸업한 당사자나 그 부모들보다는 대기업들이 더 많은 이익을 보고 있다.** 즉, 유능한 학생을 채용한 대기업들이다. 약간의 월급과 대우를 중소기업보다 좀 더 제공함으로써 회사에 크게 기여할 수 있는 유능한 졸업생들을 선점하여 그들의 뛰어난 노동력을 이용하여 더 많은 이윤을 남기고 있다. 이윤추구를 목적으로 하는 기업들은 근로자들에게 기업이 얻는 이익보다 더 많은 것을 월급으로 주는 일은 결코 없다.

결국은 경제력이 약한 중산층 이하의 대부분의 가정들이 빚을 내어 비싼 대학 등록금을 부담하고, 학생들이 땀을 흘려 노력하여 능력을 쌓으면, 경제력이 큰 대기업들은 약간의 월급을 더 줌으로써 유능한 졸업생들을 선점하여 더 많은 이윤을 내고 있다. **결국은 교육에 대한 비용부담은 경제력이 약한 중산층 이하의 가정들이 빚을 내어 교육비용을 부담하고, 학생들이 젊음을 불살라 지적 능력을 키워 놓으면, 그 과실은 경제력이 큰 대기업이 그리고 이윤을 많이 내는 기업이 모조리 거두어 들이고 있는 것이다.**

따라서 대학을 포함한 모든 공교육비는 이윤을 많이 내는 기업들이 법인세를 더 부담하는 것이 공평하며, 교육세도 더 많이 내어야 한다.

그리고 좀 더 시각을 넓게 보면, 대학 등 고등교육을 잘 받아 각 개인들이 자신의 능력을 개발하고 실력을 쌓았다면 이들은 다양한 분야에서 보다 나은 사회를 만드는 데에 많은 기여를 할 수 있기 때문에 **교육의 결과는 사회 공동의 자산이라고 할 수 있다. 양질의 교육은 교육을 받은 사람들이 다양한 형태로 사회에 기여하고, 이 과정을 통해 사회를 발전시킬 수 있으므로 부(富)와 경제력이 많은 계층에서 더 많이 세금을 부담하고, 그 세금으로 공교육비 모두를 국가를 통하여 국민 모두가 함께 부담함이 마땅하다.**

요즈음 우리 사회에 중학생들에 대한 무상급식 문제에 대하여 그 재원을 누가 부담할 것인가에 대한 논란이 있을 뿐만 아니라, 고등학생까지의 무상교육 실시 여부에 대한 논란이 많다. 고등학교까지의 무상교육은 사실상 포기된 상태이다. **우리는 아주 자주 '무상급식', '무상교육'이라며 '무상'이라는 표현을 많이 사용한다. 그런데 사실 '무상'이라는 표현은 틀린 표현이다. 엄밀하게 말하면 모든 경제활동에는 비용이 따른다. 경제활동에 '무상'이란 없다. 교육도 일종의 경제활동의 한 부분이다. 교육에는 많은 비용이 요구된다. 단지 그 교육비용을 누가, 얼마나, 어떻게 부담할 것인가에 대한 문제이다.** 초등학생이나 중학생 또는 그 학생들의 부모들이 직접 급식비용이나 등록금을 부담하는 것이 아니기 때문에 '무상'이라는 표현을 쓰나, 사실은 부모들이 여러 경제활동을 통하여 각종 형태의 세금을 이미 내고 있고, 그 안에는 '(지방)교육세'도 포함되어 있기 때문에 **'무상급식', '무상교육'이라는 표현은 틀린 표현이다.**

유능한 재능을 가지고 태어난 사람들이 단지 돈이 없어서 양질의 교육을 받지 못하여 잠재능력을 충분히 개발하지 못한다면, 이는 개인적 손실일 뿐만 아니라 커다란 사회적 손실이다. 좋은 교육은 각 개인의 재능과 자질의 향상으로 교육을 받는 당사자에게 유익할 뿐만 아니라, 노동의 생산성을 향상시키며, 새로운 것을 발명하거나 발견하여 새로운 가치를 창출할 수 있어 사회에 기여하므로 **교육은 공공재(public goods)로 간주되고 있다.**

따라서 유아교육과 초등교육 및 중 · 고등 교육뿐만 아니라 대학을 포함한 모든 공교육비는 교육을 받는 당사자와 그 가족이 아니라 사회 구성원들이 함께 부담함이 마땅하다. 현재 국가가 부담하는 중학교까지의 공교육비를 고등학교와 대학교까지 확대하는 것이 바람직하다. 막대한 비용 때문에 국가부담을 전면적으로 바로 확대하여 실시할 수 없다면, 고등학교 1학년부터 국가의 재정여건이 허락하는 범위 내에서 연차적으로 확대하는 방법을 생각할 수 있다. 대학생의 경우 국가장학금 규모를 연차적으로 늘릴 뿐만 아니라, 등록금을 금융권으로부터 대출받는 경우 이자를 국가가 부담하며, 대학 등록금도 연차적으로 국가부담률을 높여 종국적으로는 대학 교육비까지도 국가가 지불하는 것이 바람직하다.

교육을 받는 학생들에게는 각자의 보다 나은 삶을 위하여 자신들의 잠재능력을 계발하기 위한 땀과 노력, 열정만으로도 충분하다. 학생들의 노력은 미래 사회의 각 분야에 기여하고 국가발전의 원동력으로 사용된다. 따라서 학생과 학생들의 부모에게 개별적인 공교육비 부담은 바람직하지 않다고 판단된다. 모든 국민이 공교육비를 나누어 함께 부담함이 마땅하다.

특히, 모든 공교육비의 국가지출(공교육비의 국가부담)은 남북한이 통일된 후에 그 필요성과 효과는 더 크게 나타날 것이다. 한국은행의 추계에 의하면 2013년 기준 1인당 국민총소득이 남한의 약 1/36 수준이었으나, 2014년 기준 북한의 1인당 국민총소득(GNI)은 남한의 약 1/44로 격차가 더 벌어졌다. 남북한이 통일될 경우 북한 주민들에게 교육비를 남한과 같이 학생의 부모들에게 부담시킬 수는 없는 현실이다. 남북통일 후 재원이 없다고 북한지역 학생들의 공교육을 포기할 수는 없는 일이다.

통일 이후 북한지역의 자녀들에게 교육비 부담 없는 양질의 교육서비스를 제공하는 것은 교육을 받는 학생들에게 유익할 뿐만 아니라, 미래 사회의 생산능력의 향상으로 사회에 환원될 수 있다. 그러므로 교육비 부담 없는 양질의 공교육은 미래 통일국가의 발전을 위해 필수적이며, 사회 구성원 모두가 함께 부담할 비용이다.

21세기의 정보화 세계와 지식산업 사회에서 선진국과 경쟁에서 살아 남기 위해서는 교육투자의 확대와 안정적 재원확보가 필수적이다. 일부에서는 대학의 재정난을 해결하기 위해서 '기여입학제도'(예를 들어, 돈을 많이 내는 사람의 자녀에게 대학입학의 특혜를 주는 것)를 도입해야 한다고 주장하는 이들이 있다. 이는 돈으로 무엇이든지 할 수 있다는 자본주의를 잘못 이해하고 있는 사람들의 발상이다. 많은 돈을 내고 좋은 대학에 입학을 시키지 못하는 대다수의 학부모와 많은 돈을 낼 수가 없어서 좋은 대학에 입학하지 못한 대다수의 학생들의 자괴감과 심리적 상실감 또는 패배감이 사회에 미치는 패악은 너무 커진다.

돈으로 무엇이든지 할 수 있다는 발상은 건전한 자본주의 발전을 방해한다. 자본주의 자유시장 경제제도가 지속적으로 잘 운영되기 위해서는 제도 속에 살아가는 사람들의 가치관이 올바르게 서 있어야 한다. 돈으로 나와 내 가족의 이익이 되는 것은 무엇이든지 해도 된다는 가치관이 팽배할수록 그 사회의 결속력은 더욱 약화되어 사회의 지속적 발전을 기대하기는 힘들어진다. 따라서 정부는 선진 복지국가와 같이 국가가 유아교육부터 대학교육까지 학비를 지원하는 체제를 만들어야 한다.

국가가 교육비를 전액 지불한다고 하여 국립학교나 공립학교처럼 국가가 직접 교육기관을 운영할 필요는 없다. 현행 사립대학의 경우 학교설립 취지나 교육목적에 따라 학생 선발권을 대학 자율에 맡기고, 학생들은 각 대학이 정한 기준에 맞추어 대학에 입학 및 등록을 할 경우 그 학생들에게 학비를 지원하여 학교를 다닐 수 있게 한다면, 현재 사립학교의 운영체계를 크게 흩뜨리지 않고 대학교육이 가능할 것이다. 즉, 사립교육기관의 자율적 운영권을 최대한 보장해 주되 법적·제도적 장치를 잘 만들고, 이를 관리하는 교육기관이 교육이념과 목표를 충실히 이행할 수 있도록 지도하면 된다. 사립학교(대학 포함)의 재정적 부족은 연차적으로 국가지원을 늘려 나가 최종적으로는 유아교육부터 대학교육까지 국가가 교육비를 전액 부담하는 제도로 바꾸어 가야 한다.

교육에 대한 투자도 결국은 돈에 관한 문제로서 국가의 자원배분이라는 관점에서 논의되어야 한다. 교육에 대한 더 많은 투자의 필요성은 인정하면서도 이를 위한 새로운 재원 마련이 현재의 조세체계나 정부지출 체계로는 불가능하다. 따라서 국민들에게 세금부담 증가를 요구하고, 그 필요성을 충분히 설득시킬 수 있어야 한다.

만약 국민들이 추가적인 조세부담을 하더라도 그 재원이 자녀교육의 질적 향상과 평생교육 그리고 과학기술 분야의 집중적 투자를 통하여 국가경쟁력을 빠른 시일 내에 획기적으로 증가시킬 수 있다면, 결국 그 결실은 추가적 세금을 부담하는 세대의 국민들의(자녀들에 대한) 혜택이 된다. 그뿐만 아니라 다음 세대까지도 계속하여 혜택을 확대시켜 나갈 수 있다.

공산국가(사회주의)가 아니면서 유치원뿐만 아니라 대학까지의 교육비용을 국가가 부담하는 나라들이 있다. 21세기인 오늘날 스웨덴, 노르웨이, 덴마크, 독일, 프랑스, 호주 등 복지가 잘 된 국가에서는 유아 교육비부터 초·중·고등학교 교육비뿐만 아니라 대학 교육비까지 국가에서 부담하거나, 또는 대학의 경우 학자금 대출과 이에 대한 아주 낮은 이자부담으로 학생들이 학비 걱정 없이 공부를 할 수 있게 해주고 있다. 이런 점은 우리나라가 또 앞으로 맞이할 통일국가가 나가야 할 방향으로 삼아야 한다. 즉, 국가가 국민들에게 적정한 수준의 세금을 거두어 공교육비를 부담함으로써 교육비용을 사회 구성원이 공동으로 부담하는 정책이 올바른 방향이라 판단된다.

유아부터 대학 졸업까지 공교육비를 국가가 지불하되 그 비용부담은 자녀가 있건 없건 세금부담을 통하여 경제력이 있는 모든 국민들이 함께 부담한다면 이는 빈부격차를 줄이고, 사회적 갈등 해소에 기여를 하며, 소득의 재분배 역할도 할 수 있어 다음에 다룰 경제력의 균등화에도 기여하게 되는 것이다. 이것이 사회적 · 경제적 정의를 실현하는 한 방안이기도 하며, 홍익인간 사상에도 부합한다. 그리고 이것이 홍익인간 사상의 사회적 · 경제적 측면에서의 균학(均學)의 의의이기도 하다.

4.2. 균권정책 – 정치권력의 균등화 방안

조소앙이 기초하고 김구 주석이 서명하여 1941년 11월에 임시정부가 발표한 '대한민국 건국강령'에는 "조소앙의 삼균제도(三均制度: 지력(교육), 권력(정치), 부력(경제)을 고르게 함)에는 '보통선거제도를 실시하여 정권을 균(均)히 하며' 라는 내용과 '보통선거제도가 구속 없이 완전히 실시되어 전국 각 동 · 리 · 촌과 면 · 읍과 도(島) · 군 · 부(府)와 도(道)의 자치조직 및 행정조직과 민중단체와 조직이 완비되어 삼균제가 배합 · 실시' 되고 있다"[1] 라고 명시하고 있다.

이러한 내용이 해방 이후 1948년 제헌헌법의 기초가 되었으며, 1961년 5.16 군사혁명이 있기 전에는 지방자치제도가 법적으로 명시되어 있었다. 그러나 1948년 대한민국 정부수립 이후 정치 · 사회적 혼란으로 지방자치제도 운영에

1 임시정부의 '대한민국 건국강령' 제1장 강령 중 제6호와 제3장 건국 중 제2호에 명기됨.

많은 어려움이 있자 1961년에 집권한 군사정부는 지방자치제도를 폐지시켰다. 그 후 대한민국은 중앙집권적 정부 형태를 갖춤으로써 정치권력의 중앙집권화와 경제력이 수도권을 중심으로 한 대도시 집중현상이 심화되었다. 이는 정치적 · 사회적 · 경제적으로 많은 문제점을 노출시키게 되었으며 국가발전에 한계를 인식하게 되었다. 따라서 1991년에 법적 · 제도적으로 지방자치제도를 부활시켰으며, 1995년에 지방자치단체장과 지방의회 의원을 주민들의 직접 보통선거에 의하여 선출함으로써 우리나라는 최소한 외형적으로 그리고 제도적으로는 '지방자치제도'를 운영하는 지방분권형 국가체제가 되었다. 조소앙의 '삼균제도' 중 '균권'(均權)이 어느 정도 실현되었다고 평가할 수 있다.

그러나 1991년에 지방자치제도가 부활되어 2015년 현재 지방자치제도를 실시한 지 25여 년이 넘고 있으나, 많은 문제점들이 해결되지 못하고 있다. 해결되지 못한 중요 문제 중의 하나가 정치권력의 균등화이다. 보다 완숙한 정치적 민주주의를 확립하기 위해서는, 그리고 정치권력의 균등화를 위하여 지방자치제도의 성공적인 조기 정착이 필요하다. 지방자치제도의 성공적인 조기 정착을 위하여 우선적으로 다음과 같은 조치가 요구된다.

4.2.1. 정치권력의 균등화를 위하여 중앙정부의 기능을 과감히 지방정부로 이전하고, 국회의원 수의 조정이 필요하다

정치권력의 균등화 또는 분산을 위해서는 중앙정부의 권한과 기능을 지방정부에 대폭 넘겨야 한다. 지방자치제도를 부활시킨 지 25여 년이 지났지만, 중요 인 · 허가권이나 중요 정책 결정권은 아직도 많은 부분을 중앙정부가 가지고 있다. 정치권력의 균등화를 위하여 중앙정부가 가지고 있는 기능과 권한을 좀 더 과감하게 지방정부로 넘겨야 한다.

최근 정치권에서 중앙정부의 국회의원 숫자를 늘리자는 주장이 나오고 있다. 이는 잘못된 주장이다. 오히려 중앙의 국회의원 숫자를 줄이고, 지방의회의 기능을 강화시키는 조치가 필요하다. 중앙집권적 정치체제에서 지방분권적 정치체제로의 전환은 국민을 위한 조치로 정치권력의 분산을 통한 민주화의 진전이라고 할 수 있다. 그 동안 행정부는 정치권력의 분산을 위해 노력하고 있으나, 입법 분야는 그렇지 못한 듯하다.

중앙의 국회의원들은 국가 전체와 관련된 주요 법률의 제정과 행정부의 감시 업무 및 예 · 결산에 관한 심의 의결을 위한 일에 충실하도록 하고, 지방자치제도와 지방의회제도가 1991년 이후 부활되었으므로 지역 문제는 지방 의원들에게 기능과 권한을 넘겨 주어야 한다. 1991년 지방의회제도가 부활되면서 2015년 현재 244개 지방자치단체에 지방의회 의원 총수는 3,649명에 달한다. 지방의회가 있어 지역주민의 일을 지방 의원들이 처리할 수 있음에도 불구하고 중앙집권시대와 마찬가지로 중앙정부의 국회의원 수는 298명으로 지방자치제와 지방의회가 도입되기 이전과 동일하다. 이는 정치적 에너지의 낭비이며 국민의 혈세를 낭비하는 처사다.

따라서 지방자치제도의 성공적 정착을 위하여 지방의회의 기능과 권한을 더욱 확대하고, 현행 법상으로 국회의원 수가 200명 이상 300명 이하로 규정되어 있으나, 중앙정부의 현행 국회의원 수(1999년 말 이후 2015년 현재 298명)를 2/3(약 200여 명) 수준으로 인원을 대폭 줄일 필요가 있다.

오늘날 국민들의 눈에 비추어진 대한민국의 대부분의 국회의원들은 국민을 위한다기보다는 소속 정당의 이익과 자신들의 이권 챙기기에 더 많은 관심을 가지고 싸움박질에 몰두하고 있다고 생각하는 사람이 많다. 현재의 정당과 대부분의 국회의원들은 중앙정부의 국회의원 수를 200여 명 수준으로 줄이는 것에 대하여 결코 동의하지 않을 것이다. 오히려 그들은 그럴듯한 각종 이유를 들어 국회의원 수를 늘리려고 할 것이다. 그래야만 그들이 계속 국회의원이 될 가능성이 많고, 정치적 특권을 누릴 수 있기 때문이다.

대한민국의 국회의원 1인당 주민 수나 국토면적 등을 미국, 일본 등 선진국과 비교하면 우리나라의 국회의원 숫자를 대폭 줄임이 합리적이다. 더욱이 대한민국도 1991년부터 지방자치제도가 실시되어 3,600여 명의 지방의원들이 국민들이 낸 세금으로 월급을 받고 지방의 일을 처리하고 있으므로 중앙정부의 국회의원 숫자가 많을 이유가 없다. 국회의원 1인당 소요되는 비용이 1년에 약 7억 원이라 한다. 그 뿐만이 아니다. 국회의원 숫자가 많을수록 정치적 합의를 이끌어내는 데 더 많은 사회적 비용이 든다. **현재의 국회의원들은 국회의원 수를 늘리는 일에는 찬성할 수는 있느나, 줄이는 일에는 결코 찬성하지 않을 것이다. 국회의원 숫자를 200여 명 수준으로 줄이는 것을 국회의원들이 스스로 결정하지 못한다면 이것이야말로 국민투표에 붙여 결정해야 한다.**

구체적 방안을 제시하자면 매 국회의원 선거 때마다 차차기에 적용될 국회의원의 적정 수(예: 200명, 250명, 300명 등 별도의 기구에서 연구 조사하여 예시된 적정 국회의원 수에 대한 투표)를 국민투표에 붙여 국민들이 결정하도록 하는 방안이다.

국회의원 선거 때 차기의 국회의원 수를 결정하는 것이 아니라, 차차기의 적정 규모의 국회의원 수를 국민투표를 통해 국민들이 결정하는 것이므로 정치권에서의 정치적 부담이나 혼란은 크지 않을 것이라 판단된다. 차차기의 적정 국회의원 수가 국민투표를 통해 결정되며, 다음 국회의원 선거가 있기 전까지 정치권에서 선거구 조정이나 지역구 국회의원 수 그리고 비례대표제에 따른 전국구 국회의원 수를 몇 명으로 할 것인가를 정치적 협상을 통해 정치권에서 결정하면 된다.

국회의원들이 국민을 위하여 재임기간 동안 많은 일을 했다고 생각되면, 다음 번 국회의원 선거 때 국민들은 차차기의 국회의원 의석 수가 늘어나는 것에 찬성을 할 것이며, 그렇지 못했다면 국회의원 의석 수를 줄이는 데 찬성을 할 것이다. 국회의원의 적정 의석 수 결정을 국민들이 결정하게 함이 대의민주주의에 합당하다고 판단된다.

4.2.2. 지방재정제도의 근본적 개혁

우리나라의 경우 지방자치제도가 성공적으로 정착되기에는 해결하여야 할 문제들이 많이 있다. 그 중 중앙정부와 지방정부 간의 기능배분의 재조정에 따른 재원확보 및 재원배분 방안에 관한 개선이 시급하다. 특히, 지방자치제도가 성공적으로 정착되기 위하여 무엇보다도 지방재정의 강화가 필요하다.

우리나라의 지방재정제도가 갖는 가장 큰 취약점은 지방자치제도를 실시함에도 불구하고 여전히 중앙집권적 국세 중심의 조세구조와 중앙정부 의존적 재정시스템을 가지고 있어, 지방정부의 재정지위는 아직도 매우 약한 상태라는 사실이다.

2013년 현재 우리나라의 시 · 도별 지방재정자립도는 전국 평균 51.1%이며, 각 시 · 도별 지방재정자립도[2]는 [표 4-1]과 같이 편차가 매우 크다. 서울의 지방재정자립도가 88.8%, 경기 71.6%, 인천 67.3%인데 비하여, 부산 56.6%, 광주

[표 4-1] 2013년 시 · 도별 지방재정자립도

(단위: %)

서울	부산	대구	인천	광주	대전	울산	경기	강원	충북	충남	전북	전남	경북	경남	제주
88.8	56.6	51.8	67.3	45.4	57.5	70.7	71.6	26.6	34.2	36.0	25.7	21.7	28.0	41.7	30.6

자료: e-나라지표(www.index.go.kr).

2 지방재정자립도(%)=[자체수입(지방세+세외수입)/자치단체 예산규모]×100

45.4%, 충북 34.2%, 강원 26.6%, 전북 25.7%, 전남 21.7%에 불과하다.

또한 전국 244개 지방자치단체 중 재정자립도 10% 미만인 단체가 9개이며, 30% 미만인 단체는 152개로 전체의 62%에 달한다. 2013년의 경우 지방세 수입으로 당해 자치단체의 인건비를 충당하지 못하는 곳이 125개 단체로 전체의 51.2%에 달하고 있다. 또한 지방세와 세외수입 등을 합한 자체 수입으로 인건비를 충당하지 못하는 단체는 38개로 전체의 15.6%에 해당한다.

이처럼 지방정부(지방자치단체) 간 재정력의 격차가 매우 크기 때문에 이에 대한 근본적인 개혁 대책 없이는 지방자치제도의 성공적 정착은 어렵다. 이는 곧 정치권력의 분산, 즉 조소앙이 주장하는 '균권' 실현이 어렵다는 뜻이다. 그리고 이는 정치권력 측면에서 볼 때 홍익인간 사상의 실현이 어렵게 된다는 뜻이기도 하다.

지방자치제도의 성공적 정착을 통한 지방분권화는 '정치권력의 나눔' 또는 '정치권력의 균등화'를 의미한다. 만약 앞으로도 실질적인 지방분권화가 잘 이루어지지 않고, 지방정부 간의 재정력의 격차가 줄어들지 않거나 개선되지 않는다면, 남한과 북한 간의 통일국가를 이룰 경우에도 많은 문제를 발생시킬 수 있다. 따라서 남한과 북한 간에 통일국가를 이루기 전에 대한민국만이라도 우선적으로 지방자치제도의 성공적 정착을 이루어 내야 한다.

지방자치제도의 성공적 정책의 핵심은 지방정부 간의 재정력 격차를 완화하는 데 있다. 그 동안 여러 연구자나 연구기관에서 우리나라 지방재정 운영에 있어서 계속적으로 그리고 반복적으로 유사한 문제점들을 지적하고 있다. 그 동안 지적된 내용들 중 주요 내용은 다음과 같다.[3)]

첫째, 세원의 국세 편중이 매우 심하다. 지방자치제도를 실시한 지 25년이

3 유경문, 「공정한 사회를 위한 지방세제 개선방향」, 『공평과세 구현을 위한 지방제 정책방향』, 한국지방세협회 발표논문집, 2011. 3, pp. 36~46에서 발췌 수정 · 보완함.

되어 가면서도 조세수입 면에서 볼 때 지방세 비중이 여전히 낮고, 국세와 지방세 수입의 비율은 약 8:2 정도에서 머물고 있으며, 세원의 국세 편중이 개선되지 못하고 있다. 여전히 중앙집권적 국세 중심의 조세구조와 중앙정부 의존적 재정시스템을 가지고 있어 지방정부의 재정지위는 아직도 매우 약한 상태이며 앞으로도 특단의 조치가 없는 한 이러한 구조가 크게 변하지 않을 것이다.

둘째, 국세 중심으로 지방세 비중이 매우 낮아 지방정부의 세입과 세출에 있어서 괴리가 매우 크다. 우리나라의 국세와 지방세의 비중이 약 8:2 수준인 반면, 최종 지출(지방교육비 지출을 지방정부의 지출에 포함하는 경우)은 중앙정부 대 지방정부의 세출 비중이 약 4:6 수준으로 나타나고 있다. 이와 같은 세입과 세출의 큰 괴리는 자원배분의 효율성 및 지방정부의 책임성을 크게 떨어뜨리는 요인이 되기도 한다.

셋째, 세원의 지역 간 편재가 심하다. 지방자치단체 간에도 세원의 지역적 편재 현상, 즉 도시지역을 중심으로 편재되는 한편, 도 · 군 등의 비도시지역에는 상대적으로 세원 빈곤 문제가 해결되지 못 하고 있다.

현실적인 면에서 볼 때, 우리나라의 경우 중요 세목은 이미 국세로 되어 있어 지방세의 세원이 고갈된 상태이다. 가정하여 국세의 일부 세목을 지방세목으로 전환한다 하여도 지역 간 세원의 편차가 매우 심해 대부분의 지방자치단체는 재정부족 현상을 근본적으로 해결할 수는 없는 실정이다. 법률 개정을 통하여 지방정부에게 과세자주권을 대폭 확대해 줄 수 없다면, 형평성 증진을 위하여서는 독일과 같은 공동세제도로 세제를 전면 개편하거나, 아니면 독일의 공동세제도와 유사한 특성을 가진 우리나라의 지방교부세 비율을 대폭 올리고, 지방정부의 세출자주권을 확실히 보장하는 방안이 마련되어야 한다.

1) 중앙정부와 지방정부 간의 세원 공유 방안과 지방정부 간의 역교부세 제도 도입이 필요하다

독일의 연방정부, 주(州)정부, 기초자치단체는 '기본법'에 입각하여 특정 조세를 징수하여 자체 재원으로 삼고 있고, 몇 가지 공동세를 일정 비율에 따라 각 단체별로 배분하고 있다.[4)]

독일의 조세체계에서 세수 비중이 큰 소득세, 법인세, 부가가치세 등이 공동세에 속하는데, 이 세목들은 연방정부, 주정부, 기초자치단체가 일정 비율로 공동배분한다. 공동세는 2007년 기준 총조세수입 중 70% 정도를 차지하고 있다. 독일은 소득세의 원천징수분 및 연말정산분 42.5%, 이자에 대한 소득세 분리과세분의 44%, 법인세의 50%, 부가가치세의 43.1%가 연방에 분할 · 귀속되는 반면, 주정부에는 부가가치세의 43.44%, 소득세의 원천징수분 및 연말정산분 42.5%, 이자에 대한 소득세의 분리과세분에 44%, 법인세의 50%가 배분된다. 기초자치단체에게는 소득세의 원천징수분 및 연말정산분 15%, 이자에 대한 소득세의 분리과세분 12%, 그리고 영업세의 85%가 분할된다. 총조세수입의 약 7.5%(2007년 기준)를 차지하는 에너지세 등은 연방에만 귀속되는 조세이다. 주정부의 귀속세 중 가장 큰 세원은 자동차세와 재산세인 반면, 기초자치단체 귀속세로는 총조세수입의 7.7%를 차지하는 영업세와 토지세를 들 수 있다.[5)]

독일의 조세체계는 세수분리제와 세수공유제를 병행하고 있다. 세수분리제에 따라 연방세, 주세 그리고 기초자치단체세로 분류되고, 세수공유제에 의해 연방과 지방이 세수를 공유하는 공동세제도(Gemeinschaftsteuern)를 도입하였다. 세수의 규모적 측면에서 공동세가 차지하는 비중이 전체 세수의 70% 이상을 차지하고, 지방세수에 있어서도 약 80%에 해당하고 있다. 따라서 독일의 지

4 김유찬 · 이유향, 『주요국의 조세제도-독일편』, 한국조세연구원, 2009. 9, pp. 37~38.
5 김유찬 · 이유향, 앞의 책, pp. 42~43.

방세체계를 분석함에 있어서 그 핵심은 공동세제도가 된다.

공동세제도의 장점을 정리하면[6] 다음과 같다.

- 국세와 지방세를 분류하는 기준이 있지만, 기준에 의해서 세목을 분류하는 것이 현실적으로 매우 어렵다. 따라서 공동세는 조세분류 기준에 대해 탄력적으로 운영될 수 있다.
- 세수가 중앙정부에 편중된 경우 복잡한 세목이양이 없이 세수의 분배가 가능하다.
- 세수독립제에서는 자치단체가 업무수행에 필요한 경비를 자체 세목으로 충당해야 하므로 많은 세목이 신설되는 경향이 있지만, 공동세는 조세체계를 단순화할 수 있다.
- 공동세제도는 조세체계의 단순화로 징수경비를 절감할 수 있다.
- 공동세인 소득세, 법인세 그리고 부가가치세의 지역 연계성을 높일 수 있다. 소득세의 경우 납세의무자의 지역에서의 경제행위, 법인세의 경우 대상 기업의 지역 공장입지 그리고 소비세의 경우 지역에서의 소비행위 등이 세수로 연계된다.
- 공동세는 지방이 지역경제 활성화를 통해 세수증대를 기할 수 있어 지역발전 및 지방자치에 기여한다.
- 공동세는 국세의 지방세 이양이라는 절차상의 어려움 없이 분배 비율의 조정을 통해 쉽게 지방재정 확충이 가능하다.
- 공동세는 지방재정이 중앙정부의 간섭 없이 확충될 수 있어 지방의 자주성을 제고할 수 있다.

6 송상훈, 「독일의 재정분권과 지방세」, 〈2008년 지방재정세미나 발표자료〉, 2008. 9, pp. 12~14.

– 공동세의 대상이 주요 세목이기 때문에 지방세수의 안정성이 제고된다.

이상과 같은 여러 가지 장점을 고려할 경우, 공동세제도는 국세의 지방세 이양을 위해 모호한 기준에 따라 조세를 분류할 필요가 없고, 재정조정 절차상의 어려움 없이 지방재정 확충이 가능하다. 지방은 중앙정부의 간섭 없이 재정을 확충할 수 있으며, 세원이 안정적이어서 지방재정의 안정화가 가능하고 또한 지방세체계를 단순화할 수 있다. 이런 점은 지방재정 확충 및 재정분권을 추진하는 우리나라에 하나의 모델이 될 수 있다.

한편, 독일 지방재정제도의 대표적 특성이라 할 수 있는 '역교부세제도'도 우리나라의 지방재정 운용에 도입이 요구된다. 독일의 주(州) 간 수평적 재정조정제도는 재정력이 취약한 주와 우수한 주로 분류하고, 취약한 주는 조정교부금을 수령하고 반면에 우수한 주는 조정기여금을 지불하는 제도이다. 이러한 주 간 수평적 재정조정을 통해 재정이 취약한 주도 각 주가 자신의 업무를 수행하고 자주성을 펼치는 것이 가능하도록 충분한 재원을 보장해 준다. 이 제도의 취지는 주 간 추가적인 세입의 격차해소를 통해 전국적으로 모든 국민이 동등한 삶의 질을 유지하는 것을 가능하도록 해준다는 데에 있다.

재정력이 취약한 주에 대한 조정교부금의 정확한 규모는 주민 1인당 재정력이 1인당 전국 평균 재정력에 비해 어느 정도로 차이가 나는가에 달려 있다. 평균 대비 부족분에 대한 조정교부금은 부분적이지 결코 완전하게 보전되지는 않는다. 보전 방식은 선형비례적 조정교부금 분배 비율을 활용한다.

이와 유사하게 재정력 우수 주가 지불하는 조정기여금의 규모는 재정력 우수 주의 주민 1인당 재정력이 1인당 전국 평균을 얼마나 초과하는가에 의해 결정된다. 평균과의 격차는 차액의 규모에 따라 차액의 일부분을 걷지만, 결코 전액을 걷지는 않는다. 징수 방식은 선형비례적인 조정기여금 징수 비율을 활용하고 이는 조정교부금 분배 비율에 대칭된다. 조정기여금과 조정교부금의 합계를 일치시키기 위해서 조정교부금의 분배 비율을 높이거나 낮추는 방법을 사용한다.

여기서 중요한 것은 주 간 재정조정을 통해 주민 1인당 재정력의 순위가 바뀌지 않도록 규칙을 전개시키는 것이다. 주 간 수평적 재정조정을 통해 재정력 격차가 확연하게 줄어드는 것으로 나타나는데, 예를 들어 주민 1인당 재정력이 전국 평균 재정력의 70% 내지 90%인 재정력이 취약한 주의 경우 주 간 수평적 재정조정 후에 재정력이 91% 내지 96%로 상승한 것으로 나타나고, 반면에 주민 1인당 재정력이 전국 평균의 110% 내지 120%인 재정 우수 주의 경우 재정조정 이후 재정력이 104% 내지 106.5%로 완화되어 재정력 격차가 축소되는 것으로 나타난다.[7)]

수평적 재정조정제도는 독일의 사회적 평등사상이 잘 반영된 제도라 할 수 있다. 이 제도에 의해 조정교부금을 수령하거나 조정기여금을 지불하는 기준으로 주민 1인당 세입규모를 사용하는 것은 전국적으로 동일한 수준의 공공서비스를 제공하는 것을 전제로 하기 때문이다. 재정의 총량적 규모를 중심으로 재정력을 평가하는 우리나라의 경우 지역 간 공감대를 형성하지 못하고 균형발전정책에 대해 지역갈등이 고조되고 있는 실정이다.

따라서 독일의 역교부세제도와 같이 수평적 재정조정제도에서 사용하는 주민 1인당 재정력을 측정하는 방안과 지방 간 상호부조의 개념을 도입한 합리적 재정조정을 통해 지역 간 화합을 유지하는 것이 건전한 경쟁을 통한 지방자치의 정착을 앞당기는 길일 것이다.[8)]

우리나라에서도 지방자치제도를 성공적으로 정착시키기 위해서는 재정

7 송상훈, 앞의 자료, pp. 8~9.
8 송상훈, 앞의 자료, pp. 15~16.

운용에 있어서 자치단체 간의 재정력 격차를 줄이는 독일식 제도의 도입이 필요하다. 즉, 우리나라에서도 더불어 사는 공동체 정신을 살리며, 중앙정부와 지방정부가 함께 발전하기 위해서는 독일의 공동세 운영 방식뿐만 아니라, 지방자치단체 간에도 재정이 부유한 지방자치단체가 가난한 지방자치단체를 지원하는 '역교부세제도' 같은 독일식 재정운용 방식이 필요하다.

2) 독일식 공동세제도를 실현할 수 없다면, 지방재정조정제도의 법정 교부세율을 점진적으로 대폭 올리는 방안이 필요하다

지방자치단체가 자주성을 가지기 위해서는 세입의 자주권 확보가 절대적으로 필요하다. 이론적으로 각 지방자치단체가 세입의 자주권을 가지고 지방정부가 필요로 하는 재원을 자주적으로 확보하는 것이 재정운용의 자율성과 책임성 면에서 가장 이상적이고 바람직하다. 그러나 우리나라의 재정재원의 구조적 상황을 보았을 때 지방자치단체의 과세자주권이나 세입자주권을 갖춘다는 것은 현시점에서는 거의 불가능하다고 보는 것이 타당하다.

따라서 **우리나라 지방재정 운영에 있어서는 세입자주권보다 세출자주권 확보가 더 중요하다.** 현행 지방교부세법에서 지방교부세 총액은 내국세 총액의 19.24%를 국가예산에 계상하도록 규정하고 있다. 그리고 교육재정에 교부하는 지방교육재정 교부금 이외에도 중앙정부는 지방정부에 국고보조금의 형태로 재정을 지원해 주고 있다.

지방자치단체의 세출자주권 확대를 추진함과 동시에 현행 법정 교부세율을 연차적으로 더욱 증가시켜 지방자치단체의 지원을 확대시켜야 한다. 즉, 법정 교부세율(내국세 총액의 19.24%)을 점차 증대시켜, 지방교육 재정교부세(내국세 총액의 20.27%)를 포함하여 중앙정부의 내국세 배분을 지금보다 확대하여 더 많은 교부금을 지방정부가 실제로 사용할 수 있도록 함과 동시에 지방정부의 세출자주권을 확실하게 보장하는 것이 필요하다. 이러한 조치는 중앙정부의 기능을 대폭 지방정부에 이양하면서 동시에 재정재원도 지방정부에 대폭 이양하여 중앙정부와 지방정부가 함께 공생공영하는 방안이 될 것이다.

우리나라의 경우에는 지방정부의 '세입의 자주권' 확대보다는 '세출의 자주권' 확대가 바람직한데, 독일(獨逸)의 공동세(共同稅)와 유사한 효과를 가지고 있는 우리나라의 지방재정조정제도 중 지방교부세제도를 개선하여 확대 운영하는 것이 세제나 세정의 혼란과 부작용을 극소화시키면서 지방자치제도를 성공적으로 정착시킬 수 있는 길이다.

즉, 중앙정부가 지방정부에게 조건 없이 넘겨 주는 '지방교부세율'의 상향 조정이다.[9] 지방교부세율은 2000년 이전에는 내국세의 13.27%이었으나, 2000년부터는 15% 상향 조정되었고, 그 후 2013년에 19.24%로까지 증가되었다. 그러나 이 정도로는 충분하지가 않다. 지방자치제도를 빠른 시일 내에 성공적으로 정착시키기 위하여 정부가 구상하고 있는 법정 지방교부세율의 점진적 인상은 빠른 시일 내에 시행됨이 바람직하다고 판단된다. 그리고 장기적으로는 지방교부세율을 목표 연도를 설정하여 연차적으로 25~30% 수준까지 증가시키는 방법을 생각해 볼 수 있다.

지방교부세율의 연차적 상향 조정을 통한 지방정부의 재정지원은 중앙정부와 지방정부 간, 그리고 지방자치단체 간의 재정력의 격차를 줄임으로써 조소앙의 '삼균제도' 중 정치적인 권력의 균등화, 즉 '균권'을 확대할 수 있는 방안이 된다.

그리고 이러한 제도의 정착은 중앙의 대도시에 사는 사람이나 지방의 낙후된 지역에 사는 사람이나 함께 더불어 잘 살 수 있는 방안이므로 '홍익인간'

9 유경문 · 김수근 외 3인, 『재정격차 완화를 위한 합리적인 재정조정제도 연구』, 한국지방행정연구원, 1995, pp. 259~260.

사상에 부합된다. 그리고 장차 있을 남한과 북한의 통일국가를 성공적으로 정착시키기 위해 꼭 필요한 제도개혁 방안이다.

4.3. 균부정책 – 부와 경제력의 균등화 방안

홍익인간 사상의 사회적 · 경제적 의의는 사회 구성원들의 행복을 증진시키며, 사회적 · 경제적 정의(justice)를 이루기 위함이다. '남을 널리 유익하게 하는 삶' 또는 '다른 사람을 널리 돕는 인간'을 뜻하는 홍익인간(弘益人間) 사상과 '하늘의 뜻(理)이 이 땅에 이루어(化)지기 위한' 또는 기독교적으로는 "뜻이 하늘에서 이룬 것 같이 땅에서도 이루어지이다"로 풀어 볼 수 있는 재세이화(在世理化) 또는 이화세계(理化世界) 사상이 실현되기 위해서는 사람들 사이에 경제적인 균등화가 필요하다.

조소앙의 삼균제도(삼균주의) 중 부(富)와 경제력의 균등화는 기본적으로 토지제도의 국유화로 달성될 수 있다고 보았다. 그러나 오늘날 대부분의 국가들이 자본주의 시장경제체제 하에 있으며, 자본주의 시장경제체제 하에서 토지제도의 국유화는 불가능할 뿐만 아니라, 설령 가능하다고 가정해도 토지제도의 국유화가 부와 경제력의 균등화를 보장하지는 못한다. 자본주의 시장경제체제를 따르는 대한민국이 경제적 부의 균등화가 이루어지기 위해서는 다음과 같은 문제들이 해결되어야 한다.

4.3.1. 부의 균등화와 창조경제의 전제조건

경제에 있어서 균등화는 부력(富力) 또는 경제력의 균등화를 의미한다. 경제력이 균등화되기 위해서는 우선적으로 경제거래의 투명성 및 정직성과 공정성이 확보되어야 한다.

'인간을 널리 이롭게 하라'는 홍익인간 사상은 투명성과 공정성과도 매우 밀접한 관계가 있다. 경제거래의 투명성과 공정성이 없이는 '인간을 널리 이롭게' 할 수가 없다. 불공정한 경제거래를 통하여 남의 것을 속여 빼앗고, 남에게 경제적 손해를 끼치고서는 '인간을 널리 이롭게' 할 수는 없다. 따라서 경제적 관점에서 홍익인간 사상이 실현되기 위해서는 경제거래의 투명성과 공정성이 전제되어야 한다.

어떠한 경제체제든지 경제거래의 투명성과 공정성이 확보되지 않고서는 경제력의 균등화를 이룰 수 없으며, 홍익인간 사상을 실현할 수 없다. 즉, 불법과 편법, 부정과 부패, 탈세, 뇌물에 의한 거래가 철저하게 척결되어야만 홍익인간 사상이 실현될 수 있으며, 우리나라가 일류 선진국가가 될 수 있다.

요즈음 많이 회자되는 '창조경제'가 성공하기 위해서도 경제거래의 투명성, 정직성 및 공정성이 전제되어야 한다. 필자는 '창조경제'란 '새로운 가치를 창출하는 경제활동'이라고 이해한다. 누군가가 새로운 가치를 창조할 때에는 그에 합당한 보상이 있어야 한다. 누군가가 새로운 가치를 창출했는데, 정당한 보상이나 대가를 주지 않고 그 이익을 제3자 또는 사회적인 강자가 부당하게 빼앗아 간다면 '새로운 가치창조' 활동은 멈추게 된다.

다른 사람이 힘들여 개발한 발명품, 아이디어, 새로운 가치가 있는 제품의 개발, 또는 다른 사람의 노동력(노동자의 노동력은 새로운 가치창출의 원동력 중 하나임)을 정당한 대가 없이 사용하거나, 빼앗아 가는 행위는 '인간을 널리 이롭게 하라'는 홍익인간 사상에 위배된다.

언론을 통해 자주 기사화되는 것 중 하나가 '특허분쟁'이다. 개인이나 중소기업들이 많은 비용과 노력을 들여 새로운 것을 만들어 내면, 일부 대기업에서는 새로운 기술 자체를 불법적인 방법으로 탈취하거나, 중소기업이 개발한 기술을 시험 평가해 보겠다며, 시제품이나 새로운 기술 과정에 관한 정보를 요구한다. 그리고 이를 이용 또는 약간 변용하여 유사한 제품을 만들어 최초의 개발자보다 먼저 특허를 획득하여 최초의 개발자(새로운 가치 창조자)를 무력화시키고 정당한 대가 없이 이익을 빼앗아 가는 경우가 자주 발생한다.

현대의 자본주의 자유시장경제체제가 올바르게 작동하고, 건전하게 지속적으로 발전하기 위해서는 투명성과 공정성이 지켜져야 한다. 특히, 경제거래에 투명성과 공정성이 담보되지 않는다면 자본주의 시장경제는 올바로 유지되기가 힘들다. 왜냐하면 참된 자본주의는 자유경쟁과 자발적 교환을 전제로 한 시장경제체제를 말하며, 자유경쟁 시장에서 형성된 가격을 중심으로 경제적 거래가 이루어짐으로써 희소한 자원이 효율적으로 배분되기 때문이다.

그러나 우리나라에서 자본주의를 지지한다면서 시장경제를 신봉하는 많은 기업인들의 행태는 어떠한가? 우리 사회에 잘 알려진 재벌과 기업인들은 어떠한가? 연이은 톱뉴스거리가 이들의 불법과 편법, 담합에 의한 부당한 폭리, 탈세와 밀수 및 특정 정권과의 결탁에 따른 부당한 부를 축적한 경우가 많지 않은가?

만약 우리나라에서 기업인들이 불법과 편법, 정권의 특혜, 담합에 의한 부당한 폭리, 탈세와 밀수 등을 통해 부를 축적해 왔다면 그들은 더 이상 자본주의 자유시장경제체제를 말할 자격조차 없다. 그들은 우파도 보수파도 아닌 그냥 부패한 경제인일 뿐이다.

왜냐하면 그들의 불법 및 편법과 탈세, 기업의 담합으로 부당한 폭리를 취하고, 뇌물에 의한 부당한 경제거래를 통하여 부를 축적하였다면, 그들은 자유시장경제체제의 시장가격을 크게 왜곡시키기 때문에 자원의 효율적 배분을 방해하여 자본주의 발전을 저해한 사람들이다. 뿐만 아니라 그들은 다른 사람의

이익을 크게 침해한 것이며, 다른 사람에게 큰 고통을 준 것이기 때문에 '홍익인간' 사상을 위배한 것이다.

우리나라가 진정으로 참된 자유시장경제(free market economy)를 바탕으로 한 자본주의 국가인가에 대하여 냉정하게 점검해 보기 위해 '인간을 널리 돕고, 이롭게 하라'는 홍익인간 사상으로 평가해 볼 수 있다. 왜냐하면 홍익인간 사상은 '타인을 널리 돕고, 이롭게 하는' 경제활동에도 적용해 볼 수 있기 때문이다.

우리나라는 시장에서 자유경쟁에 의하여 형성되는 시장가격을 지표로 하여 시장에서 자유롭게 생산, 분배, 교환, 소비를 이루는 자유시장경제체제를 바탕으로 한 참된 자본주의 국가인가? 우리나라 시장에서는 자본주의 시장경제의 원래의 덕목인 '자유경쟁', '공정한 경쟁'과 '공정한 거래', '자발적 교환'이 잘 지켜지고 있는가?

이상의 질문에 대하여 우리나라의 시장경제는 올바른 자본주의 자유시장경제와는 거리가 멀다. 대기업과 중소기업과의 불평등 거래의 일반화, 같은 업종 또는 유사 업종의 기업끼리 경쟁을 하기보다는 담합을 통하여 높은 가격을 책정하여 폭리를 취함으로써 소비자들에게 막대한 피해와 고통을 주는 기업들, 기업과 기업의 총수들은 막대한 부를 축적하면서 그 부의 축적이 가능하게 한 근로자들에게 지급해야 할 적절한 보상에는 인색하고, 높은 가격을 책정하여 소비자들로부터 막대한 이익을 챙기는 기업들, 공정하고 정당한 경제거래보다는 불법과 부정, 부패, 그리고 정치권력을 배경으로 한 부의 축적 등을 생각해 볼 때 우리나라에서 참된 자본주의 자유시장경제에 기여하는 기업은 얼마나 될지 의심스럽다. **단지 막대한 자본(돈)을 배경으로 한 '돈 놓고 돈 먹기'식의 경제활동이 판을 치는 세상이 아닌지 의심이 간다. 우리의 자본주의는 베버(Max Weber)가 말하는 '천민자본주의'가 아닌지 재점검과 반성이 필요한데, 그 평가의 기준은 '홍익인간 사상'의 관점에 둘 수 있다.**

21세기 한국의 발전 정도는 국민 개개인의 정직성과 사회의 투명성, 그리고 사회 구성원 간의 신뢰성 정도에 따라 결정된다. 우리 사회에서 부정과 비리가 급속하게 확산되고 있는 원인은 사회 구성원들의 올바른 가치관의 부재에서 찾아야 한다. 다른 사람들이 피해를 당하고 손해를 보더라도 나의 작은 이익을 얻기 위해서라면 어떠한 부정한 방법이라도 무엇이든지 할 수 있다는 생각을 가지고 있기 때문이다. '다른 사람을 널리 돕고, 유익하게' 하겠다는 홍익인간 사상을 가지고 있다면 불법과 부정한 방법으로 경제적 이득을 얻으려고 하지는 않을 것이다.

우리나라가 일류 선진국가가 되고, 자본주의 시장경제체제를 지속적으로 발전시키기 위해서는 지금보다 경제거래가 더 투명하고, 더 공정해야 한다. 그러기 위해서는 국민들의 정신적 대 각성이 필요하다. 국민들의 정신적 대 각성을 위한 사상 또는 철학은 우리 고유의 홍익인간 사상을 활용하면 된다. 이러한 면에서 홍익인간 사상의 또 다른 사회적 · 경제적 의의를 찾아볼 수도 있다.

4.3.2. 경제력 균등화를 위한 복지제도 확대

우리나라가 지난 50여 년간 경제성장 우선 정책을 추진하여 고도의 성장을 이룩하였고, 무역거래 규모로 볼 때 세계 8위가 될 정도로 성장하였다고는 하나, 그 과정에서 소득의 재분배 과정이 원활하게 이루어지지 못하였다. 중산층이 무너졌고, 양극화가 확대되어 계층 간 빈부격차는 더 벌어지고 있다.

우리나라에서 복지비 증가는 부(경제력)의 균등화를 위하여 필요하다. 요즈음 우리나라의 복지지출이 높다고 논란이 많다. 그러나 세계에서 노인 자살률이 제일 높은 나라, 청소년 자살률이 제일 높은 나라라고 한다. 그만큼 우리나라 국민들이 행복하지 못 하다는 반증이기도 하다. 영국의 싱크탱크인 신경제학재단(NEF)의 2006년 발표자료에 의하면, 우리나라의 '행복지수'는 세계 178개국을 대상으로 한 행복도 지수에서 한국은 102등(2005년 기준)이었다. 또한 2013년도 경제협력개발기구(OECD)가 발표한 '행복지수 국가 순위'에 따르면 34개국 중 한국은 24위로 발표되었다. 이는 그 동안 한국이 급속한 경제발전과 민주화를 이루었다고 자평하지만, 경제성장 제일주의 경제정책과 대기업이나 부유층과 더 많이 가진 자들에게 유리한 사회제도와 정책이 대다수의 국민들을 불행하게 만들고 있다.

2012년 11월 18일에는 안타까운 뉴스가 있었다. "뇌성마비(뇌병변 1급 장애)를 앓고 있던 외손자 때문에 딸이 너무 고생하는 것을 보다 못해 12세 외손자와 함께 목숨을 끊은 70대 노인"에 관한 뉴스였다. 그 며칠 후에는 생활이 어려워 전기료를 몇 달 연체하자, 당국의 단전조치가 내려졌다. 단전조치가 내려진 추운 집에서 촛불을 켜놓고 잠을 자던 할머니와 손자가 화재로 숨진 사건이 뉴스로 이어졌다. 또 다른 사례는 병 치료비 때문에 가정이 파괴되는 경우가 종종 있다. 우리나라의 의료보험제도가 선진국 못지않게 잘 되어 있어 국민들이 의료보험제도의 혜택을 많이 보고 있음은 사실이다. 그러나 가족 중에 의료보험의 혜택대상이 아닌 중요 질병(예: 비급여대상 난치병)에 걸리면, 막대한 병 치료비 때문에 가지고 있던 집과 모든 것을 팔아도 빚더미에 올라서 더 이상 재기할 수 없어 가정이 해체되는 경우가 종종 있다. 이것은 우리 사회의 복지수준을 극명하게 보여주는 사건들이다.

태어나서 죽을 때까지 돈 걱정 없는 교육제도, 대학교육이나 평생 교육비를 걱정하지 않는 나라, 구조조정으로 실직을 당해도 최소한의 생계를 보장 받아, 생계 때문에 두려움에 떨지 않고 살 수 있는 나라, 일자리를 잃는다고 모든 것을 잃지는 않는 나라, 큰 질병에 걸려도 크게 걱정을 안 해도 되는 나라, 노년에 경제력이 없어도 불안하지 않는 삶,[10] 최소한의 인간의 자존심을 지키며 살

아갈 수 있는 나라들이 스웨덴, 덴마크, 노르웨이 국가들이며 현재 이 지구상에 엄연히 존재하지 않은가?

조소앙이 이미 70여 년 전에 주장한 삼균제도(三均制度), 즉 '균학'(均學)과 '균권'(均權) 및 '균부'(均富)를 실현한 스웨덴, 노르웨이, 덴마크와 같은 나라들이 현재 지구상에 분명히 존재하고 있다.

스웨덴은 1950년부터 1970년대까지 높은 세금부담에도 불구하고 경제협력개발기구(OECD) 국가 중 일본을 제외하고는 경제성장률이 가장 높았고, 1991년 개혁을 통해 세금부담률이 세계에서 가장 높으면서도 OECD 국가들의 평균 성장률 1.8%보다 높은 평균 2.4%의 높은 GDP 성장률을 이루었다. 이처럼 스웨덴은 세계에서 가장 높은 세금을 내고, 가장 많은 복지비를 지출하면서 경제성장률을 이룩하고 있다. 세금이 높고, 복지비 지출이 많으면서 경제성장률이 어떠한 국가보다 높은 국가는 스웨덴뿐만이 아니다. 덴마크, 노르웨이, 핀란드도 있다.[11]

덴마크 국민들이 세계에서 제일 많은 세금을 내고, 그 다음으로 스웨덴 국민들이다. 스웨덴은 국내총생산(GDP)에서 세금부담률이 47%로 대한민국 국민들의 조세부담률은 약 21% 수준(의료보험료나 국민연금 등 각종 부담금을 포함한 국민부담률은 약 25% 수준임)의 2배보다 많은 세금을 내고도 행복하게 잘 살고 있다.

스웨덴의 평균 소득세율은 약 31%를 나타내며, 최고로 높은 세율은 수입의 60%이고, 가장 낮은 세율도 소득의 29%를 세금으로 낸다.[12] 이에 반하여 우리나라의 경우 2015년 현재 최고 소득세율은 연 3억 원을 초과하는 경우 38%이며, 8,800만 원 이상 3억 원까지는 35%이며, 4,600만 원 이상 8,800만 원 이하는 24%,

10 최연혁, 『우리가 만나야 할 미래』, 쌤앤파커스, 2012, pp. 27~78, 208~210 내용들 중에서.
11 최연혁, 위의 책, pp. 27~29.
12 최연혁, 위의 책, p. 76.

1,200만 원 이상 4,600만 원 이하는 15%, 그리고 1,200만 원 이하의 경우 6%의 낮은 세율을 적용하고 있다.

오늘날 지구상에 사회복지제도가 가장 잘 되어 있어 국민들의 행복지수가 매우 높은 스웨덴, 덴마크, 노르웨이와 같은 국가들은 조소앙의 '삼균제도'(삼균주의)와 같은 제도나 사상의 주장 없이도, 그들은 '교육기회의 균등화', '부의 균등화', '권력의 균등화'를 실천하여 국민들이 행복한 복지국가를 만들었다.

그러나 우리는 조상들이 고대로부터 전해 준 '홍익인간' 사상을 전수받았고, 이미 70여 년 전에 선각자인 조소앙이 '삼균제도'의 도입을 주장했으나, 이를 묵살하고 실천하지 않았다. 그 결과 오늘날 우리 사회는 빈부격차가 더 벌어지고, 사회 각 분야에서의 양극화로 갈등이 증폭되고 있고 선진국의 문턱을 넘지 못하고 주저앉을 상황이 되었다.

복지혜택을 늘려 더 많은 사회 구성원들이 보다 인간답게, 행복하게 살기 위해서는 누군가가 더 많은 비용(세금)을 부담해야만 가능하다. 경제성장을 위하여 경제력이 없는 노인이나, 실직 상태에 있는 실업자, 가난한 사람에게 세금을 더 내라고 쥐어 짤 수는 없다. 경제성장 우선 정책이 시행되는 동안 양극화의 확대와 빈부격차의 확대로 가난한 계층에게 쥐어 짜 보아야 나올 것도 없다. 우리 사회가 지속적으로 경제성장을 이루며 안정적이며 건강하게 발전하기 위해서는 부와 재산을 그 동안 많이 불린 사람들과 경제적 능력이 있는 사람들이 복지에 필요한 비용을 더 부담하고, 함께 행복하게 살아갈 수 있도록 기여할 차례이다.

복지제도의 확대를 통한 부와 경제력의 균등화 향상은 홍익인간 사상의 경제적 정의와 의의를 실천하는 방안 중 하나가 될 수 있다. 복지정책을 실천하려면 증세가 불가피하다. 물론 증세를 하기 전에 정부는 지출 낭비 부분을 우선적으로 막는 노력이 선행되어야 한다. 그리고 그 동안 운영된 정부의 각종 비과세 감면제도를 재점검하여 꼭 필요한 것이 아니면 과감하게 폐지하거나 축소하여야 한다. 또한 각종 형태의 탈루와 탈세를 막고, 지하경제 규모가 최소화될 수 있는 각종 법과 제도의 정비가 필요하다. 이러한 것만 잘 되어도 증세는 최소화할 수 있다. **이러한 선행조치가 취해진 뒤에도 복지를 위한 재원이 부족하다면, 증세를 통한 재원 마련은 불가피한 선택이다.**

2010년도 기준으로 볼 때, 대한민국은 국내총생산(GDP) 대비 국민부담률(조세부담+사회보장부담금)이 약 25.1% 수준임에 비하여, 미국 약 24.81%, 일본 약 27.6%, 영국 약 34.9%, 이탈리아 약 42.9%, 독일 약 36.1%, 프랑스 약 42.9%, 핀란드 약 42.5%, 노르웨이 약 42.9%, 스웨덴 약 45.5%, 그리고 덴마크 약 47.6% 수준이다.

한편, 국회 예산정책처의 2014년 발표자료에 의하면 2015년도 우리나라 복지 분야의 예산이 총지출의 30%를 넘는 115조 5,000억 원으로 편성되었다. 그러나 보건복지 분야의 정부 예산지출의 국제비교를 보면, 2011년 기준으로 대한민국의 국내총생산(GDP) 대비 공공사회복지 예산지출 비율은 9.1%로 경제협력개발기구(OECD) 평균인 21.7%보다 낮아 OECD 국가의 약 1/2 수준에도 못 미치는 매우 낮은 수준이다.

만약 복지재원을 마련하기 위하여 증세조치를 취한다면 정부에서는 우선적으로 이명박 정부가 들어설 때 취했던 법인세와 소득세 세율의 인하를 환원시켜야 하며, 각종 조세감면 조치를 철회해야 한다. 그리고 소득세 부문에 있어서 금융소득과세 기준 하향 조정 및 강화, 주식양도차익의 과세범위의 확대, 소득세 과표구간 조정 및 최고세율 상향 조정, 상속 및 증여세의 합리적 강화, 종부세의 경우 비거주용 토지를 중심으로 보유세를 강화하는 대신 거래세 완화, 종부세 부과기준 하향 조정 등이 필요하다.

이러한 조치에도 불구하고 복지를 위한 재원이 부족하다면 마지막으로 소

득세, 법인세 및 부가가치세의 세율 인상 등 납세자들의 동의를 이끌어 내어 시대 상황에 맞게 점진적으로 증세를 실현할 필요가 있다.

어떤 사람은 복지비용을 마련하는 데 있어서 증세가 가장 손쉬운 방법이라 말한다. 틀린 말이다. 가장 손쉬운 방법은 지금까지 여러 정부가 사용했던 방법, 즉 비용부담을 다음 세대에 떠넘기는 국채 발행이다. **국가운용의 필요경비를 조달하는 방법 중 가장 어려운 방법이 세금을 올리는 방법이다. 일반적으로 증세를 하면 국민들의 조세저항에 부딪치게 되므로 재원을 마련하기 위한 증세가 가장 힘든 방법이다.** 그러나 국민의 행복을 증진시키기 위하여 복지비용의 증가가 불가피하다면 국가운영을 책임지고 있는 사람이나 제대로 된 정치인들이라면 국민들을 설득하여 현세대의 복지혜택을 늘리기 위해서는, 현세대의 사람들이 증세를 통하여 그 비용을 부담해야 함을 설득하고 이해시킬 수 있어야 한다.

우리 사회가 앞으로 복지국가로 나아가기 위해서는 증세에 대한 국민들의 동의가 절대적으로 필요하다. 홍익인간 사상은 국민들이 더 많은 세금을 내는 것이 다른 사람의 행복에 기여하는 방법으로 믿고, 많은 세금을 내는 것을 명예롭게 생각하는 사회, 그리고 더 많은 국민들이 함께 행복해 질 수 있는 사회를 만들어 내기 위하여 복지비용을 함께 부담하겠다는 국민들의 의식의 변화가 필요하다.

부와 경제력을 균등화하기 위해 이상과 같은 조치가 우선적으로 필요하며, 이들을 실현하기 위해서 또는 홍익인간 사상을 바탕으로 한 조소앙의 삼균주의 중 경제력의 균등화를 증진시키기 위하여 다음과 같은 경제정책들이 조속히 실시되어야 한다.

4.3.3. 금융실명제를 통한 부정부패 방지

부정부패의 척결 및 경제질서의 확립과 투명화를 위하여 엄격한 금융실명제가 필요하다. 1993년도에 도입되었던 금융실명제를 1997년 말에 찾아온 외환위기로 경제가 혼란스러운 틈을 타, 기득권층 사람들이 금융실명제 때문에 돈이 돌지 않아서 IMF 사태와 같은 경제위기가 왔다는 로비와 강력한 반발로 무력화시켰다. 그러나 외환위기가 끝난 뒤 여러 연구결과에 의하면 금융실명제 도입 때문에 외환위기가 왔다는 주장이 사실이 아님이 밝혀졌다.

개인의 비밀 보호는 매우 중요한 일이다. 그러나 국가는 불법적 금융거래나 뇌물수수와 관련된 부정까지 지켜줄 의무는 없다. 오히려 불법적 금융거래나 부정부패와 연관된 금융거래가 있다면 국가는 이를 적발하여 처벌하는 의무를 다해야 한다. 금융실명제를 가능한 빠른 시일 내에 개선 및 강화시킴으로써 부정부패의 연결고리를 차단할 수 있으며, 불법적 지하경제를 축소시킴으로써 국가경쟁력을 높일 수 있다.

또 금융실명제를 철저히 실시함으로써 금융자산의 소유와 이동을 면밀히 파악할 수 있으므로 외국의 거대한 금융자본이 국내의 금융 및 자본 시장에서 장난을 하여 대한민국의 금융시장이나 자본시장을 교란시키고 위기에 몰아넣어 외국의 금융 자본가들이 폭리를 취하는 일을 방지할 수 있다.

21세기에 우리 민족을 살리기 위해 가장 필요한 조치는 부정부패의 방지이다. 부정부패를 방지하는 데에는 제대로 된 금융실명제가 반드시 필요하다. 21세기의 한국경제가 살아 남기 위하여 금융거래가 투명해야 한다. 확고한 개혁의지와 실천 의지만 가지고 있으면 우리나라에서 금융실명제는 얼마든지 성공적으로 정착될 수 있다.

다행히도 박근혜 정부에서 2014년 11월 29일부터 금융실명제를 원래의 취지에 맞게 재실시하는 것은 매우 바람직한 결정이다. 금융실명제 도입 당시 원래의 취지에 맞게 문제점을 개선 · 보완하여 더 강화시켜야 한다.

4.3.4. 금융소득종합과세 강화

금융소득종합과세제도는 은행에 예금했을 때 받는 '이자소득'과 증권거래의 이익에 대한 '매매차액', 주식보유에 따른 '이익배당금' 등으로부터 일정 금액 이상(2012년까지는 금융소득종합과세 기준이 4,000만 원이었으나, 2013년부터 2,000만 원 이상으로 함)의 연간 금융소득에 대하여 원천징수와는 별도로 다른 종합소득과 합산하여 누진세율(6~38%)로 소득세를 과세하는 것을 말한다.

김대중 정부 집권 초기의 경제정책 중 IMF 위기를 핑계로 금융소득종합과세를 유보하고 금융실명제를 무력화시켰다는 것은 아마도 경제정책의 가장 큰 실책으로 후세에 평가될 것이다. 부를 가진 극히 소수의 사람을 위하여 금융소득종합과세를 보류하거나 연기한 조치는 분명히 경제적 정의의 관점에서 올바른 정책은 아니었다.

그 후 금융소득종합과세제도가 부활하였으나 금융소득종합과세 기준이 4,000만 원 이상으로 실효성이 매우 낮았다. 다행히도 2013년부터 금융소득과세 기준을 2,000만 원 이상으로 낮추어 종합과세의 실효성을 높이고, 과세의 형평성과 소득분배의 형평성을 높이기 위한 적절한 조치였다고 평가된다. 앞으로 '금융소득종합과세 기준금액'을 다시 높이는 것은 바람직하지 않다.

4.3.5. 상속 · 증여세 강화 – 부의 세습화 차단을 위한 상속증여세제 강화

대한민국 건국 이후 우리나라가 급속히 성장하는 과정에서 여러 큰 부자들은 그들의 부의 축적 과정이 정당성과 공정한 절차를 통한 것인지에 대하여 많은 국민들이 동의하기 어려운 경우가 많다. 피케티의 『21세기 자본』이라는 책에서 주장하는 바와 같이 비록 민간자본수익률(r)이 < 소득과 생산의 (경제)성장률(g)보다 낮다고 가정하더라도, '세습자본주의'를 통제하려면 그 해법은 자본소득에 대해 충분히 무거운 세금을 물리는 방법으로 매년 부과하는 누진적 자본세 도입을 주장하고 있다.[13]

그런데 대한민국 부유계층의 경우, 민간자본수익률(r)이 > 소득과 생산의 (경제)성장률(g)보다 훨씬 클 것은 쉽게 예상할 수 있다. 그러므로 피케티(Thomas Piketty)가 주장하는 것처럼 '세습자본주의'를 차단하기 위하여 '누진적 자본세'를 도입하지 않는다 하더라도, 대한민국의 자본주의 자유시장경제가 건전하고 지속적으로 발전하기 위해서는 경쟁의 불평등을 고착시키는 '세습자본주의'를 확실하게 차단할 필요가 있다.

이를 위하여 일정 규모 이상의 과도한 부(富)의 소유에 대하여는 상속 · 증여세를 지금보다 더 강화시킬 필요가 있다. 그리고 이러한 과도한 '세습자본'의 차단은 홍익인간 정신에 부합하다고 판단된다.

다만 중소 및 중견기업의 보호 및 육성 정책의 한 방안으로, 제조업의 경우 중소기업 또는 중견기업이 상속세 때문에 가업(家業) 승계가 어렵게 되는 일이 없도록 개선되어야 한다. 이를 위하여 제조업 분야의 가업 상속 공제제도를 현실에 맞게 개선하여 중소기업 및 중견기업의 가업 승계에 대한 상속세 부담을 완화시켜 주는 조치가 필요하다.

13 토마 피케티 지음, 장경덕 외 옮김, 『21세기 자본(*Capital in the Twenty Fiest Century*)』, 글항아리, 2014, pp. 689~692.

4.3.6. 탈루 및 탈세방지 강화

분야별로 일상적인 정당한 세무조사는 강화되어야 한다. 선진국에서는 세무조사 대상의 3~4%를 정기적으로 조사하고 있으며, 일정 규모 이상 탈세 사실이 적발되면 끝까지 추적하여 예외 없이 무거운 조치를 취하고 있어 탈세 시도를 억제시키고 있다. 우리나라는 탈세가 너무 만연해 있다. 현재 세무조사 대상의 1% 정도를 정기 세무조사 대상으로 하고 있는데, 이를 선진국과 같이 3~4% 수준으로 끌어 올려 탈세자는 반드시 적발되어 무거운 처벌을 받는다는 인식을 심어야 한다.

4.3.7. 간접세 비중을 낮추고 직접세 비중을 높이는 정책적 전환

직접세와 간접세의 비중은 각 국가의 역사적 · 사회적 · 정치적 상황이 다르기 때문에 각각 상이하게 나타난다. 직접세 제도와 간접세 제도가 각각 장 · 단점을 가지고 있어 어느 제도 중심이 더 좋다고 단정할 수는 없다. 그리고 직접세 비중이 큰 조세체계가 소득분배의 공평성을 위하여 반드시 좋다고 단정할 수는 없다는 주장도 있다.

현대 사회에서는 소득의 원천이 너무나 다양하기 때문에 과세 당국이 소득의 원천을 다 파악할 수가 없다. 따라서 직접세인 소득세를 다 부과할 수 없는 것이 현실이다. 그러나 소득의 원천은 다 파악하지 못해도 소비를 많이 한다는 것은 그만큼 많은 소비를 할 수 있는 소득이 있음을 의미한다. 따라서 직접세인 소득세를 부과하기보다는 간접세를 늘리는 것이 더 바람직할 수 있다는 주장도 일리가 있을 수 있다.

그러나 우리나라의 경우에는 비경제적 요인이 많고, 많은 상거래나 경제행위에서 불법, 탈법, 비정상적인 거래, 무자료 거래가 성행하는 상황에서 직접세 비중보다 간접세 비중을 높이는 것은 일반 서민대중의 세부담을 높이고, 탈세와 불법적인 비정상적인 거래를 하는 소수 상인들이나 기업인들의 이득을 확대시켜, 소득분배를 더욱 악화, 왜곡시키는 결과를 초래한다. 따라서 불법, 탈법, 탈세 등 비정상적인 거래와 무자료 거래를 보다 철저하게 억제시킬 수 있는 법적 · 제도적 장치 마련과 함께, 우리나라의 현행 조세체계를 간접세 비중을 더 낮추고 직접세 비중을 더 높이는 조세체계로 바꾸어야 한다.

4.3.8. 부동산실명제 강화 및 토지공개념제도의 재도입

우리나라는 부동산실명제를 실시하고는 있으나, 아직도 부동산 보유 사실을 숨기기 위하여 제3자 명의로 부동산을 등록한 경우가 적지 않다. 부(富)의 형평성과 여러 정책들이 실효성을 얻기 위하여 부동산실명제의 강화가 필요하다. 즉, 부동산이 실제 소유자 명의로 등록되어 있어야 하며, 그 동안 차명으로 되어 있는 부동산의 명의를 실제 주인의 명으로 바꿀 수 있는 일정 기간 동안의 유예기간을 주되, 그 이후에는 부동산에 등록된 명의자가 실제 재산권을 행사할 수 있도록 하고, 부동산을 제3자의 명의로 등록할 수 없게 해야 한다.

2005년도에 도입된 '종합부동산세' 제도를 이명박 정부는 2008년에 종합부동산세법 개정을 통해 종합부동산세를 실질적으로 무력화하는 조치를 취했다. 부(富)와 소득의 균등한 배분을 위하여 토지의 보유허가 규모를 다소 늘린다 하더라도 개인이나 기업들이 토지를 부(富)의 증식 수단으로 사용할 수 없게끔 일정 규모 이상의 토지를 보유한 자에게는 누진적 중과세가 필요하다.

국무총리실과 재정경제부, 행정자치부, 건설교통부 등 부동산정책 관련 주요 부처와 고위 당정 관계자들에 따르면, 2005년 정부가 부동산 종합대책을 마련하기 위해 개인 토지소유 현황을 조사한 결과, 2004년 말 현재 땅 부자 상위 1%가 전체 개인소유 토지 가운데 51.5%를, 그리고 땅 부자 상위 5%가 전체 개인소유 토지(5만 7,218km², 173억 3,390만 평)의 82.7%를 차지하고 있는 것으로 집계되었다.

정부 차원에서 개인 토지소유 편중 현황을 전수 조사한 것은 지난 1986년 토지공개념 도입에 앞서 한 차례 조사한 것을 제외하고는 이번이 두 번째인데, **정부가 토지공개념을 도입하기 위해 처음으로 개인 토지소유 편중 비율을 조사했던 지난 1986년 당시 땅 부자 상위 5%의 토지보유 비율은 65.2%였다. 그러나 땅 부자 상위 5%의 토지보유 비율은 2004년 말 현재 82.7%로 약 20년 만에 17.5%포인트나 급등한 것으로 조사되었다.**[14)]

이와 같이 부동산이 소수의 사람에게 집중되어 있으므로 거래 가능한 부동산 가격이 매우 높을 뿐만 아니라, 우리나라의 부(또는 경제력)의 불평등을 증가시키는 근본 원인 중의 하나가 된다. 따라서 부동산실명제의 강화와 과거 토지공개념제도와 같이 필요 이상으로 과다한 토지의 보유자에게는 「종합부동산세법」을 개정하여 누진적으로 중과세를 함으로써 우리나라에서 발생하는 경제력의 불평등 문제를 상당부분 해결할 수 있을 것이라 판단된다.

참고로 급속한 경제성장과 경제안정을 이룩한 싱가포르의 경우, 토지는 거의 모두 정부소유이고, 주택의 약 85%가 정부가 소유한 '주택개발위원회'(Housing Development Board)를 통해 공급함으로써[15)] 한국 같이 부동산 투기를 통한 경제적 불평등의 발생을 원천적으로 막고 있다. 물론 국토면적이 한국보다 훨씬 작기 때문에 싱가포르와 한국의 부동산 문제를 단순히 비교할 수는 없다. 그러나 싱가포르의 경우 토지의 대부분을 국가가 보유하고, 일정 규모와 기간 동

14 매일경제, 2006년 10월 3일자 기사.
15 장하준, 『장하준의 경제학강의』, 부 · 키, 2014, p. 55.

안의 토지사용권만을 허용함으로써 부동산 투기를 통한 부(富)의 증식이 원천적으로 봉쇄되어 있어 경제적 불평등의 발생을 줄이는 데 커다란 기여를 하고 있음은 참고할 만하다.

대한민국의 경우 이미 대부분의 토지가 사유화되어 있으므로 이를 국가소유로 바꿀 수는 없다. 또 그렇게 하는 것이 바람직하지도 않다고 판단된다. 그러나 지속적 경제성장과 부동산을 통한 부의 불평등 발생을 개선하기 위하여 일정 규모 이상의 과도한 토지 부동산 소유에 대하여서는 누진적 중과세를 통한 토지보유의 분산정책이 필요하다고 판단된다. 이렇게 함으로써 부동산 시장에서 거래 가능한 토지 공급량을 늘려 토지가격을 낮추며 안정화시킬 수 있으며, 토지 부동산을 통한 부의 집중을 막을 수 있다.

4.3.9. 중소기업 육성 및 지원 방안

21세기에 한국이 지속적인 경제발전을 하기 위해서는 중소기업의 역할이 매우 중요하며, 중소기업의 육성이 절대적으로 필요하다. 중소기업의 육성과 활성화는 중소기업 자신은 물론 장기적으로는 대기업의 대외경쟁력 향상에도 크게 도움이 된다. 대기업의 경우에는 자금동원 능력, 기획력, 기술력, 상품개발 능력, 시장개척 능력 등 자체적 능력을 가지고 있기 때문에 중소기업 영역을 침범하지 않는 한 그들이 경제활동을 마음껏 할 수 있도록 각종 규제를 과감히 철폐하는 것도 좋은 방법이다.

그러나 중소기업의 경우에는 자금동원 능력, 상품개발 능력, 기술수준, 시장개척 능력 등 여러 면에서 대기업에 비하여 조건이 열악하여 정부의 적절한 역할이 절실하다. **특히, 정부는 경쟁에 따른 시장경제의 원리가 원활히 작동하기 위한 기본적인 전제조건인 공정한 경쟁이 될 수 있도록 감시자의 역할을 충**

실히 해야 한다.

4.3.10. 중소기업의 기술지원 방안

21세기에 한국경제의 지속적인 성장은 중소기업의 활성화에 달려 있다고 해도 과언이 아니다. 중소기업의 중요 애로사항 중에는 인력 문제, 대기업과의 불평등한 거래에 따른 자금 문제, 중소기업의 기술도입 및 기술개발 문제 등 여러 가지를 나열할 수 있으나, 중 · 장기적으로 볼 때 가장 중요한 문제는 기술개발에 관한 문제이다.

중소기업의 기술개발과 기술지원 문제를 개선하기 위하여 기업들이 시도한 연구 및 기술개발에 실패했을 경우, 그 비용부담을 한 기업이 모두 감수하지 않아도 되도록 일정 기금을 만들어 중소기업 기술개발 투자에 대한 위험부담을 감소시켜 줄 수 있는 제도를 도입할 필요가 있다.

물론 우리나라에서도 중소기업의 기술개발 지원을 위하여 '기술보증기금' 제도를 운영하고는 있으나, 실제로 얼마나 중소기업의 기술개발에 도움이 되는지는 더 지켜볼 일이다.

만약 중소기업이 연구개발 투자에 실패할 경우 일정 비율, 예를 들어 기술개발을 위한 총투자액의 50%, 또는 금액기준으로 연구개발 투자 1건당 최고 얼마까지는 보상해 주는 일종의 보험과 같은 보장제도를 만들어 중소기업으로 하여금 연구개발에 적극 투자할 수 있도록 하는 제도적 장치가 필요하다. 가칭 '기술개발보험제도'의 도입과 운영은 운영 방법에 따라서 대기업과 중소기업의 협력관계, 중소기업과 중소기업 간의 협력관계 또는 기업과 대학 및 연구소의 관계 등 상호 협력관계를 보다 활성화시킬 수 있을 것으로 기대한다.

4.3.11. 중소기업의 자금난 해소 방안 - 상업(진성)어음제도 폐지 또는 어음할증법제도의 도입이 필요하다

우리나라에서 통용되는 어음은 크게 '상업어음'(진성어음)이라 하여 상품의 매매대금으로 발행하는 어음과 상품의 매매가 없이 순전히 자금을 융통하기 위해 발행하는 '융통어음'(기업어음)으로 구분된다.

이 중 특히 중소업체들이 대기업에 물품을 납품하고 받는 상업어음이 문제가 되는데, 상업어음제도를 획기적으로 개선하거나 폐기해야 한다. 즉, 대기업과 중소기업의 거래에 대한 결제 방식 또는 하도급을 주거나 물품을 납품 받는 업체는 현금결제를 원칙으로 하도록 법제화해야 한다.

어음제도의 폐지는 가능한 빠를수록 좋다. 다만 필요한 경우 당사자 간에 협의를 통해 3개월 이내의 어음 발행은 허용하되 그 대신 어음할인제가 아니라 어음할증법을 제정하여 실시해야 한다. 어음 사용을 부분적으로 허용할 경우 상업어음의 경우 어음할인제도를 어음할증제도로 제도를 바꾸어야 경제정의에 합당하다. 즉, 어음을 발행하면 어음 발행일부터 3개월 안에는 5대 시중은행의 일반 대출의 평균 금리를 적용하여 어음 발행자는 어음 소지자에게 원금과 이자를 지급하는 법을 만들고, 3개월을 넘는 경우 할증금리(또는 가산금리, 5대 시중은행의 일반 대출금리보다 1~2% 더 높게 설정)를 적용하여 어음 소지자에게 지급하도록 하여 중소업자의 자금난을 원천적으로 덜어 주며 보호해야 한다.

4.3.12. 고리대금 방지를 위한 법정 최고이자율을 더 낮추고 이자제한법에 관한 규정을 더 강화해야 한다

정부는 1997년 12월 IMF 외환위기로 국내 자본의 이탈을 막고, 해외 자본을 유치한다는 명분으로 고금리정책을 취하였으며, 또 한편에서는 금융시장을 자율적인 시장기능에 맡긴다는 명분으로, 그리고 다른 한편으로는 공금리 수준이 한 자리 숫자인데 굳이 이자제한법을 존치시킬 필요가 없다는 이유로 이자제한법을 폐지시켰다.

그러나 이자제한법이 폐지되자 사채시장을 중심으로 많은 폐해가 나타나게 되었다. 연간 수백 퍼센트의 높은 이자나 또는 높은 수익을 보장해 주겠다고 하는 각종 파이낸스사의 금융 사고나 고의적 부도의 원인에는 이자제한법의 폐지가 큰 원인이 되었다. 따라서 정부는 다시 금융기관이나 등록 대부업자가 받을 수 있는 법정 최고이자율을 39%로 제한했으며, 개인 간의 일반 금융거래(사채)의 법정 최고이자율을 30%로 제한하였다.

그리고 다시 고리대금업에 의한 일반 서민들의 피해를 줄이기 위해서는 과거 이자제한법이 폐지되기 전 년 25%(금융기관이나 등록 대부업자는 대부업법에 따라 연간 최고 34.9%까지 이자를 받을 수 있다)로 공식적으로 받을 수 있는 법정 최고이자율을 제한한 것은 바람직한 조치이다.

일반인 간의 금융거래인 사채에 대하여 연 25% 이상은 불법적 금융거래로 고리를 받는 업자를 처벌한다거나, 또는 돈을 빌린 사람으로 하여금 연 25% 이상의 이자는 무효이며, 연 25% 이상의 이자는 내지 않더라도 법적으로 처벌하지 않는 이자제한법을 부활시킨 것은 바람직한 조치이다. 그러나 금융기관이나 등록 대부업자는 대부업법에 따라 여전히 34.9%까지 높은 이자를 받을 수 있게 한 것은 개선되어야 한다. 즉, 금융기관이나 등록 대부업자도 이자제한법에 따른 법정 최고이자율 25% 수준까지 낮추는 것이 바람직하다. 그리고 금융기관이나 등록 대부업자이건 개인 간의 금전거래이건 돈을 빌려주고 연간 받을 수 있는 '법정 최고이자율'을 점차 낮추어 연 20% 이내로 제한함이 바람직하다고 판단된다. 이는 서민들을 보호하는 정책일 뿐만 아니라, 해외의 불법자금의 유입과 여유자금이 고리의 사채시장이나 투기시장에 몰리는 것을 방지하고 생산적 투자자금으로 사용되게 하는 간접적 유도정책이 될 수 있다.

4.3.13. 노동시장에서의 비정규직 축소와 비정규직의 정규직 전환

오늘날 대한민국의 경제침체의 가장 큰 원인이 무엇일까? 수출은 수년째 계속 흑자라고 하는데, 왜 경제성장에 한계를 극복하고 있지 못하고 선진국으로 진입을 하지 못하고 있는가? 단순히 대외 경제 여건 때문일까? 그리고 역대 정부마다 기업의 활성화를 위하여 여러 특혜정책을 펼쳤으며, 정부의 계속적인 경제성장 우선 성책으로 경제가 발전했다는데 왜 대부분의 국민들은 날이 갈수록 살기가 더 힘들어지고 경제 양극화는 더 심해질까? 정부가 경제성장정책을 지속적으로 펼쳤음에도 국민들의 행복도 지수는 다른 나라에 비하여 매우 낮고, 노인들과 청소년들의 자살률이 수년째 세계 1위를 하고 있는가? 그 원인이 어디에 있다고 생각하는가?

필자는 정부의 경제성장 제일주의와 잘못된 노동정책과 분배정책의 실패, 그리고 기업인들이 내 몫만 더 챙기겠다는 탐욕이 한국경제를 장기적인 침체기로 빠져들게 만들고 있다고 생각한다. 이로 인해서 경제성장의 한계를 극복하지 못 하고, 선진국으로의 진입을 못 하고 있으며, 노동으로 생계를 유지하는 대부분의 근로자들이 생존에 급급하여 행복을 느끼지 못하고 있다.

그 대표적인 원인이 비정규직의 양산과 비정규직에 대한 국가의 보호가 미흡했기 때문이다. 물론 기업으로 하여금 모든 근로자를 정규직으로 채용해야만 한다는 것은 아니다. 기업이 생존하고 기업이 잘 활동하기 위해서는 기업의 상황에 따라서 근로자의 해고요건도 유연하게 해줄 필요가 있으며, 업종이나 일의 성격과 분야에 따라서는 임시직이나, 기간 근로, 시간제 근로 등 비정규직을 쓸 수밖에 없는 상황도 충분히 있다.

기업이 비정규직을 고용하는 그 자체를 나쁘다고만 할 수는 없다. 문제는 비율과 악용이다. 우리나라는 전체 노동자 중 비정규직 노동자의 비중이 너무 클 뿐만 아니라 기업들은 비정규직 노동력을 인건비를 줄이는 수단으로 악용하고 있다는 점이다. 정부의 통계자료에 의하면 2014년 현재 전체 임금근로자는 1,877만 6,000여 명이며(100%), 이 중 정규직 근로자는 1,269만 9,000여 명(67.6%)이고, 비정규직(임시 · 일용) 근로자는 607만 7,000여 명(32.4%)이라 한다(노동계에서는 비정규직 근로자를 852만여 명(45.4%로 주장함)). 특히, **한국의 비정규직과 정규직 간의 소득 및 처우 불균형은 경제개발협력기구(OECD) 국가 가운데 격차가 가장 큰 국가로 나타나고 있으며, 임금격차 또한 너무 크다는 점이 문제다.**

그리고 비정규직으로 열심히 일해도 정규직으로 전환되는 비율이 너무 낮고, 심지어는 비정규직의 시간당 임금은 정규직의 64%에 불과한 경우도 있다. OECD의 한 보고서에 따르면 "한국의 비정규직은 열악한 일자리의 덫에 갇힐 위험이 높으며, 심각하게 분절되어 있는 노동시장이 사회통합을 저해할 수 있다"고 지적한 것은, 정확한 지적이라 판단된다.

우리나라의 비정규직 노동자는 같은 일을 하면서 정규직 임금의 약 70% 수준을 받으며, 회사로부터의 각종 복지혜택이나 4대 보험의 혜택에서 제외되는 경우가 많아 근로자들의 삶의 질이 급격히 악화되어 가고 있다. 기업들은 단지 임금부담을 줄이는 수단으로 비정규직 근로자를 선호하고 있다. **우리 사회에서 비정규직의 확대는 단기적으로 기업의 이윤 증대에는 좋을 수 있으나, 장기적으로 우리 사회 전체로는 악영향을 끼치는 요인이 된다. 근로자들의 실질임금이 줄어들어 삶의 질이 떨어지고, 경제 양극화를 확대시키며, 부의 분배를 악화시켜 결국은 장기적으로 사회 전체의 소비 수요를 위축시키게 된다. 이는 경제침체를 장기화시켜 기업에게도 손실로 나타나게 될 것이다. 그뿐만 아니라**

비정규직 근로자들의 고용불안으로 생산성을 떨어뜨려 기업에게도 손실로 작용한다.

이를 해결하는 방법은 가능한 빠른 기간 내에 노동시장에서 비정규직의 축소와 비정규직을 정규직으로 적극 전환하는 것이다. 우선 공공부문, 즉 중앙정부와 지방자치단체, 그와 관련된 공기업 및 출연 또는 출자기관부터 아주 불가피한 부문을 제외하고는 비정규직을 정규직으로 전환하여야 한다. 그리고 기업의 경우 일정 규모 이상, 예를 들어 고용인원 300인 이상 기업의 경우 전체 고용 노동자 중 일정한 비율 이내로, 예를 들어 10% 이내로만 비정규직을 허용하는 법과 제도적 장치를 마련할 필요가 있다.

그 대신 기업의 경우에는 고용노동자의 해고를 좀 더 쉽게 할 수 있도록 해고요건의 유연성을 보장해 줄 필요가 있다. 예를 들어, 기업이 근로자를 해고할 때 해고 직전 3년간 연속적으로 적자를 보았을 경우, 기업이 고용하고 있는 인원을 자율적으로 지금보다는 쉽게 해고할 수 있도록 제도적 개선을 해줄 필요가 있다.

기업의 상황에 따라서 부분적이며 일시적으로 비정규직 근로자가 필요할 수도 있다. 그러나 비정규직 근로제도를 기업이 임금을 줄이는 수단으로 악용해서는 안 된다. 기업이 비정규직 근로자를 사용할 때에는 같은 직종에서 같은 경력을 가지고 같은 일을 시킬 경우, 비정규직 근로자에게는 정규직이 받는 임금의 5~10%를 더 주도록 법제화시켜야 한다. 프랑스의 경우는 비정규직 근로자에게는 정규직 근로자의 임금보다 10%를 더 주는 경우가 있다.

노르웨이의 경우에는 계약직(비정규직)으로 고용할 경우, 일반적으로 정규직에 비해 직위가 불안정하기 때문에 정규직보다 조금 더 많은 연봉을 지급하는 경우가 있다. 노르웨이에서는 비정규직이라고 하더라도 노동법의 적용을 받기 때문에 근무 시간이나 휴무에 있어서 정규직과 동일한 적용을 받는다. 또

동일한 업종에 4년 동안 계약직으로 근무를 했을 경우 정규직으로 간주한다는 법규가 있기 때문에, 비정규직이나 계약직으로 근무를 하더라도 4년의 시간이 지나면 정규직 전환이 법적으로 보장되고 있다.[16)]

우리나라도 비정규직의 근로자들은 정규직의 근로자들보다 고용이 불안하여 더 많은 스트레스를 받으며, 경제적인 어려움이 있다. 따라서 기업으로 하여금 비정규직 근로제도를 악용할 수 없도록 막아야 한다. 이는 단순히 비정규직 근로자를 보호하는 것뿐만 아니라, 장기적으로 비정규직 근로자의 삶의 질을 높이고, 사회 전체의 소비 수요를 증대시키며, 부의 재분배 효과에 따른 경제 양극화를 완화시키고, 경제 활성화에도 도움이 되며, 장기적으로는 기업에게도 도움이 된다. 그리고 이는 함께 더불어 잘 살자는 홍익인간 사상에도 부합한다.

16 박노자 · 김진 · 백면정 외 4인, 『나는 복지국가에 산다』, 꾸리에, 2013, pp. 145~146.

제5장
홍익인간 사상과 복지논쟁

홍익인간 사상과 복지논쟁

5.1. 복지란 행복의 증진이다

복지(welfare)란 무엇인가? 왜 우리는 복지증진을 요구하는가?

복지 또는 후생이란 다른 것이 아니다. 복지란 행복의 증진이다. 복지 또는 후생을 영어로는 웰훼어(welfare)로 표기하는데 이는 웰(well: 잘, 만족할 만큼)+훼어(fare: 지내다, 살아가다)의 합성어라 한다. 합성어가 말하듯이 복지란 백성들이 또는 지역의 주민들이 '잘 지내는' 것 또는 '만족스럽게 살아가는 것'이라 할 수 있다. 백성들이나 지역주민들이 그 전보다 더 잘 살 수 있게 해주는 것이 복지향상이다. 그리고 복지의 향상은 사람들로 하여금 행복감을 증진시켜 준다.

티벳의 고승 '달라이 라마'(Dalai Lama)는 그의 책 『마음을 바꾸면 인생이 바뀐다(*The Transformed Mind*)』[1]에서, 행복(happiness: (be) happy)이란? ① 심신(몸과 마음)이 평안한 상태(에서 사람들은 행복감을 느낌)를 행복한 상태라 정의하며, 또한 ② 큰 고통에서 작은 고통으로 고통이 줄어들 때 사람들은 행복감을 느낀다고 말하고 있다.

명칭이 어떻게 불리든지 그리고 그 대상이 무엇이든지, 국민들의 삶을 향상시킬 수 있고, 정신적 · 경제적으로 힘들고 고통스러운 주민들에게 그 삶의

1 달라이 라마 지음, 공경의 옮김, 『마음을 바꾸면 인생이 바뀐다(*The Transformed Mind*)』, 문이당, 2002.

고통을 조금이라도 줄여 주는 것이 국민 또는 지역 주민들의 복지를 향상시켜 주는 것이며 행복하게 만들어 주는 것이다. 국민들을 조금이라도 더 행복하게 만들어 줄 수 있다면 그러한 복지정책은 의미가 있는 복지정책이다. 그리고 의미가 있는 복지정책이라면 이를 달성할 수 있는 방법은 사회 구성원 간의 합의를 통하여 이를 달성해야 한다. 사회 구성원 간의 합의를 이끌어 내기 위해서는 사회 구성원들이 더불어 함께 잘 살고자 하는 의식이 있어야 한다. 즉, 널리 남을 돕고, 다른 사람들을 유익하게 하고자 하는 '홍익인간' 정신이 있어야 한다. 그리고 사회 구성원 간의 합의를 이끌어 내고, 일이 실현될 수 있게 하는 것이 정치인들의 역할이며, 사회에 영향력이 큰 사람들이나 언론의 역할이기도 하다.

5.2. 무상복지란 없다[2)]

우리나라가 지난 50여 년간 경제성장 우선 정책을 추진하여 경제성장을 이룩하였고, 무역거래 규모로 볼 때 세계 8위의 경제규모가 될 정도로 성장하였다. 그러나 그 성장 과정에서 소득의 재분배 과정이 원활하게 이루어지지 못하였다. 그리고 현재 대한민국의 경제구조는 중산층이 무너지고, 양극화가 확대되어 계층 간 빈부격차는 더 벌어지는 상황이 되었다.

선거 때마다 각 정당과 대통령 출마자나 국회의원 출마자, 정치인들은 국민들의 표를 더 많이 얻기 위하여 누구나 복지확대를 주장하고 있다. 그러나 국민의 대표자가 되겠다는 정치인 선거 후보자들이 주장하는 복지공약을 실현하

2 유경문, 「무상복지란 없다」, 『납세자』, 한국납세자연합회, 2012년 겨울호 pp. 4~7 내용을 수정 · 보완한 것임.

려면 천문학적인 비용이 들어간다. 복지증진과 관련된 주요 정책공약들은 세금이 주요 재원일 수밖에 없음에도 불구하고 각 정당이나 선거 입후보자들은 납세자들이 동의할 수 있는 실천 가능한 명확한 재원조달 계획을 제시하지 않고 복지확대를 주장한다.

앞으로의 우리 사회가 나갈 큰 방향 중의 하나는 국민들의 복지향상으로 이 대세를 거스를 수는 없을 것 같다. **오늘날 우리 사회에서 중요 논쟁 중의 하나가 '무상복지' 논쟁이다. 그러나 세상에 무상복지란 없다. '무상복지'란 표현 자체가 틀린 표현이다.** 다시 말하건데, 세상에 무상복지란 없다. 물론 복지혜택을 받는 사람들에게는 당장에는 정부가 제공하는 각종 혜택에 대하여 직접 비용을 지불하지 않으니 무상(공짜)처럼 느껴질 것이다.

그러나 **무상복지란 틀린 표현이며, 무상복지란 없다. 그 이유는,**

첫째, 복지를 실천하기 위해서는 많은 비용이 들어가는데, 사회 구성원 누군가는 어떠한 형태로건 비용을 부담해야만 가능하기 때문이다.

만약 복지를 확대해 나간다면, 복지에 들어가는 비용을 누가, 어떻게, 얼마나 더 부담하며, 모여진 재원을 어떻게 효과적으로 사용할 것인가를 해결하는 문제이다.

둘째, 복지혜택을 받는 사람이 무상(공짜)으로 혜택을 받는다고 하나, 엄밀하게 말하면 일자리가 없어 소득세를 못 내고, 가진 재산이 없어 재산세를 못 낸다 하더라도 생존을 위하여 살아 숨 쉬는 한 먹고 살기 위하여 무엇인가 소비를 해야 한다.

소비를 하는 데에는 복지혜택을 받는 사람들도 자신도 모르게 세금(부가가치세)을 부담하고 있다. 따라서 복지혜택을 무상(공짜)으로 받는 것은 아니다. 단지 직업이 없어 소득이 없고, 재산이 없어 소득세나 재산세 같은 직접세를 내지 못 할 뿐 소비 과정에서 간접세인 부가가치세를 내고 있다. 부가가치세로 간접세를 낸다는 것은 국민들이 소비 과정 속에서 누구나 많건 적건 간에 국가의 경비를 부담하고 있는 것이다. 단지 그 세부담이 많고 적을 뿐이다. 세금을 적게 내는 사람은 복지비용 부담을 많이 하지 못 할 뿐이지 아주 안 내는 것은 아니다.

예를 들어, 길거리의 노숙자나 거지가 노동(또는 구걸)을 하여 약간의 돈이 생겼다고 하자. 그들이 허기를 잊기 위하여 편의점에서 850원짜리 작은 컵라면을 1개 사먹었다면 그는 부가가치세(VAT) 77원을 국가에 국세로 낸 것이다. 또한 이들이 추위를 잊기 위하여 막걸리나 소주를 1,300원(편의점마다 약간씩 가격에 차이가 있지만)을 주고 구입하였다면 이들은 국가에 118원의 부가가치세(주세 부담분 포함)를 국세로 부담한 것이다.

또한 은퇴한 노인이나 노후에 병들어 사회복지 혜택을 받는 분들도 그들이 젊었을 때 각종 경제활동과 소비활동을 하며 이미 과거에 각종 형태의 세금을 냈다. 특히, 오늘날 2015년도 현재 대한민국에 사는 사람들은 우리의 부모 세대인 1960~1990년대 한참 경제활동을 하던 사람들이 낸 세금으로 국방과 치안 및 사회질서를 유지할 수 있었고, 교육을 받을 수 있었으며, 고속도로, 고속철도, 지하철, 도로, 교량, 항만시설, 교육시설 등 각종 사회간접자본들을 건설한 것이다. 이런 면에서 보면, **오늘을 사는 사람들이나 기업들은 과거 우리의 부모 세대들이 부담한 세금으로 건설된 각종 사회간접자본과 각 분야에서의 사회문화 시설의 혜택을 톡톡히 보고 있다. 그러므로 현세의 사람들이나 기업들이 은퇴한 노인들에 대한 사회복지비용을 부담하는 것은 부모 세대들이 세금부담으로 이룩한 성과에 대한 후불적 비용 지불이며 당연한 것이다.**

노인이나 은퇴자들이 지금 복지혜택을 받는 것은 결코 무상으로 받는 것이 아니다. 생존을 위하여 소비활동을 할 때, 또는 젊었을 때 경제활동을 하면서 각종 형태로 세금을 이미 냈다. 그 세금으로 오늘날의 사회를 만드는 데 드

는 비용을 부담한 것이므로 이들에 대한 각종 형태의 복지지원은 결코 그들이 공짜로 받는 것은 아니다. 과거에 낸 세금의 일부를 돌려받는 것일 뿐이다. 따라서 무상복지란 없으며, 무상복지란 표현은 틀린 표현이다.

또한 초·중등학생들에 대한 무상급식과 무상교육에 대하여 여전히 논쟁들이 있다. 그러나 냉정하게 생각하면 무상급식이나 무상교육이 진짜 무상(공짜)은 아니다. 우리들이 흔히 쓰는 '무상급식'과 '무상교육' 대상인 초등학생이나 중학생의 부모나 형제들이 다양한 형태의 경제활동을 하면서 각종 세금을 이미 부담하고 있다. 단지 내 자식을 위한 '급식비'나 '교육비'라는 명목으로 비용(세금)을 내고 있지 않을 뿐이다.

복지와 관련된 또 다른 논쟁거리는 '영유아에 대한 무상보육' 문제이다. 우리나라가 사회주의 체제가 아닌 자본주의 체제이므로 영유아 보육의 1차적 책임은 당연히 개별 가정에 있다. 그러나 비록 우리 사회가 자본주의 사회체제이기는 하나, 사회 전체적으로 볼 때 영유아의 보육과 유아교육의 최종적인 책임은 국가에 있다. 영유아가 잘 보육되어 건강하게 자라고 교육을 받을 때, 이들이 미래 세대 양질의 노동력으로 변화되어서 개인 자신들의 안정적인 삶뿐만 아니라, 국가와 사회에 기여할 수 있기 때문에 영유아에 대한 양질의 보육과 교육의 최종 책임은 국가에게 있다.

이 땅에 태어난 어린 아이는 그 부모가 부자이건 가난하건 관계 없이, 한 인간으로서 보호받고 존중 받을 권리가 있으며, 스스로 생존할 수 있도록 성장할 때까지의 최소한의 영양 공급과 보육 및 교육은 사회 구성원의 공동의 책임이며 국가의 책임으로 인식해야 된다. 특별히 여러 가지 사정으로 부모가 가난하거나, 결손 가정이거나, 고아이거나, 다문화 가정이든 상대적으로 경제적으로 어려운 가정의 자녀들에 대한 교육과 관련된 경제적 지원은 단순한 무상지원이 아니라 우리 사회를 위한 미래에 대한 투자이거나 미래에 대한 선비용 지출이라 봄이 바람직하다.

한편, 복지논쟁과 관련하여 또 다른 논쟁거리는 보편적 복지(특정 소수집단이 아니라 모든 국민에게 동등하게 제공되는 사회보장제도)와 선택적 복지(특정 집단에게 차등적으로 제공되는 사회보장제도)의 논쟁이다. 무상교육, 무상급식, 영유아의 무상보육과 교육은 보편적 복지 관점에서 접근이 맞다고 판단된다.

일부 사람들은 부자의 자녀들이나 재벌의 손자들에게까지 무상급식과 무상교육 혜택을 주는 것은 바람직하지 않다고 주장하는 사람도 있다. 틀린 생각이다. 부자들이나 재벌들은 일반 사람들보다 더 많은 세금을 내고 있는데 그들의 자녀나 손자를 국가로부터의 혜택에서 배제한다는 것은 형평성 면에서도 옳지 않다. 물론 부자들이 더 좋은 교육환경을 위하여 그들의 자녀들을 사립학교로 보낸다거나, 무상급식보다 더 좋은 식사를 하게 하기 위하여 무상급식을 안 받고 자신들이 별도로 준비한 음식물을 먹게 한다면 이는 그들의 선택이니 이에 대해서는 말할 필요가 없다. 그러나 단지 경제적으로 여유가 많다고 세금을 많이 낸 사람들의 자녀들을 무상급식, 무상교육 혜택에서 제외한다는 것은 옳지 않을 뿐만 아니라, 무상혜택에서 제외시키는 선별 작업에도 많은 비용이 들어가므로 무상급식과 무상교육에서 특정인을 혜택에서 제외시키는 것은 옳지 않다. 앞으로 고등학교나 대학교육까지 무상(실제로는 무상이 아님)교육 혜택으로 교육기회를 확대하는 경우에도 부자라는 이유로 특정인의 교육혜택을 배제함은 옳지 않다.

셋째, 만약 앞으로 국가운영을 맡은 사람이 복지비용을 마련하는 데 조세부담을 증가시킬 경우, 조세저항이 두려워 국민들에게 적정한 세금부담을 통하여 복지비용을 마련하는 것이 아니라, 적자재정 운영이나 국채 발행 등을 통하여 막대한 복지비용을 마련한다면, 이는 현재 세대에서는 비용(세금)부담이 없다 하더라도 그 비용은 후세대(우리들의 자녀들이)가 부담해야 한다. 이러할 경우 복지비용은 후세대에게 전가하는 것일 뿐 무상복지가 아니다.

5.3. 우리나라의 복지논쟁과 나갈 방향 - 복지수준 및 조세부담률을 중심으로

5.3.1. 왜 공정한 사회와 복지사회를 말하나

오늘날 우리 사회에서 공정한 사회에 대한 강조는 역설적으로 그 어느 때보다도 우리 사회가 공정하지 못한 방향으로 나아가기 때문이다. 복지사회 건설에 대한 욕구 증가는 빈부격차 확대에 따른 경제 양극화의 심화와 빈곤계층의 확대 때문이라 생각된다. 그러면 국가(중앙정부와 지방정부)는 어떻게 하는 것이 바람직할까를 염두에 두고 논의를 전개하고자 한다.

공정한 사회와 복지사회 만들기는 인간들의 끊임없는 관심의 대상이었고, 이를 만들기 위하여 수많은 사람들이 끊임없는 노력과 희생을 하였으며, 이러한 노력들은 국가체제의 변화까지 이루어왔다. 과거 오랫동안의 서양의 왕권체제와 봉건영주체제는 영국의 산업혁명(1760~1830년대)과 프랑스 및 독일의 산업혁명(1830~1870년대) 시대를 거치면서 경제발전과 함께 근대시민국가로의 변화는 시민(국민)들로 하여금 더 많은 자유와 평등을 요구하게 만들었고, 이러한 욕구는 국가체제의 변화까지 가져왔다.

산업혁명 이후 자유경쟁과 시장경제 원리를 바탕으로 한 자본주의가 독점자본주의 시대로 변화함에 따라 자본주의의 많은 병폐가 나타나게 되었고, 이에 대한 반발로 공산주의(사회주의) 국가가 탄생하였다. 그러나 공산주의의 내재적 모순(지나친 평등주의에 따른 경제적 효율성 상실과 공산당 독재에 따른 부패의 확대)으로 극히 일부 국가를 제외하고는 1990년대를 전후하여 70여 년 만에 스스로 붕괴되었다.

공산주의 국가들의 스스로의 몰락이 오늘날 현대 자본주의 국가들의 승리를 계속 보장해 주는 것은 아니다. 제1차 세계대전(1914~1917) 전후의 서양의 독점자본주의 병폐와 이에 따른 극심한 빈부격차, 그리고 1930년대의 세계대공황은 미국을 비롯한 서구 자본주의 국가들이 몰락 직전까지 치달은 적이 있었다. 당시 미국을 비롯한 자본주의 국가들이 회생할 수 있었던 것은 시장기능 중심의 자본주의에서 수정자본주의라 하여 국가의 기능과 역할을 강조하면서, 국가주도의 계획경제와 사회복지 분야의 과감한 투자 그리고 사회보장제도의 적극적 확대가 자본주의의 붕괴를 막고 오늘날까지 자본주의를 지탱하게 해주었다. 만약 당시 서구 선진 자본주의 국가들이 정부의 적극적인 역할과 과감한 사회보장제도의 확대가 없었더라면 공산주의보다 당시 자본주의가 먼저 몰락했을지도 모른다.

21세기에도 자유시장경제체제를 바탕으로 한 자본주의가 지속적으로 유지·발전되기 위해서는, 자본주의의 내재적 모순인 빈부격차를 지속적으로 개선해 나가야만 자본주의가 유지될 수 있을 것이라 판단된다.

오늘날 자본주의의 내재적 모순인 빈부격차의 완화와 해소는 3개의 경제주체인 개인(가계), 기업, 정부 중 정부가 그 역할을 적극적으로 할 수밖에 없다. 즉, 국가와 지방정부가 법과 제도를 통해서 자본주의의 내재적 모순을 적극적으로 해결하지 않는 한 자본주의는 계속 유지하기가 어려울 것이다. 자본주의 내재적 모순을 해결하기 위하여 많은 선진 자본주의 국가들은 정부재정 운영과 조세제도를 통하여 국민들의 복지를 계속 확대하여 일정 수준을 유지하고 있다.

오늘날 선진국가들의 국가운영의 큰 방향은 국민들의 복지증진에 최우선을 두고 있다. 일부 복지 선진국가에서 과다한 복지비용 지출로 국가재정 운영에 어려움이 있어 다소 복지지출을 축소하려는 시도는 있으나, 이는 복지지출의 축소라기보다는 합리적인 국가의 재정운영을 위한 조정 과정으로 보아야 한다. 그리고 21세기에는 상당한 기간 동안 선진 자본주의 국가들은 국민들의 복지증진을 국가운영의 최우선 목표로 할 것이다.

그러면 **선진국 문턱에서 10여 년이 넘도록 헤매고 있는 대한민국은 어떤 방향으로 나가야 할 것인가? 또한 앞으로 남한과 북한의 통일된 국가는 어떤 방향으로 나가야 할 것인가? 이러한 물음에 대하여 이 시대의 우리는 선택하고 결정하여야 한다. 즉, 국가와 국민들은 더 많은 국민들이 행복하게 더불어 잘 살 수 있는 방법을 택할 것인가, 아니면 시장기능에 맡기어 국민들 각자가 알아서 재주껏 살아가게 할 것인가를 선택하여야 한다.**

5.3.2. 우리 사회가 나갈 방향 - 우리 사회는 어디로 가야 하나?

1) 우리나라에서 조세부담과 복지비의 증가는 왜 필요한가?

조세(국민)부담률과 복지비 지출의 국제비교 – 어떠한 상태가 좋은 것인가?

2005년도 기준으로 볼 때 대한민국은 GDP 대비 국민부담률(조세부담+사회보장부담금)이 약 25% 수준임에 비하여, 미국 약 27%, 영국 약 37%, 이탈리아 약 41%, 독일 약 35%, 프랑스 약 44%, 핀란드 약 45%, 덴마크 약 49%, 스웨덴 약 51% 수준이다.

그리고 2005년 대한민국 일반 정부(중앙정부+지방정부)의 경비지출 중 사회보호비(빈곤가구에 대한 지원 및 질병, 상해, 질병 해소와 방지를 위한 비용지출)가 11.8%임에 비하여, 미국(2004년) 약 19.5%, 영국(2004년) 약 37%, 일본(2003년) 약 31%, 이탈리아(2003년) 약 37%, 덴마크 약 42%, 스웨덴 약 42% 수준이었다.[3]

3 이영 · 정영중 등 4인 편역, 『로젠의 재정학』, 교보문고, 2007, pp. 20~22.

[그림 5-1] OECD 국가들의 정부의 크기

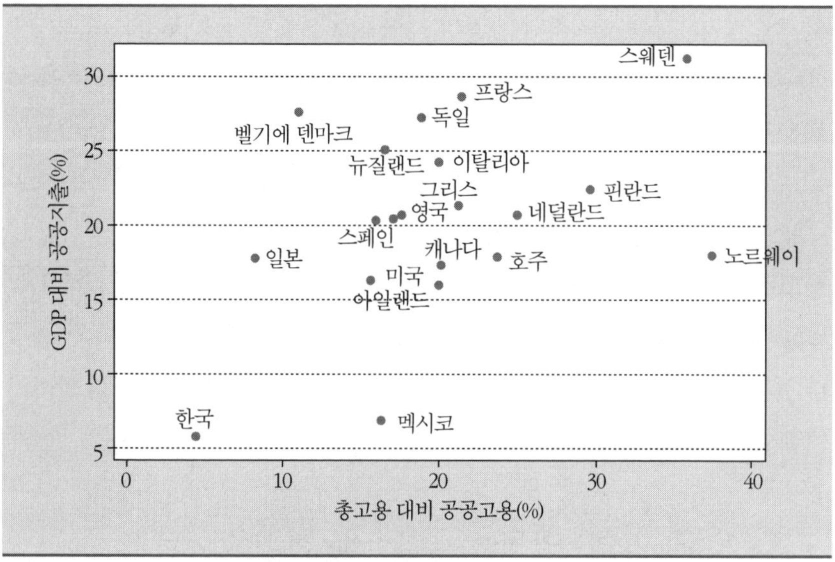

자료: OECD Historical Statistics, OECD Social Expenditure Date 2005.

[그림 5-1]에서 알 수 있는 바와 같이 GDP 대비 공공지출과 총고용 대비 공공고용은 매우 높은 상관관계를 가지고 있다. 이는 사회복지비 지출 증가를 통한 공공지출의 증가는 공공부문의 고용 증가로 나타난다. 이것이 의미하는 바는 복지비의 지출 증가는 단순한 소비지출로 끝나는 것이 아니라 공공부문의 고용의 증가로 나타나며, 이는 또한 관련된 민간부문의 고용 증가를 가져오기 때문에 복지비의 증가를 단순한 낭비적 소비지출로만 보아서는 안 된다는 것을 의미한다.

또한 보건복지 지출의 국제적 비교를 보면 GDP 대비 공공사회 복지지출은 OECD 평균 20.5%임에 비하여, 대한민국은 GDP 대비 공공사회 복지지출은 OECD 국가의 약 1/3 수준으로 매우 낮은 수준이다.

[표 5-1] 재정여건의 국제비교

(단위: GDP 대비, %)

	프랑스	독일	영국	미국	일본	한국	OECD 평균
조세부담률(2009)	25.7	22.9	27.6	17.6	15.9	19.7	24.6
국민부담률(2009)	42.4	37.3	36.1	24.1	26.9	25.5	33.8
재정수지(2009)	△7.6	△3.2	△11.0	△11.6	△8.7	△1.1	△8.3
국가채무(2009)	90.8	77.4	72.4	85.0	194.1	33.5	91.4

주: 한국의 조세 · 국민부담률은 2011년 기준.
자료: 박형수, 「장기재정전망과 재정정책 운용 방향」, 〈한국조세연구원 개원 20주년 기념세미나 발표 자료집〉, 2012. 11, p. 12 참조.

복지 유형별로 보았을 때, 상대적 저복지국가인 영미형 국가들은 GDP 대비 공공사회 복지지출의 비중이 평균 14.7%로 대한민국은 이들 국가의 절반수준이다. 그리고 고복지국가들은 GDP 대비 공공사회 복지지출의 비중이 대륙형 국가들은 평균 24.8%이며 북구형 국가들은 평균 25.7%로 대한민국은 이들 국가에 비하면 공공사회 복지지출이 이들 국가의 1/3 수준임을 알 수 있다.[4)]

또한 [표 5-1]과 [그림 5-1]에 나타나는 바와 같이 우리나라는 아직은 국가채무 수준이 건전한 측면이 있으나, 반면 GDP 대비 공공사회 복지지출[SOCX=일반정부(중앙정부+지방정부) 복지지출+연금 · 사회보험 급여]은 선진국에 비해 복지지출 수준이 매우 낮고, 조세 · 국민부담률도 상대적으로 낮다. 우리나라 복지제도는 생활보장, 소득재분배 측면에서 기능적으로 미흡한 수준에 그치고 있다.[5)]

우리나라 사회보장제도는 두터운 중산층의 존재를 전제로 한 시스템으로 구축되었는데, 이후 사회보험 위주의 사회구조 변화(소득격차 확대, 비정규직 및

4 최성은, 「경제위기하에서의 보건복지재정 우선순위」, 〈2010년 보건 복지재정의 현안과제와 정책방향에 관한 토론회 자료집〉, 한국보건사회연구원, 2009. 4, p. 10.
5 박형수, 「장기재정전망과 재정정책 운용 방향」, 〈한국조세연구원 개원 20주년 기념세미나 발표자료집〉, 2012. 11, p. 12.

자영업자 비중의 증가 등)로 넓은 사각지대가 발생하였다. 국민이 빈곤에 빠지지 않도록 연금, 의료, 장기요양, 고용보험 및 산재보험 등 사회보험을 통해 각종 리스크가 사회 전체적으로 분산되도록 하여야 하며, 이러한 기능에 의해서도 빈곤을 면할 수 없는 국민에게 현물급부 또는 현금급부 등 공공부조를 통해 최저한의 생활보장을 실시하여 국민들의 일정 수준의 생활을 보장해 줌으로써 사회의 안정을 도모하는 것이 필요하다.[6)]

우리 사회에서 중산층의 축소와 경제 양극화에 따른 빈부격차의 확대는 좌파와 우파, 진보와 보수 등 이념적 논쟁을 증폭시키는 요인이 되고 있다. 우리나라에서 자본주의 대 사회주의(공산주의) 이념논쟁 또는 좌파와 우파, 진보와 보수 간의 이념논쟁을 종식시키기 위하여 자본주의 시장경제체제를 따르고 있는 경제협력개발기구(OECD)의 선진국들처럼 국내총생산(GDP) 대비 국민부담률(조세부담+사회보장부담금)을 높이고, 그 대신 국내총생산(GDP) 대비 사회보호(복지)비 비중을 이들 OECD 국가들의 평균 수준과 같게 하거나, 또는 정부의 세출 중에서 사회복지정책을 수행하기 위한 사회보호(복지)비 지출을 OECD 국가들의 평균 수준으로 높이는 노력이 필요하다.

절대금액 규모로서는 복지가 잘 된 선진국들을 따라갈 수 없지만 GDP 대비 국민부담률 또는 정부 세출예산 대비 사회복지비 지출 비율을 OECD 국가 중 복지선진국들(덴마크, 스웨덴, 노르웨이, 네덜란드 등)의 평균 수준까지 늘릴 수 있다면, 우리 사회에서 좌파와 우파, 진보와 보수 간의 극심한 이념논쟁을 종식시킬 수 있을 뿐만 아니라 빈부계층 간의 갈등을 상당부분 해소할 수 있을 것으로 기대한다. 이념적 논쟁으로 사회적 갈등을 키워 사회를 불안하게 만들고, 생산적으로 쓸 국민 에너지를 낭비할 필요가 없다.

6 박형수, 앞의 자료, pp. 12~14.

[표 5-2]에서 나타나는 바와 같이 **2010년도 기준으로 볼 때 대한민국은 GDP 대비 조세부담률(조세부담액+OECD 작성기준에 따라 일부 사회보장부담금 포함됨)이 23.2%로 34개 OECD 국가 중 32위로 조세부담률이 상대적으로 아주 낮다. 이에 비하여 덴마크 46.5%, 스웨덴 43.1%, 노르웨이 42.6%, 프랑스 41.6%이며, OECD 34개 국가 중 조세부담률이 높은 상위 10개국의 평균 조세부담률은 41.48%이다.** 그리고 2010년 기준 OECD 전체 평균 조세부담률은 32.8%로 나타나 우리나라 국민들이 다른 선진국 국민들이 부담하는 조세부담보다 상대적으로 뿐만 아니라 절대적으로도 매우 낮음을 알 수 있다.

또 **낮은 조세부담은 국가의 기능과 역할을 축소시켜 국가로 하여금 공공사회복지 지출을 낮게 만들었다. 2010년 기준으로 조세부담률이 높은 상위 10위 국가의 평균 조세부담률이 41.48%이고, GDP 대비 공공사회 복지지출은 27.59%이며, 이들 국가의 평균 빈곤율은 8.26%이다.**

그리고 34개 OECD 국가 중 조세부담률 순위에 따른 중위 14개국의 평균 조세부담률은 30.21%이고, GDP 대비 공공사회 복지지출은 22.29%이며, 이들 국가의 평균 빈곤율은 11.24%로 나타난다.

이에 비하여 34개 OECD 국가 중 조세부담률 순위에 따른 하위 10개국의 평균 조세부담률은 24.53%이며, GDP 대비 공공사회 복지지출은 18.03%로 이들 국가의 평균 빈곤율은 14.71%이다.

한편, 대한민국의 2010년도 기준 조세부담률은 23.2%로 34개 OECD 국가 중 조세부담률 순위가 32위로 상대적으로 조세부담률이 매우 낮은 국가로 나타나고 있다. 또한 GDP 대비 공공사회 복지지출은 9.2%이며, 빈곤율은 14.9%로 높게 나타나고 있다. 이를 거꾸로 뒤집어 해석하면, 빈곤율을 낮추기 위하여 정부를 통한 공공사회 복지지출의 증가가 요구되며, 공공사회 복지지출을 증가시키기 위해서는 조세부담률의 증가가 요구된다고 해석해 볼 수 있다.

[표 5-2] OECD 국가의 GDP 대비 조세부담률과 공공사회 복지지출 비율 및 빈곤율

(단위: %)

2010년 기준 조세부담률 순위	국가	(1) 조세부담률/GDP		(2) 공공사회 복지지출/GDP	(3) 빈곤율
		2005년	2010년	2010년	2010년
1	덴마크	49.5	46.5	30.6	6.0
2	스웨덴	46.6	43.1	28.3	9.1
3	노르웨이	43.2	42.6	23.0	7.5
4	벨기에	43.4	42.2	29.5	9.7
5	프랑스	42.8	41.6	32.4	7.9
6	이탈리아	39.1	41.5	27.7	13.0
7	오스트리아	40.8	40.9	28.9	8.1
8	필란드	42.1	40.8	29.6	7.3
9	룩셈부르크	38.2	38.0	23.0	7.2
10	헝가리	36.8	37.6	22.9	6.8
	상위 10개국 평균	42.25	41.48	27.59	8.26
11	슬로베니아	38.0	36.7	23.6	9.2
12	네덜란드	36.4	36.1	23.4	10.3
13	독일	33.9	35.0	27.1	8.8
14	아이슬랜드	39.4	33.3	18.0	6.4
15	에스토니아	30.4	33.2	20.1	11.7
16	영국	33.8	32.8	23.8	10.0
17	체코	34.5	32.5	20.8	5.8
18	스페인	35.2	31.4	26.7	15.4
19	폴란드	32.9	31.3	21.8	11.0
20	그리스	31.3	31.1	23.3	14.3
21	뉴질랜드	36.4	31.0	23.4	10.3
22	이스라엘	34.3	30.6	16.0	20.9
23	캐나다	32.3	30.5	18.7	11.9
24	포르투갈	30.2	30.0	25.4	11.4
	중위 14개국 평균	34.21	30.21	22.29	11.24
25	슬로바키아	30.8	27.7	19.1	7.8
26	일본	27.3	27.6	22.3	16.0
27	아일랜드	29.5	26.8	23.7	9.0
28	스위스	26.5	26.5	20.6	9.5
29	터키	24.3	26.2	–	19.2
30	오스트레일리아	29.9	25.6	17.9	14.4
31	미국	26.1	23.7	19.8	17.4
32	한국	22.5	23.2	9.2	14.9
33	칠레	20.7	19.5	10.8	18.5
34	멕시코	17.7	18.5	8.1	20.4
	하위 10개국 평균	25.53	24.53	18.03	14.71
	OECD 전체 평균	34.0	32.8	22.1	11.9

주: 1) 본 표의 조세부담률은 조세부담액에 사회보장부담금 일부 포함됨.
국민부담률=조세부담액+사회보장부담금(*연구자에 따라 포함범위가 달라 수치가 다를 수 있음)
2) 공공사회 복지지출(Public Social Expenditure): 일반 정부지출(공공부조, 사회보상, 사회복지 서비스) 및 사회보험 지출(연금, 건강, 산재, 고용, 장기 요양)
3) 2010년 빈곤율 자료는 인터넷(http://blog.naver.com/balance1202/220086381711)에서 검색하여, OECD 자료를 이용하여 만든 "빈곤율과 조세부담율 수준 국제 비교"를 인용함.

자료: OECD, Revenue Statistic - Comparative Tables, 2014; OECD, Social Expenditure Database(SOCX), 2015.

[그림 5-2] 복지국가의 유형 및 우리나라의 전망

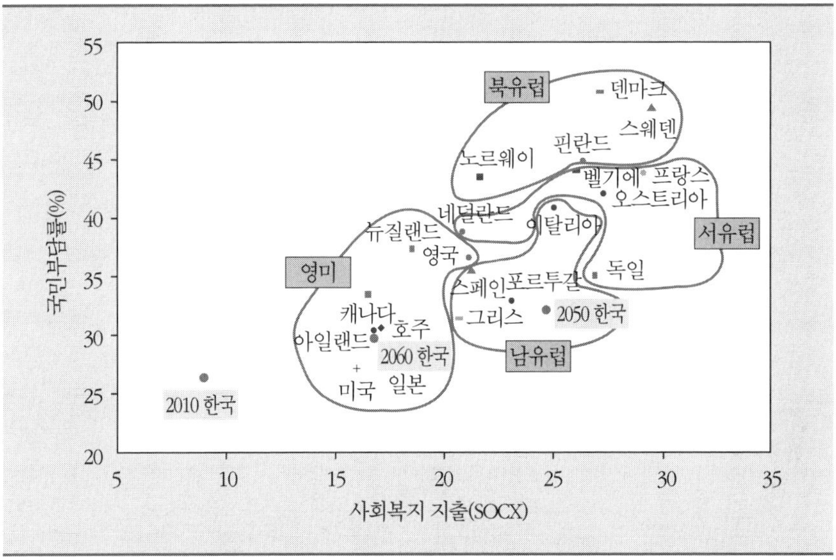

자료: 박형수, 「장기재정전망과 재정정책 운용 방향」, 〈한국조세연구원 개원 20주년 기념세미나 발표자료집〉, 2012. 11, p. 29 참조.

2) 우리의 선택은?

우리 사회의 궁극적 목표는 어디에다 두어야 하는가? 국민경제와 관련하여 '재정'이라 함은 간단히 말해 정부의 경제활동이라 할 수 있다. 이러한 정부의 경제활동은 정부가 필요로 하는 재원(수입)을 원활하게 조달하고, 조달된 재원을 합리적으로 경비지출을 하며, 효율적으로 관리하는 일련의 활동이라 할 수 있다.

그리고 이러한 재정활동의 궁극적 목적이자 본질은 국민들의 복지 또는 후생을 증진시키는 데 있다. 국민들의 복지(후생)의 증진이란 국민들의 행복[7]을

7 영국의 싱크탱크인 신경제학재단(NEF)의 2006년 발표자료에 의하면 우리나라의 행복지수는 세계 178개국 중 102위(2005년 기준)로 평가하였다. 한편, 2013년도 경제협력개발기구(OECD)가 발표한 '행복지수 국가 순위'에 따르면 34개국 중 한국은 24위로 발표되었다.

[그림 5-3] 복지국가 유형과 현재의 우리나라

(단위: GDP 대비, %)

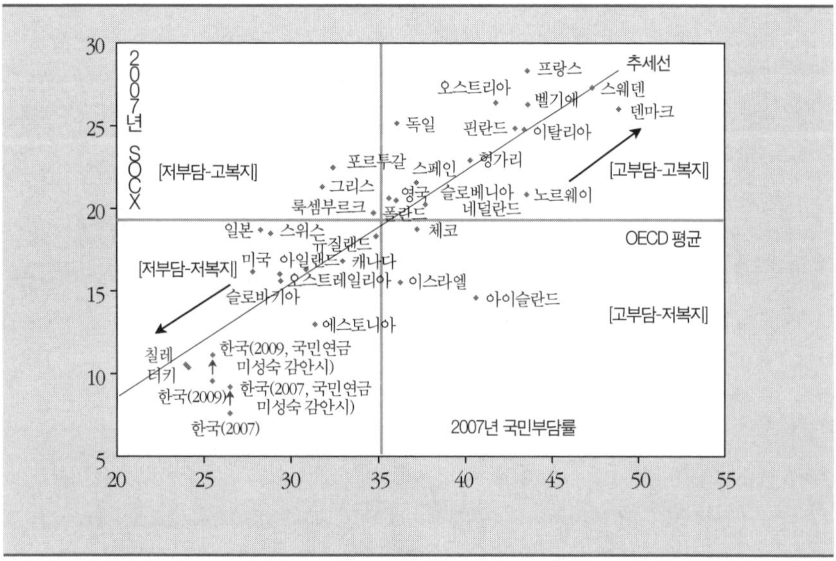

자료: 박형수, 「장기재정전망과 재정정책 운용 방향」, 〈한국조세연구원 개원 20주년 기념세미나 발표자료집〉, 2012. 11, p. 29 참조.

증진시키는 것을 의미한다.

그러면 행복이란 무엇인가?

행복이란 사람마다 각각 다르게 느낄 수 있겠으나, 티베트의 종교지도자인 '달라이 라마'는 행복이란 ① 심신(心身)이 평안한 상태, 즉 "몸과 미음이 평안한 상태" 또는 ② "어떠한 고통이 있을 때 그 고통이 완화되었을 때 사람들은 행복감을 느낄 수 있다"라고 했다. 복지국가와 공정한 사회가 추구하는 궁극적 목적은 무엇인가를 명확히 인식할 필요가 있다. 복지국가와 공정한 사회가 추구하고자 하는 궁극적 목적은 보다 많은 사람들이 행복한 삶을 살아가게 하는 것이다.

21세기의 대한민국 또는 미래의 남북한 통일국가는 약육강식이 작동하는 자본주의 시장경제체제인 정글의 법칙에 맡길 것인가, 아니면 잘 관리된 안전하고 쾌적한 공간에서 많은 사람들이 살게 할 것인가는 국민들의 선택과 정치인의 역할에 달려 있다. 우리나라 사람들이 부러워하는 선진국가의 국민들은 우리나라 사람들보다 더 높은 세금부담을 하면서도 잘 살고 있다.

오늘날 정부의 재정활동의 기본적 역할이자 목표는 국민들의 후생(복지)을 주어진 조건 하에서 극대화시키고, 국민들의 삶의 질을 향상시켜 행복감을 증진시키는 데 있다. 즉, 국민들이 그 전보다 몸과 마음이 더 편안하게 잘 살 수 있게 해주는 것이 국민의 복지향상이며, 물질적 · 경제적으로 힘들고 고통스러운 국민들에게 조금이라도 그 고통을 줄여주는 것이 국민들의 복지를 향상시켜 주는 것이며, 국민들을 행복하게 만들어 주는 것이다. 이를 위하여 국가는 물론이고 지방정부의 궁극적 목표는 국민들의 행복을 증진시키는 데 있어야 한다.

그런데 국가가 운영 · 유지되기 위해서는 막대한 비용이 필요하며, 대부분의 국가에서 그 비용을 국민들로부터 세금이라는 형태로 부담시켜 충당하고 있다. 그러나 세금은 누구나 안 내거나 적게 내기를 바란다. 그러면 그 비용을 어떻게 조달할 것인가는 사회 구성원 간의 세부담의 공평성 문제로 귀결된다.

세금부담의 공평성을 위한 방법은 일반적으로 두 가지 원칙으로 설명된다. 하나는 '응능의 원칙'(또는 '능력원칙', ability to pay principle)이라 하여 지불능력이 많은 사람(부나 소득이 많은 사람)들에게는 많은 세금을 걷고, 지불능력이 적은 사람에게는 적게 세금을 걷는 것이 공평하다고 보는 견해이다. 다른 하나는 '응익의 원칙'(또는 '편익원칙', benefit principle)이라 하여 정부로부터 제공되는 공공재나 서비스의 혜택을 많이 받는 사람이 더 많은 세금을 내는 것이 공평하다고 보는 견해이다.

예를 들어, 많은 토지나 여러 채의 아파트나 주택 등 부동산을 일정 수준보다 많이 가진 사람들은 부(富)와 지불능력을 많이 가지고 있을 뿐만 아니라, 외부로부터의 전쟁 방지를 위한 국방 서비스나, 개인의 재산을 보호해 주는 사회질서 유지 및 화재방지 혜택, 그리고 도로나 고속도로 및 공항시설의 이용 혜택 등 다방면에서 국가로부터의 서비스를 가난한 사람들보다 더 많은 혜택을 보고 있다고도 할 수 있다. 따라서 이러한 사람들은 가난한 사람들보다 더 많은 세금을 부담하는 것이 공평하다.

또한 오늘날 세금은 자유와 민주주의를 누리기 위한 당연한 비용부담이라고 해석하기도 한다. 그런데 자본주의 시장경제체제 하에서는 사회주의 체제 하에서보다도 부나 재산이 많은 사람들은 일반적으로 가난한 사람들에 비하여 경제적 자유뿐만 아니라 여러 면에서 더 많은 자유를 누리며 민주주의의 혜택을 더 많이 받고 있다고 한다. 따라서 부나 재산이 더 많은 사람들이 세금부담을 더 많이 하는 것은 당연하다.

필자의 생각으로는 대한민국이 선진 자본주의 국가로 발전하기 위해서는, 스웨덴, 노르웨이, 덴마크처럼 복지 선진국은 아니더라도 OECD 국가의 평균수준의 조세(국민)부담률의 증가와 이를 바탕으로 공공사회복지비 지출의 확대를 통한 복지수준의 확대는 필수적이라 판단하며, 정부(중앙정부는 물론 지방정부도)는 이를 달성하기 위한 재정운영과 세제운영이 있어야 한다고 판단한다.

복지향상은 저절로 이루어지는 것이 아니다. 복지향상을 위해서는 많은 비용이 필요하며, 그 비용은 결국은 국민들의 세금으로 충당될 수밖에 없다. 국민들은 세금을 적게 내고 낮은 복지수준에서 각자 알아서 살아가게 할 것인지, 아니면 세금부담이 높더라도 더 많은 세금을 내어 국민 모두가 함께 더불어 더 행복하게 살 수 있게 복지를 향상시킬 것인지 선택하여야 한다.

세금부담이 좀 더 높더라도 국민 모두가 함께 더불어 더 행복하게 살 수 있게 함이 올바른 선택이며, 홍익인간 정신에 부합한 선택이라 판단된다.

5.4. 복지비용 어떻게 조달할 것인가?

앞에서 소개된 복지국가 스웨덴의 성공사례는 사회 구성원들이 더불어 함께 잘 살겠다는 공동체 의식이 있었기 때문에 가능한 것이라 판단된다. 공동체 의식이라는 측면에서 본다면, 우리 민족은 아주 오래 전부터 좋은 정신적 유산을 가지고 있다. 그것은 바로 '홍익인간'(弘益人間) 사상이다. '남을 널리 돕는' 또는 '남을 널리 유익하게 하는' 정신인 홍익인간 사상을 우리 민족은 아주 오래 전부터 가지고 있었다. 그리고 이에 대하여 구체적인 현대적 실천 방안도 이미 70여 년 전에 조소앙이 제시한 바 있다. 이는 앞에서 소개된 ① 균학(均學), ② 균권(均權), ③ 균부(均富)를 추구하는 삼균제도(三均制度) 실시를 주장한 바가 있다.

스웨덴과 대한민국과의 차이가 있다면, 우리 민족은 오래 전부터 '홍익인간' 사상과 이를 실천할 수 있는 삼균제도라는 구체적인 정책적 대안까지 제시된 바 있었으나, 기득권층의 강력한 반대로 이를 실천하지 못하였다는 점이다.

이와는 반대로 스웨덴은 우리가 가지고 있었던 홍익인간 사상이나, 이를 실천할 수 있는 '삼균제도'를 가지고 있지 못했으나, 스웨덴 국민들은 1950년대부터 우리의 '홍익인간' 정신과 같은 공동체 정신과 조소앙의 '삼균제도'와 같은 제도를 실천에 옮기어 오늘날과 같은 복지국가로, 세계에서 국민들이 제일 행복한 나라를 만들었다.

앞으로의 대한민국이나 또는 남북한이 통일된 국가에서는 '홍익인간' 정신을 되살려 공동체 의식을 생활화하고, 최소한 조소앙이 제시한 ① 균학, ② 균권, ③ 균부를 추구하는 삼균제도를 오늘날의 현실에 맞게 개선하여 실천할 수 있다면, 우리 민족도 앞으로 빠른 시일 내에 스웨덴과 같이 국민이 행복한 복지국가를 만들 수 있다. 이는 우리 국민의 의지와 실천에 달려 있다.

복지정책을 실천하려면, 누가 국가를 운영하든 복지지출을 위한 재원 마련이 전제되어야 한다. 물론 증세를 하기 전에 정부는 지출 낭비 부분을 우선적으로 막는 노력을 선행해야 한다. 그리고 그 동안 운영된 정부의 각종 비과세 감면제도를 재점검하여 꼭 필요한 것이 아니면 과감하게 폐지하거나 축소해야 한다. 또한 각종 형태의 탈루와 탈세를 막고, 지하경제 규모가 최소화될 수 있도록 각종 법과 제도를 정비해야 한다. 이러한 것만 잘 되어도 증세는 최소화시킬 수 있다. 이러한 선행조치가 취해진 뒤에도 복지를 위한 재원이 부족하다면, 증세를 통한 재원 마련은 불가피한 선택이다.

일부에서는 복지비용을 마련하는 가장 쉬운 방법이 증세를 통한 재원조달 방법이라 말하는데, 틀린 생각이다. 증세를 통한 복지재원 마련 방안이 가장 힘든 방법이다. 정부가 부족한 재정재원을 마련하는 가장 손쉬운 방법이 적자재정을 운영하면서 이를 메우기 위하여 채권을 발행하는 방법을 사용하거나, 중앙은행을 통해 돈을 찍어 내어 부족한 재원을 마련하는 쉬운 방법이 있다. 그러나 부족한 재원을 마련하기 위하여 돈을 찍어 낼 경우에는 중 · 장기적으로 인플레이션을 초래하여 미래 경제에 나쁜 영향을 미칠 수 있기 때문에 바람직하지 않은 방법이다. 부족한 재원을 국민의 저항 없이 가장 쉽게 마련하는 방법은 채권을 발행하여 부족한 복지재원을 마련하는 것인데, 이는 결국 미래 세대(우리의 자녀 세대)에게 부담을 지게 하는 것으로 이 또한 바람직하지 않다.

부족한 복지재원을 만드는 방법은 국민들이 고통스러워도 고통을 함께 나누는 방법, 즉 증세를 통한 재원조달 방법이 가장 바람직한 방법이다. 여기에도 홍익인간 정신이 요구된다. 즉, 널리 다른 사람을 돕거나 또는 널리 다른 사람을 유익하게 하는 방법이 복지향상이며, 이에 드는 비용은 여러 사람들이 나누어 부담하는 방법이 요구된다. 복지향상을 위한 적극적인 방법은 세금부담을 국민들이 함께 나누어 부담하는 길밖에 없다.

국민들은 누구나 세금을 안 내거나 적게 내기를 원한다. 조세부담을 증가시키면 당연히 조세저항이 있기 마련이다. 특히, 복지비용을 마련하기 위해 세금을 증가시킬 경우, 세금을 많이 내는 계층과 복지혜택을 많이 보는 계층이 다를 수밖에 없으므로 계층 간에 이해관계가 달라 조세저항은 더 크게 나타나게 된다. 따라서 복지비용을 마련하기 위해 증세를 할 경우 국민들을 이해시키고 설득하는 일이 가장 힘든 일이다.

만약 증세조치를 취한다면 정부에서는 우선적으로 이명박 정부가 들어설 때 취했던 각종 조세감면 조치를 철회해야 한다. 그리고 소득세 부문에 있어서 금융소득과세 기준 하향 조정 및 강화, 주식 양도차익 과세범위의 확대, 소득세 과표구간 조정 및 최고세율 상향 조정, 상속 및 증여세의 합리적 강화, 종합부동산세의 경우 비거주용 토지를 중심으로 보유세를 강화하는 대신 거래세 완화, 종합부동산세의 부과기준 하향 조정 등이 필요하다. 이러한 조치에도 불구하고 복지를 위한 재원이 부족하다면 마지막으로 소득세, 법인세, 종합부동산세 및 재산세의 세율 인상 등 납세자들의 동의를 이끌어 내어 시대 상황에 맞게 점진적으로 증세를 실현할 필요가 있다.

특히, 법인세부터 증세를 하여 복지재원을 마련해야 한다. 이명박 정부에서는 비즈니스 프랜들리라고 하여 기업하기 좋은 나라를 만들겠다고 기업의 법인세율을 대폭 낮추었다. 노무현 정부 시절에는 법인세의 과세표준을 1억 원 이하 13%, 1억 원 초과 25%의 법인세를 부과하였다. 그러나 이명박 정부에서는 법인세율을 과세표준 2억 원 이하 10%, 2억 원 이상 200억 원 이하는 20%, 200억 원 초과는 22%로 낮추어 기업에게는 큰 혜택을 주었다.

기업하기 좋은 환경을 만들어 기업인들이 마음껏 돈을 벌게 해주는 것은 좋은 일이며, 그리고 기업인들이 열심히 노력하여 사업체를 키우고, 수출을 늘려 국가경제 성장에 많은 기여를 한 것은 사실이다. 그러한 공로를 부정하는 것은 아니다. 그러나 좀 냉정하게 생각하면, 그 동안 우리나라 기업들이 커지고 많은 돈을 벌 수 있었던 것은 국민들과 정부로부터 많은 지원을 받아서 가능했던 측면이 있다.

'국제시장'이라는 영화가 2015년 1월 중에 인기리에 상영되었다. 그 영화의 시대적 배경은 1970년대부터 1980년대 당시 젊은 사람들(지금의 70~80대 사람들)이 독일에 광부와 간호사로 파견되어 외화를 벌어들였으며, 또한 월남전 참전 및 중동지역의 건설 노무자로 참여하여 외화를 벌어들였다. 당시 정부는 그 돈으로 도로 건설, 전기발전소 건설, 댐 건설, 공업단지 조성 등 많은 사회간접자본을 만들었고, 그 동안 기업을 하는 사람들이 제일 큰 혜택을 받았다.

그리고 1970년대와 1980년대, 1990년대에 낮은 임금으로 공장에서 일해 기업에게 돈을 벌게 해주었고, 근래에 와서는 근로자의 1/3 이상이 비정규직에서 일하며 정규직 임금의 약 70% 수준의 낮은 임금을 받으며 일하여 기업이 많은 돈을 벌 수 있었다. 게다가 법인세율까지 대폭 낮추어 기업들이 많은 특혜를 받고 성장했다고 평가할 수 있다. 이제는 돈을 번 기업들이 국민들을 위하여 무언가 해야 할 때가 아닌가 생각한다.

법인세를 인상할 경우 경제가 위축되고 기업들이 해외로 이전할 것이라는 주장도 있다. 그러나 필자는 그렇지 않을 것으로 판단한다. 법인세율을 올리면 분명히 기업의 이윤이 줄어들어 기업 입장에서는 당연히 부담이 증가할 것이고 이윤이 줄어들 것이다. 세금은 국민들의 정서나 심리와 밀접한 관계가 있어서 어떤 세금이든지 세금을 올린다면 심리적으로 부담되고 위축되는 측면이 아주 없지는 않겠지만, 이는 일시적이다.

우리나라에서 논의되는 법인세율 인상은 사실 인상이라기보다는 이명박 정부 때 낮춘 법인세율을 그 이전으로의 환원이기 때문에 일시적으로 경제를 위축시킬 수는 있으나, 중장기적으로는 경제를 위축시키지는 않는다. 오히려 국내의 침체된 내수를 증가시킬 수도 있다. 이명박 정부에서 법인세율을 낮추어 줌으로써 대기업들의 이윤이 급증하고, 사내유보금이 급증하였다. 더욱이 우리나라의 상위 10위의 대기업들의 주식보유 현황을 보면 국내 대기업들 중 일부 대기업의 경우 주식의 약 50% 이상을 외국인들이 보유하고 있다. 법인세율을 낮추어 주어 국내 대기업들이 많은 이윤을 남길 뿐만 아니라, 이윤을 많이 내는 국내 대기업들이 노동자를 고용할 때 임금에 대한 비용부담을 줄이기 위하여 정규직보다 비정규직을 많이 채용하는 방법을 사용하였다. 이렇게 하여 이루어진 **대기업들의 많은 이윤은 주식배당을 통하여 결과적으로 매년 수십조 원이 외국인 주식 소유자에게 배당소득으로 외국으로 빠져 나가는 현실이다.**

이러한 현실을 고려할 때, 오히려 법인세율을 환원시켜 법인세를 더 거두고, 이를 빈곤층의 복지지원 비용으로 사용한다면, 복지지원 혜택을 받는 빈곤층의 소비 증가로 이어져 사회 전체적으로 내수 증가에 기여할 수 있으므로, 법인세 인상이 경제를 위축시킬 것이라는 예상은 과장된 것으로 판단된다.

그러나 기업의 법인세 인상에 따른 부담을 줄여 주려면, 법인세의 과표구간과 세율을 조정하면 된다. 예를 들어(현행 법인세는 2억 원 이하 10%, 2억 원 이상 200억 원 이하 20%, 200억 원 초과 22%로 되어 있는데), 과세표준과 세율을 조정하여 2억 원 이하는 현행대로 10%로 놔두고, 2억 원 이상 100억 원 이하는 20%, 100억 원 이상 300억 원은 22%, 300억 원 초과는 25%로 상향 조정하는 방안도 고려해 볼 수 있다.

법인세 부담을 올리면 기업이 해외로 빠져 나갈 것이라는 것도 기업의 엄살이라고 생각된다. 그렇다면 참고로 프랑스의 법인세율은 34.4%이고, 미국은 얼마 전까지 32.8%였다가 최근(2014년)에 28%로 낮추었으며, 스페인 30%, 이탈리아 27.5%, 네덜란드 25%, 중국 25%, 영국 21%, 아일랜드 12.5%, 대만 17%, 홍콩 16%이다. **법인세 부담이 높으면 기업이 다 해외로 빠져 나간다는 논리라면 법**

인세 부담이 높은 프랑스, 미국, 이탈리아, 네덜란드의 기업은 법인세 부담이 낮은 나라로 다 빠져 나가야 하는데, 현실에서는 그러한 현상이 심하게 나타나지 않고 있다.

법인세 부담이 높으면 기업은 부담이 낮은 곳으로 이동할 수는 있겠지만, 단지 법인세 부담이 높다고 기업이 해외로 이전하지는 않는다. 기업들은 법인세 이외에 기업환경, 노동의 질, 소비시장의 크기, 원료 조달의 용의성, 물류비용의 크기 등 여러 요인을 종합적으로 고려하여 입지를 결정한다. 따라서 단지 법인세 부담을 조금 올렸다고 많은 기업이 해외로 빠져 나간다는 것은 기우라고 생각한다.

특히, 복지재원을 마련하는 데 있어 세금을 낼 여력이 있는 고소득층들에게 더 많은 '소득세'를 부과하는 방안도, 즉 고소득층에 대한 소득세 누진세율 상향 조정도 고려해 볼 만하다.

중산층 이하의 일반 근로자나 비정규직 근로자에게는 세금을 내고 싶어도, 자녀 학자금 마련 등 가계부채의 증가로 세금을 더 낼 여력이 없다.

고소득계층의 사람들은 그 동안 한국 사회에서 상대적으로 많은 혜택을 받아 많은 부를 쌓은 사람들이다. 따라서 고소득층에 대한 소득세 누진세율 상향 조정도 고려해 볼 만하다. 상속세가 되었든, 증여세든, 재산세이든, 경제력이 많고 지불능력이 많은 계층에서 좀 더 세금을 내는 것이 바른 방향이라고 생각된다.

복지재원을 마련하는 데 있어 '부가가치세'를 올리자는 주장도 있으나, 현재로서는 복지재원을 마련하기 위해 부가가치세를 올리는 방안은 바람직하지 않다. 부가가치세는 물건을 살 때 고소득자나 저소득자들이 똑같은 세금을 부담하기 때문에 역진적 특성을 가지고 있다. 부가가치세를 올려 복지재원을 마련하는 것은 현재로서는 옳지 않고, 법인세율 상향 조정과 고소득자들에 대한 누진세율을 강화하고도 복지재원이 부족하다면 그때 가서 생각하면 된다.

여러 사람들이 말하듯이 우리에게는 앞으로 남북통일 시 통일에 따른 재원 마련도 필요하므로 부가가치세율 인상은 남북통일 재원 마련을 위해 놔두는 것이 바람직하다.

우리 사회가 앞으로 복지국가로 나가기 위해서는 증세에 대한 국민들의 동의가 절대적으로 필요하다. 이를 이끌어 내는 것은 앞으로 우리 사회의 정치 지도자의 몫이다. 그리고 국민들도 홍익인간 정신(弘益人間 精神)에 따라, 더 많은 세금을 내는 것이 타인의 행복에 기여하는 방법으로 믿고, 많은 세금을 내는 것을 명예롭게 생각하는 사회, 그리고 더 많은 국민들이 함께 행복해 질 수 있는 사회를 만들어 내기 위하여 복지비용을 함께 부담하겠다는 의식의 변화와 적극적인 자세가 필요하다.

제6장
홍익인간 사상과 남북한 통일 문제

홍익인간 사상과 남북한 통일 문제

6.1. 왜 평화적 통일을 빠른 시일 내에 해야만 하는가?[1)]

2014년도는 한일합병으로 일본 제국주의로부터의 국권이 찬탈되었던 해로부터 100년이 되는 해이고, 2015년도는 조선왕조가 멸망한 후 일제로부터 해방된 지 70년이자, 남북한이 분단된 지 70년이 되는 해이다. 지구상에 유일한 분단국인 대한민국이 건국된 이후에도 우리 민족은 내부 분열과 외세의 농간으로 남북으로 갈라지고, 같은 동족끼리 총으로 형제를 죽이는 민족의 비극을 겪은 지도 이미 반세기를 넘어선 지 오래다.

이 시대 또는 가까운 미래의 대한민국이, 아니 우리 민족이 해결해야 할 가중 중요한 과제는 무엇일까? 여러 사람들이 지적하듯이 이 시대에 가장 중요하고 시급히 해결해야 할 과제는 평화적인 남북통일이라 생각한다. 남북한의 통일은 민족의 염원이며, 절체절명의 민족의 과제임에 틀림이 없다. 그 중요한 문제를 어떻게 풀어 나갈 것인가를 우리는 답할 수 있어야 한다.

요즈음 사회적 분위기는 외세의 농간으로 분단된 우리가 스스로 통일을 하겠다는 의지와 열의가 부족한 듯하다. 일부의 사람들은 남북한의 통일을 체념하거나, 경우에 따라서는 노골적으로 반대하기도 한다. 만약 앞으로 남북이

1 유경문, 「통일을 준비하는 세제개혁 방안을 연구합시다」, 『납세자』, 한국납세자연합회, 2009년 겨울호 기고내용을 수정 · 보완한 것임.

분단된 상태에서 10년, 20년, 30년의 세월이 더 흐른다면 어떻게 될까? 우리가 살아가는 이 세대는 물론이고 우리의 자식들 세대는 어떻게 될까? 우리는 남북통일에 관한 현재의 문제를 먼 다른 나라의 문제로 생각하고 있는 것은 아닐까?

앞으로 10년 내지 20년 안에 통일이 이루어지지 않는다면 분단이 고착화되고 영구히 통일이 불가능해 질지도 모른다. 어떠한 이유에서건 남북한 간의 평화적 통일이 안 되고, 분단이 지속될 경우 북한은 지금보다 더 어려워질 것은 물론이고, 남한도 지속적인 경제성장과 국가발전에 한계가 올 것이다. 통일이 되면 남한 사람들이 북한 사람들을 먹여 살려야 되고, 더욱이 갑작스러운 통일이 되면 사회적 혼란과 엄청난 통일비용 부담으로 남한 사람들도 더 어렵게 된다는 부정적 생각이 우리 사회를 지배하는 정서인 듯하다. 따라서 남한 사람들만이라도 잘 살기 위하여 통일을 하지 말거나 가능한 통일 시기를 늦추어야 한다는 사람들이 점차 많아지는 추세이다.

문제는 통일 과정에서 발생하는 통일비용 부담과 일정 기간 동안의 사회적 혼란을 피하기 위하여 의도적으로 통일을 늦추거나 통일을 하지 않을 경우, 그로 인해 결과적으로 남북한이 영구히 분단된다면, 남한의 국민들은 지금처럼 계속 자유롭게 잘 살 수 있는지를 점검해 볼 필요가 있다.

남북한이 영구 분단될 경우, 중국은 경제적으로 계속 발전하여 2025년경에는 국내총생산(GDP)이 미국을 능가하는 세계 제1의 경제대국이 될 것이라는 예측과 함께 지금보다 더 막강한 군사강국이 될 것으로 예상된다. 중국은 '동북공정'이라는 사업으로 고구려 역사를 과거 중국의 변방의 역사로 규정하고, 젊은이들에게 정식으로 과거 고구려 영토가 중국의 영토였다고 주입 교육을 하고 있다. 그런데 고구려의 영토가 만주 벌판으로 끝나는 것이 아니라 한반도의 한강 이남까지로 되어 있는 것이다.

만약 20~30년 이후에도 남북이 통일이 안 되고 분단된 상태가 계속된다면,

중국이 경제대국, 군사대국으로 세계 정치세력의 중심이 되었을 때, 한강 이북의 지금의 북한 땅과 자원, 사람(노동력)은 자연스럽게 중국에 편입될 가능성이 커진다. 남한이 북한과 대립각을 세우고 있는 동안, 중국은 북한의 식량난 등 경제적 어려움이 있을 때 적극적으로 지원하여 북한 주민들의 환심을 사고 있다. 또한 북한의 군사적 · 정치적 권력의 실세들도 남북이 통일될 경우 자신들이 처형을 당하거나, 자신들의 자식들이 받을 것으로 예상되는 불이익과 고통 때문에라도 남한에 흡수통일되는 것보다는 중국 측에 편입되기를 선호할 수도 있다.

한편, 일본은 지금의 경제가 어렵다고는 하지만 최소한 20~30년 동안 지금과 같은 경제력이 지속될 것이고, 국제사회에서의 정치적 · 군사적 대국으로의 길로 치닫고 있다. 일본은 제2차 세계대전의 패망으로 한반도를 떠나면서도 독도를 자국의 땅으로 계속 주장하고 있다. 일본은 이미 오래 전부터 '일본국방백서'에 독도를 일본의 땅이라고 기록하고 있으며, 일본 정부에서도 이미 오래 전부터 독도는 일본의 땅이며, 대한민국이 불법적으로 부당하게 점유하고 있다고 학생들과 국민들에게 가르쳐 왔다. 이제는 대다수의 일본 국민들이 독도를 일본의 땅으로 인식하고 있다.

일본이 대한민국의 섬 독도를 일본의 국방백서에 일본의 섬이라고 정부가 공식적으로 주장하는 것은 대한민국에 대하여 공개적으로 '전쟁선포'를 한 것과 마찬가지이다. 그럼에도 불구하고 우리나라 정부나 국민들은 너무나 안이하게 대처를 하고 있다. 과거 정부 때부터 일본이 독도를 일본의 땅이라고 주장할 때마다 우리 정부는 독도를 우리 정부가 실효적으로 점유하고 있기 때문에 괜히 과민하게 반응하여 일본의 전략에 말려들 필요가 없다며, 너무도 미온적인 대처를 해온 것이 오늘날의 결과를 가져왔다. 즉, 과거 우리 정부의 미온적 대응이 일본으로 하여금 독도를 자국의 땅이라고 확신시키는 결과를 가져왔다.

일본이 국방백서에 독도를 자국의 땅이라고 명확히 기록하고 있는 한, 언젠가는 자국의 영토를 되찾겠다고 무력적 방법을 동원할 수도 있음을 배제할 수 없다. 세상의 어떤 나라가 경제적으로 그리고 군사적으로 충분한 힘을 가지고 있는데, 자국의 영토를 다른 나라가 불법적으로 부당하게 점유하고 있을 때 되찾으려 하지 않겠는가? 일본으로서는 여건만 되면 언제든지 무력적 방법을 사용해서라도 독도를 빼앗으려고 기회를 엿보고 있다.

어떤 정보 당국자의 말에 의하면, 만약 일본이 독도 문제를 군사력을 동원하여 해결하려고 마음만 먹으면, 4~5시간 안에 완전히 장악할 수 있다고 판단하고 있다. 다만 현재로서는 국제정세와 여러 여건을 고려하여 실행을 하지 않고 관망하고 있을 뿐이다. 일본은 언젠가 있을 독도에 대한 강탈행위에 대하여 국민들의 지지를 받기 위하여 국민들에게 독도는 일본의 땅이라고 거짓 역사를 일본 국민들에게 주입시키고 있고, 국제여론을 만들어 가고 있다.

일본은 독도의 중요성을 너무도 잘 알고 있다. 독도가 단순한 작은 돌섬이 아니라 독도 밑의 막대한 해저자원과 독도를 중심으로 한 국제사회에서의 해상권의 확보 등 매우 중요한 전략적 가치를 가지고 있는 섬임을 잘 알고 있다. 일본이 언젠가 독도를 자국의 땅으로 편입시키려는 군사적 행동을 감행할 때, 남한이나 북한이나 일본의 행동에 대하여 군사 · 경제 · 정치적 힘으로 일본의 도발을 효과적으로 대응할 수 없을 때에는 그들에게 빼앗길 수밖에 없는 처지가 될 것이다. 이제라도 대한민국 정부는 독도에 대하여 어떠한 대가를 치르더라도 끝까지 지킨다는 확고한 태도와 함께 군사적 방위 태세를 명확히 해야 한다.

군사적 방위 태세를 명확히 해야 한다는 것은 단순한 의지 표시로 되는 것이 아니라 실제적인 방위력(군사력)의 보유가 전제되어야 한다. **일본의 군사**

대국화에 효과적으로 대응하고, 일본의 독도에 대한 침탈행위 시도를 사전에 막기 위하여, 그리고 중국이 북한지역을 자국에 편입하려는 욕심을 가장 적은 비용으로 사전에 억지시킬 수 있는 방법이 무엇일까도 적극적으로 검토하고 준비하여야 한다.

가장 좋은 방법은 남북한의 평화적 통일을 가능한 빠른 시일 내에 이루어 힘을 합하는 방법이다. 이때 함께 고려해야 할 상황은 대한민국 주변의 국가들은 이미 핵무기를 보유하고 있다는 점이다.

중국, 러시아, 미국, 북한이 핵무기를 보유한 상태이며, 일본의 경우도 마음만 먹으면 수개월 안에 핵무기를 제조하여 실전에 배치가 가능한 국가이므로 일본도 실제적으로 핵무기 보유국가로 보아야 한다. 이러한 상황에서 대한민국이 주장하는 한반도 비핵화가 실현되었다고 가정할 때, 일본의 독도에 대한 침탈행위 시도나 중국이 북한지역을 자국의 영토라고 주장할 때, 대한민국 또는 앞으로의 남북한 통일국가가 일본이나 중국의 부당한 요구에 적절히 대응할 수 있는 방법도 함께 준비되어야 한다.

가능한 빠른 시일 내에 남북한이 통일을 하지 못한 상황 속에서 지금처럼 남한의 작은 영토, 경제력 · 정치력 · 군사력 등으로는 미래의 중국과 일본의 힘에 효과적으로 대처할 수 없게 된다.

지금처럼 남북한이 이념적 대립으로 인한 분단 상태에서 상호 적대시하면서, 10년 또는 20년이 더 지난다면 북한의 땅과 자원과 주민들은 자연스럽게 중국에 편입될 가능성이 매우 많고, 독도는 일본에 빼앗길 가능성을 배제할 수 없다. 그렇게 된다면 2020~2030년대를 살아가게 될 지금의 성인 세대는 그럭저럭 살아갈 수 있을지 모른다. 하지만 앞으로 남북한이 분단된 상태로 20~30년이 더 지난다면, 남한과 북한은 영구히 분단될 수도 있다. 우리들의 자식 세대나 손자 세대는 지금의 남한 국민들이 누리는 경제 · 정치 · 사회 · 문화적인 자유

를 지금처럼 누리지 못하게 될 것이 명확하다고 판단된다. 따라서 남북한의 평화적 통일이 시급한 과제이다.[2)]

물론 남북한이 통일할 때에는 역사적으로 실패로 입증된 과거 공산주의 체제로의 통일은 따라서는 안 되는 국가체제임이 분명히 입증되었다. 더 분명한 것은 이 땅에서 남북한 간의 전쟁이 없어야 하며, 전쟁이 아닌 평화적 방법으로 그리고 남북통일 국가의 기본체제와 정신과 방향은 인권과 자유가 보장되고, 경제활동의 자유가 보장되는 자유민주주의 시장경제 원리가 작동되는 사회체제라야 한다.

6.2. 남북한 통일의 추진 방식[3)]

남북한 간의 통일 방식은 다양한 시나리오를 생각할 수 있으나, 통일이 이루어질 경우 어떠한 방식으로 이루어질지는 어느 누구도 예측하기 힘들다. 다만 외국의 사례에 비추어 볼 때, 한반도 통일 방식을 크게 ① 흡수(absorption), ② 편입(accession), ③ 합의(agreement) 등 셋으로 나누어 볼 수 있다. 각 통일 방식의 개념과 외국의 사례 및 한반도에 대한 적용 가능성을 2009년 11월 평화재단 5주년 기념 심포지엄에서 발표된 논문 「민족의 화해와 상생을 위한 통일구상」의 내용을 요약 · 소개하며 살펴보면 다음과 같다.

---

2 유경문, 앞의 논문, pp. 2~5.

3 통일 방식의 분류 및 개념은 이장희의 논문 「한국통일과 국제법적 과제」, 『한국통일과 법적 과제』, 정부수립 60주년 기념 2008 남북법제 특별세미나, 2008. 9. 25, pp. 60~63과 「민족의 화해와 상생을 위한 통일구상」, 〈평화재단 5주년 기념 심포지엄 발표논문집〉, 평화재단, 2009. 11. 17, pp. 32~37을 재인용하여 요약 · 소개함.

6.2.1. 흡수통일

흡수통일은 중간 과정이 없이 강한 쪽이 힘을 이용해 약한 쪽을 합치는 방식으로 이루어지는 조기 통일이다. 이 경우 통일국가의 모습은 힘이 강한 쪽의 이념과 체제가 일방적으로 관철된다. 남북 베트남의 통일이 대표적인 것으로 북베트남이 전쟁에서 승리하여 남베트남을 흡수하여 사회주의적 이념과 체제로 통일하였다. 전쟁을 하지 않고 흡수통일이 이루어진 분단국의 사례는 아직 없지만, 강한 쪽이 약한 쪽을 국제적으로 고립시킨 채 경제난으로 붕괴한 뒤에 개입하여 자국 중심의 이념체제로 흡수하는 경우를 상정해 볼 수 있다.

그런 점에서 국제적으로 고립된 북한을 붕괴하도록 유도한 뒤, 남한이 개입하여 흡수통일을 추진하는 시나리오를 생각해 볼 수 있다. 그러나 이 시나리오는 변경지역의 불안정을 우려하는 중국이 유무상 지원을 통해 북한의 붕괴를 방치하지 않을 가능성이 높아 실현 가능성이 거의 없다. 설사 북한이 경제적으로 붕괴한다 해도 북한 주민들이 받아 주지 않는 한 남한 정부가 북한에 들어가 북한 정권을 인수한다는 것을 생각할 수도 없다.

앞서 우려한 바와 같이 북한이 고립되어 경제적 붕괴가 이루어질 경우 남한이 북한을 흡수통일 하는 것이 아니라, 오히려 경제적 · 군사적으로 월등히 우위에 있는 중국이 '동북공정'에서 밝힌 바와 같이 과거 고구려가 중국의 변방의 역사였다고 역사를 왜곡하면서 북한을 중국으로 흡수통일할 가능성을 배제할 수 없다.

6.2.2. 편입통일

두 번째 통일 방식은 편입통일이다. 편입통일이란 약한 쪽의 국가나 체제

[표 6-1] 통일의 유형과 사례 및 남북한 적용 가능성

	사례	방식	과정	남북한 적용
흡수통일	남북베트남	남북베트남 간 전쟁에서 북베트남이 무력통일	승전국 북베트남의 이념, 체제로 조기 통합	동족상잔의 한국전쟁
편입통일(통합)	동서독	동독 주민의 자유선거에 의한 서독 편입 선택	서독의 이념체제로 급격히 통합	북한 급변사태 때 북한 주민의 남한 체제 선택
	중국 홍콩	식민지 조차(租借)기간의 만료에 의한 반환	일국양제(一國兩制)에 의한 분권형 자치 실현	
합의통일	남북예멘	중간단계 없이 남북 정치지도자들의 합의로 통일	통일 후 권력 배분 둘러싼 갈등으로 무력충돌 끝에 사태 수습	남북한 정치 지도자의 합의

자료: 평화재단, 「민족의 화해와 상생을 위한 통일구상」, 〈평화재단 5주년 기념 심포지엄 발표논문집〉, 2009. 11. 17, p. 36 재인용.

가 자발적으로 혹은 순리에 따라 강한 쪽의 국가나 체제에 민주주의적 절차를 거쳐 통합되는 것을 말한다. 편입통일의 대표적인 사례는 동서독의 통일과 홍콩의 중국 편입에 따른 통일(통합)이 있다. 동서독 통일의 경우는 동독 주민들이 대규모 탈출 사태가 일어나고 개혁을 요구하는 시위가 전국적으로 확산되는 등 급변 사태가 발생하면서 시작되었고, 동독이 체제위기에 빠진 상태에서 동독 주민들이 자유선거를 통해 스스로 서독으로 편입할 것을 결정하여 통일국가가 달성되었다.[4] 한편, 홍콩의 중국 편입에 의한 통일(통합)은 아편전쟁 이후 영국이 조차(租借)하고 있던 홍콩의 주권을 중국에게 반환함으로써 이루어졌다.

편입통일이 한반도에 적용되기 위해서는 북한 내에 북한 주민의 의지를 반영한 개혁적인 과도정부가 들어서는 것이 전제되어야 한다. 하지만 이에 못지않게 중요한 것은 북한 주민들이 자발적인 의지로 남한으로의 편입통일을 선택해야 한다는 점이다. 그러려면 북한 주민들이 보기에 남한 사회가 북한 사

4 이장희, 「독일의 통일외교와 통일정책」, 심의섭 · M. 치맥 공편, 『독일연방공화국 60년 1949~2009 분단국가에서 민주통일국가로』, 도서출판 오름, 2009, pp. 136, 163과 평화재단, 「민족의 화해와 상생을 위한 통일구상」, 〈평화재단 5주년 기념 심포지엄 발표논문집〉, 2009. 11, pp. 32~35 재인용하여 요약 · 소개함.

회보다 자유롭고 풍요로워 북한체제에 비해 남한체제가 좋다는 믿음을 가져야 한다. 그러나 그것만으로는 충분하지 않다. 북한 주민이 남한을 선택하기 위해서는 지속적인 교류협력과 화해를 통해 서로의 이질감과 적대감을 해소해 나가는 노력이 필요하다.

6.2.3. 합의통일

세 번째는 합의통일 방식이다. 합의통일 방식이란 양측이 평등한 주권적 자격으로 협의하여 통일국가의 최종 형태를 만들어 내는 것이다. 통일국가에 대한 합의도출을 평화적인 방법에 의해 의거해야 하며, 합의 내용은 비교적 상호 평등한 것이어야 한다. 합의통일의 대표적 사례로는 남북예멘의 통일을 들 수 있다.

남북예멘은 아랍민족주의와 동질적인 민족문화의 전통에 따라 강력한 통일 의지를 갖고 있었으며, 분단에도 불구하고 적대적 감정이 없이 '우리는 하나'라는 의식을 갖고 있었다. 남북예멘 양측은 의회의 승인을 거쳐 1990년 5월 22일 과도정부의 출범과 함께 통일이 선포되었고, 1991년 5월 통일헌법에 대한 국민투표가 실시되어 최종적으로 확정되었다.

그러나 남북예멘은 정치적 · 경제적 이질성을 극복하지 못한 채 무력충돌과 내전으로 빠져 들었고, 결국은 북예멘 군이 승리함으로써 사태는 수습되었다. 이것은 남북한이 합의통일을 이루기 위해서는 민족구성원 간의 화해와 더불어 자유민주주의와 사회주의 체제 간의 이질성을 해소할 수 있는 통일의 중간단계가 필요하다는 점을 시사한다.[5)]

5 평화재단, 앞의 논문, pp. 32~37 재인용하여 요약 · 소개함.

6.2.4. 바람직하고 현실적인 남북한 통일 방식

앞서 살펴본 세 가지 유형의 통일 방식 가운데 가장 바람직한 통일 방식은 어떤 것인가. 또한 어떤 통일 방식이 가장 현실 가능성이 높은가. 어떤 경우이든 무엇보다 불행했던 한국전쟁의 경험 때문에 남북한이 모두 무력에 의한 흡수통일은 배제해야 한다.

가장 바람직한 통일 방식은 남북한의 당국과 주민들이 동의하고 서로 대등한 자격에서 달성하는 합의통일이다. 그래야만 통일 이후에도 후유증을 최소화할 수 있기 때문이다. 하지만 남북한 간에는 적대적인 이질성 때문에 합의통일을 이끌어 내는 작업이 결코 쉽지는 않다.

최선의 형태는 아니나 언제라도 철저히 대비해 두어야 할 것은 북한이 남한에 편입되는 통일 방식이다. 이것은 단지 북한 내에서 급변 사태의 가능성이 상존해 있다는 이유 때문만은 아니다. 구조적인 경제난으로 만성적인 기아선상에서 허덕이는 북한의 주민들이 국제적 평판이나 경제적인 부, 그리고 통일 후 국가경영 능력에서 앞서 있는 남한에게 편입되는 방식으로 통일되는 것을 원할 수 있기 때문이다.

이럴 때 북한을 위해서나, 남한을 위해서나 일국양제(一國兩制)의 통일 방식을 고려해 보아야 한다. 당분간 북한체제를 독립적으로 유지시키면서 개혁 · 개방을 통해 사회의 민주화와 경제의 시장화를 점진적으로 시행하여 사회 안전과 발전의 토대를 마련하여 완전한 통합에 이르도록 해야 한다. 이 기간 동안에 남한은 민족경제 공동체를 건설하기 위해서 북한의 경제개발을 책임지고 총괄해서 빠른 경제성장을 도모하여 남북한 사회가 혼란 없이 통합으로 나아가도록 해야 한다.[6)]

6 평화재단, 앞의 논문, pp. 32~37 재인용하여 요약 · 소개함.

물론 남북한의 가장 이상적인 통일 방식은 남북한 간의 합의에 의한 평화적 통일이다. 이러한 관점에서 볼 때 남한이나 북한의 어느 한쪽의 체제나 이념으로 통일하겠다는 극좌파(급진적 진보주의자이며 종북세력)나 극우파(저자 생각: 극단적 보수주의자이며, 맹목적 시장경제 신봉자)는 남북한 통일의 방해(꾼)세력이며, 민족의 반역자이다. 앞으로의 통일된 국가는 필요하다면 북한을 위해서나 남한을 위해서나 일정 기간 동안 또는 일정한 조건이 충족될 때까지 일국양제의 통일 방식도 고려해 보아야 한다. 그리고 앞으로의 통일된 국가는 개인의 자유와 인권이 존중되고 보장되며, 공정한 시장경제 질서가 보장되며, 사회 구성원 모두에게 인간의 존엄성이 훼손되지 않는 자유 민주주의 국가이어야 하며, 최소한의 의식주를 보장하는 사회보장체제를 갖춘 복지국가를 목표로 해야 한다.

제7장
통일을 위하여 이 시대를 살아가는 우리는 어떤 준비를 해야 하나?

통일을 위하여 이 시대를 살아가는 우리는 어떤 준비를 해야 하나?

7.1. 남한과 북한의 주요 지표 비교와 통일비용 어떻게 볼 것인가?

남한과 북한이 통일하는 데에는 예상치 못할 너무나도 많은 변수들이 있어 어떠한 방식의 통일이어야 한다고 단정짓기가 불가능할 것이다. 무엇보다도 [표 7-1]에서 보이는 것처럼 남한이 북한에 비하여 국내총생산(GDP)의 경제규모가 약 40배나 차이가 나고, 1인당 GDP도 약 18배나 차이나고 있다.[1)]

또한 통일비용이 매우 크고 편익도 있지만, 시기와 규모 모두 매우 불확실한 실정이다. 기존의 통일비용에 대한 연구는 학자와 연구기관에 따라 최소 500억 원에서 최대 5조 원에 이르기까지 약 100배의 편차를 보이는데, 이는 통일의 형태, 방법, 시기, 추정방법 등에서 학자마다 다른 가정에 기초하여 통일비용을 추정하였기 때문이다.

○ 통일비용 = 통일된 남북한 지역이 통일로 인해 부담해야 하는 비용
= 경제적 비용+비경제적 비용

통일부 정책연구용역 보고서 『통일재원 마련방안 연구』(2011. 11)의 통일비용 추정결과는 다음과 같다.

1 박형수, 「장기재정전망과 재정정책 운용 방향」, 〈한국조세연구원 개원 20주년 기념세미나 발표자료집〉, 2012. 11, p. 25.

[표 7-1] 남한 · 북한의 주요 지표 비교

	남한	북한	남한/북한
국토면적(km^2)	10.0	12.1	0.83배
인구(만 명)	4,886	2,459	1.99배
0~14/15~64/65세~	15.7/72.9/11.4	22.4/68.6/9.1	0.70/1.06/1.25배
합계 출산율(명)	1.23	2.01	0.61배
기대수명(세)	79.3	69.2	1.15배
경제규모(십억 달러)	1,116	28	39.86배
1인당GDP(PPP, 달러)	32,100	1,800	17.83배
1차/2차/3차 산업(%)	2.6/39.2/58.2	23.0/43.4/33.6	0.11/0.90/1.73배
재정수입/GDP(%)	24.0	11.4	2.11배
재정규모(십억 달러)	242.0	3.3	73.33배
재정수지/GDP(%)	+2.3	-0.4	-
대외수출(십억 달러)	556.5	2.6	214.04배
대외채무(십억 달러)	397.3	12.5	31.78배

자료: 박형수, 「장기재정전망과 재정정책 운용 방향」, 〈한국조세연구원 개원 20주년 기념세미나 발표자료집〉, 2012. 11, p. 25 재인용; CIA, *The World Factbook 2012*.

[표 7-2] 통일 전 3대(평화 · 민족 · 경제) 공동체 형성기 비용

기준	경상가격	2011년 불변가격	남한 GDP 대비 비율
단기형(10년간)	7.7조 원	5.9조 원	연평균 0.04%
중기형(20년간)	79.0조 원	40.3조 원	연평균 0.14%
장기형(30년간)	235.0조 원	90.9조 원	연평균 0.22%

자료: 박형수, 「장기재정전망과 재정정책 운용 방향」, 〈한국조세연구원 개원 20주년 기념세미나 발표자료집〉, 2012. 11, p. 26 재인용.

통일에 따른 부담비용은 단순히 없어지는 낭비적 비용이 아니라, 남북 국민들이 모두 함께 잘 살 수 있도록 해주는 미래의 투자비용이 될 수 있다. 자본주의 시장경제에서는 기업이 어려울 때 비용을 줄이겠다는 생각으로 투자를

[표 7-3] 통일 이후 10년간 소요비용

기준	경상가격	2011년 불변가격	남한 GDP 대비 비율
단기형(2020년 통일)	371.5~1,253.4조 원	183.3~627.6조 원	연평균 1.3~4.4%
중기형(2030년 통일)	739.6~2,757.2조 원	223.6~848.3조 원	연평균 1.7~6.6%
장기형(2040년 통일)	765.4~3,042.6조 원	149.6~593.6조 원	연평균 1.4~5.5%

주: 통일비용 추정결과의 차이는 통일 후 북한지역 근로자의 임금수준과 남한 사회보장제도의 전면도입 여부에 따라 발생.
자료: 박형수, 「장기재정전망과 재정정책 운용 방향」, 〈한국조세연구원 개원 20주년 기념세미나 발표자료집〉, 2012. 11, p. 26 재인용.

해야 할 시기에 투자비용을 지불하지 않다가 투자기회를 놓치고, 경쟁에서 영원히 뒤처지는 기업들을 자주 볼 수 있다.

역사의 흐름이라는 관점에서 볼 때, 우리의 통일 문제에도 비슷한 원리를 적용할 수 있다. 통일의 기회가 주어졌을 때 우리가 준비되어 있지 않거나, 또는 당장의 통일비용 부담과 일정 기간 동안 있을 수 있는 사회적 혼란(사회적 비용) 때문에 통일을 늦추는 것은 통일을 위한 투자의 적기를 놓치는 것과 같다. 앞에서 언급했듯이 남북한이 빠른 시일 내에 평화적 통일을 하지 않았을 때에는 앞으로 더 많은 통일비용을 부담하여야 할 것이다.

만약 남북한의 평화적 통일, 자유민주주의적 시장경제체제로의 통일이 될 수 있다면, 북한의 광물자원과 값싼 노동력을 남한 기업들이 활용할 수 있어 세계시장에서 국제경쟁력을 더 높일 수 있으므로 수출이 더 확대될 것이다. 또한 남북한이 통일될 경우 2015년 현재 북한 주민을 약 2,500여만 명으로 추산할 경우, 북한 주민들이 대한민국 주민들의 생활수준의 50~60% 수준에 이르기 위해서는, 현재 남한의 대기업이나 중소기업 모두에게 최소한 20~30년 이상의 국내 수요가 확보된다고 볼 수 있어 기업들은 더 많은 생산과 그에 따른 수익을 올릴 수 있는 엄청난 기회가 될 수 있다.

즉, 북한지역의 개발 투자와 북한 주민들의 생활필수품과 일상생활과 관련된 다양한 생활용품 및 전자제품, 공산품 등 광범위한 내수 확대로 남한의 기업들은 최소한 20~30년 동안은 수요부족 걱정 없이 생산을 하면서 돈을 벌 수 있고, 그 결과물을 북한지역에도 상당한 부분이 돌아가게 함으로써 통일된 국가는 경제적 발전을 기대할 수 있다.

7.2. 통일을 위해 새로운 조세제도와 조세체계의 준비가 필요하다

세계의 역사 속에서 한 국가의 흥망성쇠는 부정부패와 조세저항과 밀접한 관계를 갖는 경우가 종종 있었다. 조선이 망한 데에도 조선 말기의 세정 문란이 큰 원인이 되었다. 백성들에게 짊어지게 한 무거운 조세부담과 세정의 문란으로 인해 백성들의 원성이 높아지면서 동학혁명과 같은 일이 발생하였다.

그리고 백성들의 저항을 외국 군대의 힘을 빌려 강제적으로 억압했던 조선왕조의 무능이 결국은 일본제국주의 식민국가로 전락하게 만들었고, 많은 사람들이 노예와 같은 삶의 고통을 겪었다. 이처럼 한 시대의 극심한 부정부패와 조세제도 운영의 문란은 한 국가의 멸망을 자초하기도 하였다.

그러면 이 시대를 살아가는 우리는 어떠한 준비를 하여야 하는가?

첫째, 남북이 군사적 방법이 아닌 평화적으로, 그리고 가능한 빠른 시일 내에 통일할 수 있는 방법을 찾기 위해서는 모든 국민들에게 통일이 필요하다는 확고한 의식이 필요하며, 국민들이 통일을 바라는 소망과 희망을 함께 키워나가야 한다.

둘째, 통일비용 준비가 필요하다. 통일 과정에서 일정 기간 동안의 통일비용 부담은 주로 남한의 경제적 비용부담으로 나타날 것은 틀림이 없다. 그러나 통일을 위해 우리가 얼마나 준비를 하느냐에 따라서 그리고 통일 이후에 우리가 어떻게 잘 관리하느냐에 따라서 사회적 혼란과 비용부담을 최소화시킬 수 있으므로 이에 대한 준비가 필요하다.

셋째, 새로운 조세제도와 조세체계의 준비가 필요하다. 통일을 위한 준비 중 남북통일이 될 경우 통일 초기에 필요한 재원을 어떻게 마련하느냐 하는 문제와, 통일 이후의 조세체계나 조세제도를 어떻게 만들어 운영하느냐가 매우 중요하다.

국가가 정상적인 경제활동을 하기 위해서는 수입(조세수입)이 있어야 한다. 정부의 비용조달을 위하여 갖추는 수입제도가 조세제도이다. 조세제도를 어떻게 갖추느냐에 따라 사회적 · 정치적 방향이 다르게 되며, 발전의 정도가 다르게 나타난다.

분명한 것은 남북한이 통일될 경우 현재 남한의 조세제도와 조세체계로는 통일(비용)을 감당할 수 없다. 또한 현재 남한의 조세제도나 조세체계를 북한지역에 그대로 적용할 수도 없는 문제이다. 한편, 북한은 사회주의 체제의 특성상 기본적으로 사유재산제도가 인정되지 않고 거의 모든 것이 국가소유로 되어 있기 때문에, 그리고 자본주의와 같이 조세제도가 잘 발달되어 있지 않아서 통일 이후 현재의 북한의 국가수입제도(조세제도) 중 통일 이후에 적용할 만한 조세제도는 없다고 보아야 한다.

따라서 통일을 대비해서 빠른 시일 내에 통일 시대에 적용 가능한 조세제도와 조세체계의 확립이 절대적으로 필요하다. 특히, 통일국가의 새로운 조세제도와 조세체계를 만들 때, 재정과 조세 분야의 전문가뿐만 아니라 정치 · 행정 · 사회 등 각 분야의 전문가들과 협력 속에서 이루어져야 한다. 이때 가장 고려해야 할 정치적 변수는 중앙집권적 정치체제로는 통일국가를 만들 수 없다는 점이다. 남북 통일국가는 지방분권적 국가 또는 지방자치체제가 강화되는 방향으로 나가야 한다. 경우에 따라서는 미국이나 독일과 같은 연방제국가가 한 방법이 될 수도 있다. 이럴 경우 조세제도나 조세체계를 전면적으로 재설계해야 할 필요성이 발생할 수 있으므로 철저히 준비해야 한다.

앞으로 우리나라가 통일을 한다면 어떠한 조세제도와 조세체계를 갖추느냐 하는 것은 매우 중요한 문제이다. 남북통일 이후의 새로운 국가의 성공과 실패를 결정하기 때문이다. 그렇기 때문에 앞으로 어떠한 형태로 통일이 될 것인가에 대한 예상 가능한 시나리오를 전제로 통일 이후를 준비하는 조세제도와 조세체계의 연구를 시작해야 한다.

제8장
남북통일을 위한 조세제도와 조세체계의 기본방향

남북통일을 위한 조세제도와 조세체계의 기본방향

한 나라의 조세제도와 조세체계는 그 나라의 특성을 잘 나타내며, 한 시대의 정치적 · 사회적 · 역사적 산물이기도 하다. 한 나라의 조세제도는 그 나라가 시장경제를 중요시하는 자본주의 국가인지, 시장기능을 존중하지 않는 사회주의(공산주의) 국가인지, 중앙집권적 국가인지, 지방분권적 국가인지, 연방제국가인지 단일국가인지, 민주국가인지 독재국가인지, 부유층을 중심으로 한 특정 계층을 옹호하는지, 중산층 및 서민을 더 배려하는 국가인지 등을 나타낸다. 그리고 한 나라의 조세제도와 조세체계는 그 시대 사람들의 욕구와 의식을 반영하며, 또 정치 지도자들의 의식과 뜻을 반영하기도 한다. 그래서 잘 만들어진 조세제도와 조세체계는 한 시대가 지향해야 할 방향과 목표를 담아 뜻과 의지를 국민들에게 올바로 잘 전달하고, 국민의 힘을 모아 국가의 지속적인 발전을 향해 나가는 지름길이 된다.

특히, 한 시대의 정치 지도자들은 국민의 뜻을 올바로 파악하여 이를 조세제도와 조세체계에 담아 실천할 줄 알아야 한다. 또한 국민들이 꿈을 잃고 우왕좌왕하며 나갈 길을 헤매거나, 국가가 나가야 할 방향과 목표를 잘 깨닫지 못하고 있다면, 국가가 나갈 방향과 목표와 국가운영의 기본철학을 의식적으로 조세제도와 조세체계에 담아 국민들을 설득하고 화합시키는 역할이 정치 지도자들의 중요한 책무이기도 하다.

최근의 급격한 국제적 정세 변화와 북한의 여러 경제적 어려움 등 여러 상황을 고려할 때, 많은 사람들이 남북한의 통일의 기회가 임박하고 있다고 예상하고 있다. 향후 2~3년 후가 될지, 4~5년 후가 될지 또는 10년 후가 될지 어느 누구도 정확히 예측을 할 수는 없는 것이다. 단지 통일의 기회가 왔을 때 이 기회를 놓치지 말아야 하며, 철저한 대비와 다방면에서의 준비를 통하여 통일 이후의 혼란을 최소화시키고 통일된 조국을 부강한 국가로 만들기 위한 준비를 해야 한다. 이러한 준비 중의 하나가 남북한이 통일될 경우 통일국가의 새로운 조세제도와 조세체계를 어떻게 만들 것인가 하는 문제이다.

이제까지 통일에 관한 문제는 분야에 따라 다르겠으나 총론적 분석이 많았었던 것으로 평가할 수 있다. 이제는 통일에 대하여 각 분야에서 각론적 분석과 준비가 필요한 때이다. 경제학 분야에서 한동안 관심의 대상은 통일비용 추정에 관한 것이었으며 이에는 여러 연구가 있었다. 그러나 기존에 논의되었던 논문 중 통일을 염두에 두고 다양한 시각에서의 조세제도에 관한 심도 있는 논의는 많지 않은 듯하다. 따라서 본 장의 내용은 통일을 대비한 그리고 통일 직후에 있을 혼란을 최소화시키기 위한 새로운 조세제도와 조세체계의 준비라는 관점에 초점을 두어 분석하는 데 한정하기로 한다. 이러한 분석을 함에 있어 가장 기본적인 전제와 가정은 어떠한 통일 방법을 가정하는가에 있다.

근 · 현대 역사 속에서 국가 간 통일은 (1) 전쟁(무력)을 통한 통일 방법: 남북베트남 통일 방법, (2) 편입통일(통합) 방법: ① 동서독 간 통일 방식–동독 주민의 자유선거에 의한 서독 편입 선택, ② 중국, 홍콩 간 통합 방식–식민지 조차(租借)기간의 만료에 의한 반환, (3) 합의통일 방법: 남북예멘을 들 수 있다.[1)]

1950년 한국전쟁의 경험에 비추어 볼 때 전쟁(무력)을 통한 통일 방법은 남북한이 모두 공멸을 뜻하므로 어떠한 형태이건 남북한 간의 전쟁은 기필코 막

1 통일 방식의 분류 및 개념은 이장희의 논문 「한국통일과 국제법적 과제」, 『한국통일과 법적 과제』, 〈정부수립 60주년 기념 2008 남북법제 특별세미나〉, 2008. 9. 25, pp. 60~63.

아야 한다. 무력을 통한 통일 방식은 고려할 수 없는 방법이므로 본 책에서의 통일 방식으로는 배제하기로 한다. 현재 남북한의 정세나 국제적 정세로 볼 때 동서독과 같은 갑작스러운 통일과 남북예멘과 같은 합의통일 방식을 우리의 통일 가능한 방법으로 고려해 볼 수 있다.

본 장의 서술 목적은 남북한 간에 전쟁이 아닌 평화적 방법으로 통일이 이루어질 때라도 동서독처럼 남북한 간에 갑작스러운 통일이 이루어질 수밖에 없는 상황이거나, 또는 남북예멘과 같이 합의통일을 하더라도 빠른 시일 내에 남북한 간에 통일이 이루어질 때 남북한의 통일된 국가가 갖추어야 할 재정제도, 특히 바람직한 조세제도를 연구하고 통일국가를 준비하는 데 있다.

8.1. 통일국가의 조세제도를 위한 가치관 정립

한 국가의 조세제도와 조세체계는 국가의 운영체제와 밀접한 관계를 가지고 있을 뿐만 아니라, 국가운영의 기본적인 철학과 그 국가가 앞으로 나갈 방향, 그리고 한 국가를 어떻게 운영해 나가겠다는 의지를 담고 있어야 한다.

70여 년간 분단되었던 남북한이 통일될 경우 가장 기본적으로 해결해야 할 일은 무엇일까? 무엇보다도 어떠한 국가체제가 되어야 하며, 통일국가의 기본적 성격이나 추구해야 할 국가운영 철학과 목표가 무엇이며, 통일국가의 국민들이 가져야 할 기본적 자세 또는 가치관은 어떠해야 할 것인가를 명확히 해야만 한다. 이에 대한 대답이 전제되어야만 통일국가의 조세제도나 조세체계가 만들어질 수 있으므로 우선 이에 대하여 간략하게 설명하기로 한다.

첫째, 가장 먼저 해결해야 할 문제는 통일된 남북한을 어떠한 국가체제로 이끌어갈 것인가 하는 국가체제 문제이다. 즉, 통일국가를 운영하기 위하여 개인의 소유권이 인정되며 시장경제 논리를 바탕으로 한 자본주의 체제와 이와는 반대로 개인의 소유권을 인정하지 않으며 국가계획주의를 근간으로 하는 사회주의 체제를 어떻게 적절하게 혼합하여 통일국가 체제를 만들 것인가 하는 문제이다.

이에 대한 답변으로는 통일국가의 체제가 어떻게 이름 붙여지든 남북한이 통일할 때에는 역사적으로 실패로 입증된 과거 공산주의 체제로의 통일은 안 되는 국가체제임이 분명히 입증되었다. 그렇다고 남한의 정치체제나 경제체제를 통일된 국가에 그대로 적용할 수도 없다. 오늘날 남한의 자본주의 시장경제 체제도 많은 문제를 가지고 있다. 빈부격차의 확대와 중산층의 몰락으로 경제 양극화가 더욱 확대 진행 중이며, 남한과 북한이 통일된 이후 복지국가를 추구할 경우 복지가 잘 된 선진국가들(스웨덴, 노르웨이, 덴마크, 핀란드, 호주 등)에 비하면 오늘날의 남한의 경제체제나 조세제도를 그대로 남북한 통일국가에 적용하기에는 많은 문제가 있다.

앞으로 남북한이 통일된 국가의 기본적 성격은 인간의 기본적 존엄성이 지켜지며, 개인의 자유와 창의성이 보장되는 자유 민주주의 국가이어야 하며, 시장경제 논리를 바탕으로 하되 최소한의 의식주의 보장과 양질의 의료혜택 및 자녀들에 대한 양질의 교육에 대한 기회균등을 보장해 줄 수 있는 복지국가를 목표로 해야 한다. 그리고 정치권력의 집중화에 따른 폐해가 많기 때문에 통일국가의 기본적인 정치체제는 중앙집권적 체제가 아니라 지방분권적 체제가 강화되는 국가이어야 한다.

둘째, 통일국가의 국가운영의 기본철학이 필요하다. 통일국가에서는 국가운영이나 주민들의 기본 생활철학으로 단군사상인 '홍익인간 사상'이 바람직하다. **단군사상의 핵심은 홍익인간 사상으로 이는 "하늘의 뜻에 따라 이 세상을 다스려 인간을 널리 이롭게 하라"(在世理化 弘益人間)로 압축된다.** 이러한 정신은 바로 우리 민족정신의 뿌리이며, 수천 년을 지나면서도 우리 조상들에게 면면히 흐르는 사상으로서, 이기심이 팽배한 오늘날 지역 간, 계층 간 분열과 갈등을 막기 위하여 그리고 통일국가 국민들의 공통된 가치관이 될 수 있다.

그리고 이러한 **홍익인간 사상은 공생공영의 정신으로서 한민족이 공동체 의식을 회복하고, 한민족을 지켜줄 수 있는 기본 가치관이자 생활철학이며, 남북한 통일국가 운영의 기본원리가 되어야 할 뿐만 아니라 재정운영 그리고 조세제도와 조세체계 구축의 기본적 가치관으로도 충분하다.**

8.2. 통일국가의 조세제도의 기본방향 – 조소앙의 삼균주의 정신이 요구된다

남한과 북한이 통일될 경우 통일 방식에 따라 국가체제의 성격이 다르게 나타날 수 있으나, 통일국가 운영의 기본 가치관이자 국가운영 철학은 단군사상인 '홍익인간 사상'을 기반으로 함이 바람직하다. 그리고 이러한 단군사상을 바탕으로 한 국가운영체제를 뒷받침하는 조세체계와 조세제도의 기본철학은 '홍익인간 사상'에 기반을 둠이 바람직하다.

일찍이 홍익인간 사상을 기반으로 한 국가운영의 기본방향을 제시한 분은 조소앙이다. 해방 이후 우리 사회에 정의를 이루기 위한 홍익인간 사상의 실천적 방안으로 조소앙이 '삼균주의'(三均主義)를 제창한 바 있다. 삼균주의는 협의로는 정치 · 경제 · 교육의 균등화를 통하여 바람직한 이상사회를 실현하려는 것이며, 광의로는 개인 · 민족 · 국가 간의 대등화로 세계화를 달성하려는 것을 의미한다.[2)]

2 정영훈, 「홍익인간 이념의 유래와 현대적 의의」, 『정신문화연구』 제22권 제1호, 한국정신문화연구원, 1999, pp. 12~14.

물론 21세기를 살아가는 오늘날의 입장에서는 해방 직후와 정치 · 경제적 상황조건이 매우 다르기 때문에 조소앙의 주장이 그대로 받아들여질 수는 없겠으나 오늘날에도 그 의미하는 바가 매우 크다 할 수 있다. 21세기에 남북한이 통일국가가 될 경우 우리 사회가 정의로운 사회가 되기 위하여 새로운 조세체계 설계나 조세제도 운영이 필요하다. 그 기본방향은 조소앙의 삼균주의 정신에서 찾아볼 수 있다.

앞에서 이미 소개한 바와 같이, '삼균주의'는 단군사상과 밀접한 관계가 있으며, 삼균원리는 홍익인간과 이화세계하자는 우리 민족이 지킬 바 최고 공리라 부연하였다. 그리고 홍익인간 사상은 우리 민족 고유의 이상이며, 통일국가 건설과 세계일가(世界一家) 이상을 실현하기 위한 최고 공리라 규정할 수 있다.[3)]

그리고 이러한 조소앙의 삼균주의에 기반을 둔 '삼균제도'란 정치에 있어서의 '균권'(均權)은 정치권력의 균등화를 뜻한다. 또한 경제에 있어서의 균등화, 즉 '균부'(均富)는 기본적으로 토지제도의 국유화로 달성될 수 있다고 보았다. 그리고 교육에 있어 균등화는 지력(智力)의 균등, 즉 '균학'(均學)으로 이는 국비에 의한 의무교육제도를 실시함으로써 달성될 수 있다고 보았다.

이처럼 홍익인간 사상에서 균권, 균부, 균학을 중심으로 자유로우면서도 평등한 개인균생, 민족자결, 세계평화를 이루자는 임시정부의 삼균주의는 홍익인간 사상을 구체화시킨 한민족의 독특한 사회사상이라 할 수 있다.[4)]

그런데 **이러한 삼균주의의 기본정신은 여전히 21세기에 홍익인간 사상을 실현하기 위하여 유효하며, 통일국가가 지향해야 할 국가운영 철학의 핵심적 요소가 될 수 있다. 그리고 21세기에 남북한 통일국가가 홍익인간 사상을 실현하여 선진국가가 되기 위하여 통일국가의 조세제도나 조세체계를 개혁할 때**

3 정영훈, 앞의 논문, pp. 7~14.
4 권성아, 「홍익인간 이념의 교육적 해석」, 『정신문화연구』 제22권 제1호, 한국정신문화연구원, 1999, pp. 62~64.

다음과 같은 기본적인 내용들이 포함되어야 한다. 논의 전개의 편리와 서술의 일관성을 위하여 제1부 제4장에서 소개된 내용을 균학, 균권, 균부 순서로 다루면서 다시 간략하게 요약 · 설명하면 다음과 같다.

8.2.1. 균학정책 - 교육기회의 균등화 정책

남북한이 통일된 국가에서는 새로이 조세제도와 조세체계를 만들거나 정비할 때, 스웨덴이나 노르웨이, 핀란드 등 복지가 잘 된 국가와 같이 유아교육부터 대학교육까지 국가가 교육비를 전액 부담하는 제도를 마련하는 것이 이상적이다. 21세기의 정보화 세계와 지식산업 사회에서 선진국과 경쟁에서 살아남기 위하여 교육투자의 확대와 교육 투자를 위한 안정적 재원확보가 필수적이다. 따라서 스웨덴, 노르웨이, 핀란드, 덴마크, 호주 등 복지가 잘 되어 있는 일부 선진국과 같이 국민들의 조세부담을 좀 더 높이더라도 공교육비를 국민들이 모두 함께 부담하여 국가가 유아교육부터 대학교육까지 학비를 지원하는 체제를 만들 수 있는 조세체계를 갖추는 것이 바람직하다.

교육은 사람에 대한 투자이다. 가난한 집안에서 태어나 양질의 교육을 받지 못해 가지고 있는 재능을 충분히 살리지 못한다면, 이는 개인적인 손실일 뿐만 아니라 사회 전체적으로 큰 손실이 된다. 교육의 혜택은 사회 구성원이 함께 누리고 함께 소비하는 공공재(public goods)이다. 가난한 집안에서 태어나도 학비 걱정 없이 양질의 교육을 받은 사람이 그가 타고난 재능을 발휘하여 사회에 커다란 유익을 가져다 주는 경우는 매우 많다. 따라서 교육에 들어가는 비용은 교육을 받는 학생이나 학생의 부모들이 부담하기보다는 사회 구성원 모두가 함께 그 비용을 나누어 부담함이 바람직하다. 따라서 교육을 받는 학생들이 학비 걱정 없이(우리 사회에서 말하는 '무상교육,' 실제로는 무상이 아님) 공부에 전념할 수 있게 해줌이 홍익인간 사상과 일치된다.

특히, 남북한이 통일될 경우 자본주의 시장경제체제에 익숙하지 않은 북한지역 학생들의 전반적인 재교육은 필수적이다. 통일 직후 북한지역의 청소년에 대한 재교육은 학생 자신들에게 필요할 뿐만 아니라, 통일국가에서 우수한 노동력을 확보하기 위해서도 반드시 필요하다. 이때 북한지역의 청소년에 대한 교육비용은 통일국가에서 부담할 수밖에 없음을 쉽게 예상할 수 있다.

통일된 국가에서는 최소한 초 · 중 · 고등학교까지는 무상교육이 이루어져야 할 것이다. 대학생까지 무상교육이 현실적으로 어렵다면, 우수 대학생의 경우 국가장학금 혜택의 확대나 대학 학비에 대한 장기 저리의 학자금대출제도의 확대를 위한 통일국가의 재정지원이 불가피하다. 이를 위하여 통일국가에서는 교육부문에 과감한 재정적 투자가 필요하며, 이를 뒷받침할 수 있는 과감한 조세제도의 개혁이 필요하다. 예를 든다면 통일 후 남한의 조세제도를 적용할 경우, 지방교육세율을 점진적으로 올릴 뿐만 아니라 지방교육재정교부금(내국세 총액의 20.27%)의 교부세율을 올리는 세제개혁이 불가피할 것이다.

8.2.2. 균권정책 – 정치권력의 균등화를 위한 정책 방안

남북한의 통일된 국가체제는 정치권력의 균등화를 위하여 지방자치제도의 성공적인 조기 정착이 필요하다. 이를 위해서는;

(1) 통일국가는 중앙집권적 정치체제가 아니라 지방분권적 정치체제라야 한다. 이는 국민을 위한 조치로 정치권력의 분산을 통한 민주화의 진전을 기대할 수 있다. 즉, 지방자치제도의 성공적 정착을 위하여 지방정부와 지방의회의 기능과 권한을 더욱 확대해야 한다.

(2) 지방자치제도가 성공적으로 정착되기 위하여 지방재정의 강화가 필요

하다. 남북한 통일국가도 지방분권화가 강화된 국가이어야 한다.

지방자치제도가 성공적으로 정착되기에는 해결해야 할 문제들이 많이 있다. 우선 시급히 해결되어야 할 문제는 중앙정부와 지방정부 간의 기능배분의 재조정 및 확립이며 또한 이에 따른 재원확보 및 재원배분 방안에 관한 개선이 시급히 요구된다.

그러나 현실적인 면에서 볼 때, 남한의 경우 중요 세목은 이미 국세로 되어 있어 지방세의 세원이 고갈된 상태이다. 가정하여 국세의 일부 세목을 지방세목으로 전환한다 해도 지역 간 세원의 편차가 심하므로 대부분의 지방자치단체는 재정부족 현상을 근본적으로 해결할 수 없는 실정이다.

또한 남한 주도로 통일이 된다고 하여도 남한의 조세제도를 그대로 북한지역에 적용할 수는 없다. 따라서 우선적으로 고려해야 할 것은 북한지역에 지방자치제도를 실시하되 지방재정과 관련하여 독일의 공동세제도(共同稅制度)를 도입하거나, 또는 독일의 공동세제도와 유사한 효과를 가지고 있는 남한의 지방재정조정제도 중 교부세제도를 개선하여 확대 운영하는 것이 세제나 세정의 혼란과 부작용을 극소화시키면서 지방자치제도를 성공적으로 정착시킬 수 있는 길이다.

8.2.3. 균부정책 - 부와 경제력의 균등화 정책

남한과 북한이 통일된 국가에서는 조세개혁을 할 경우 다음과 같은 관련된 내용들이 조세제도 안에 충분히 반영되어야 한다.

(1) 통일국가에서는 공평한 부(富)의 분배와 공평한 조세부담이 이루어지도록 세제개혁이 이루어져야 한다.

(2) 통일국가가 성공적으로 정착되기 위하여 공정한 경제거래가 확립되어

야 한다. 특히, 조세제도의 운영이 실효를 거두기 위해서 부정부패의 척결 및 경제질서의 확립과 금융거래의 투명화가 필요하다. 이를 위하여 금융거래가 투명할 수 있도록 조세제도가 뒷받침되어야 한다.

(3) 상속 · 증여세 강화: 통일국가의 세제개혁 시 부의 세습화를 차단하기 위하여 상속 · 증여세 제도의 강화가 필요하다.

(4) 통일된 국가의 세제개혁 시 탈루 및 탈세 방지 강화가 요구된다.

(5) 통일된 국가에서는 세제개혁 시 토지공개념제도의 재도입 강화가 필요하다.

부와 소득의 균등한 배분을 위하여, 토지의 보유허가 규모를 다소 늘린다 하더라도 개인이나 기업들이 토지를 부의 증식 수단으로 사용할 수 없게끔 일정 규모 이상의 토지 보유자에게는 누진적 중과세가 필요하다.

한국에 귀화하여 오랜 동안 살다 타계한 대천덕(Reuben Archer Torry III) 신부가 저술한 『토지와 경제정의』의 결론에서 "오늘날 한국은 토지 '투기'와 토지 '소유'를 통해 엄청난 재산과 정치권력을 손에 넣은 대지주들의 손에 놀아나고 있다. ……국회에서 생산과 건설에 대한 조세를 삭감하고, 토지에 대한 세금(실제로는 토지의 진정한 소유자인 국민에게 지불하는 지대)을 극적으로 많이 올리기 전까지는, 한국경제는 계속 악화되어 갈 것이다"[5]라는 경고에 유의할 필요가 있다. 통일국가에서는 토지공개념제도를 뒷받침할 수 있는 세제개혁이 요구된다.

(6) 통일국가에서 조세제도를 개혁할 경우 중소기업 육성 및 기술지원을 위한 조세지원 강화 방안이 요구된다. 21세기에 남북한의 통일된 국가의 지속적인 경제발전을 위하여 중소기업의 역할이 매우 중요하며, 따라서 통일된 국가의 세제개혁 시에는 중소기업의 육성이 절대적이다. 중소기업의 육성과 활

5 대천덕, 『토지와 경제정의』, 홍성사, 2006, pp. 177~178.

성화는 중소기업 자신은 물론 장기적으로는 대기업의 대외경쟁력 향상에도 크게 도움이 된다. 특히, 정부는 경쟁에 따른 시장경제의 원리가 원활히 작동하기 위한 기본적인 전제조건인 공정한 경쟁이 될 수 있도록 조세제도가 개혁되어야 하며, 정부는 공정한 감시자의 역할을 충실히 할 수 있도록 조세제도를 개혁해야 한다.

8.3. 남한과 북한의 조세체계 비교

8.3.1. 남한의 조세체계 개황

남한의 조세는 국가가 부과, 징수하는 국세와 지방자치단체가 부과, 징수하는 지방세가 있다. 국세는 세목(稅目)별로 [표 8-1] 조세구조에서 보는 것처럼 개별 세법에서 열네 가지를 규정하고 있고, 지방세는 지방세법에서 열한 가지의 세목을 규정하고 있다.

우리나라는 그 동안 여러 차례의 세제개혁을 추진해 왔으며, 2015년 현재 국세 14개, 지방세 11개 등 총 25개 세목이 존재하고 있다. 2015년도 기준 조세(구조)체계 표에서 보는 바와 같이 우리나라 조세체계의 가장 큰 특성은, ① 세금의 종류가 여전히 많고 조세체계가 복잡한 상태이다. ② 세금에 세금을 덧붙이는(tax on tax) 방식이 많다. 특히, 남한의 조세체계는 세금에 세금을 덧붙이거나, 심지어 조세감면에 대하여 다시 세금을 물리는 부가세(surtax) 방식의 목적세를 운용하고 있는 등 불합리한 과세구조를 이루고 있다. ③ 세수입 중 직접세와 간접세의 비중은 국제비교상 중간 정도의 수준이나 부가가치세 수입의 비중이 큼에 따라 조세부담의 역진성으로 인하여 조세부담이 공평하게 이루어지지 못하고 있다. ④ 상속 · 증여세가 실효성 있게 부과되지 못 하고 있기 때문에 과도한 부의 세습에 따른 경제적 불평등이 더욱 확대되는 추세이다.

또한 지방세의 경우 2011년도부터 지방세의 세목 수가 열여섯 가지에서 열한 가지로 통폐합하여 대폭 간소화되었다. 변경 내용을 보면 취득세(취득세+취득 관련 등록세), 재산세(재산세+도시계획세), 등록면허세(취득무관분 등록세+면허세), 지역자원시설세(공동시설세+도시계획세), 자동차세(자동차세+주행세)로 통합되었다. 한편, 도축세와 농업소득세는 폐지되었다. 그리고 기존의 주민세(소득할 주민세+균등할 주민세)와 사업소세(종업원할 사업소세+재산할 사업소세)를 조정하여 지방소득세(소득할 주민세+종업원할 사업소세)와 주민세(균등할 주민세+재산할 사업소세)로 조정되었다. 그러나 이러한 세목 수의 통폐합을 통한 간소화는 이루어졌으나, 광역자치단체인 특별시 및 광역시 그리고 도에서 부과하는 세목과 기초자치단체인 시 · 군과 (자치)구에서 부과하는 세목은 아직 혼재되어 있는 등 남한의 조세체계는 매우 복잡하다.

특히, 우리나라의 헌법 제59조에는 '조세의 종목과 세율은 법률로 정한다'라는 조세법률주의를 채택하고 있어서 지방정부가 독자적으로 과세대상이나 세율을 정하거나 변경할 수가 없어 지방자치단체가 자체 세수입 확보나 증대가 매우 어려운 실정이다.

특히, 우리나라의 조세체계는 주요 세목인 소득세, 법인세, 부가가치세 등 세수입이 큰 세목을 중앙정부가 보유하고 있어서 지방정부는 지방세 수입 확보에 근본적인 한계를 가지고 있다. 그렇다고 현실적으로 중요 국세를 지방정부의 세원으로 넘겨 주기도 어려운 실정이다. 즉, 해방 이후 지역 간 지역경제 발전의 불균형으로 지방정부 간의 재정력의 격차가 크게 벌어져 있기 때문에 단순히 중앙정부의 세목을 지방정부에 넘겨 준다고 하여 지방자치단체 간의 재정력 격차문제가 해결될 수 있는 것은 아니다.

[표 8-1] 남한의 조세(구조)체계(2015년도 현재)

- 조세 (25개)
  - 국세 (14개)
    - 소득세 - (소득세법)
    - 법인세 - (법인세법)
    - 상속세, 증여세 - (상속세 및 증여세법)
    - 종합부동산세 - (종합부동산세법)
    - 부가가치세 - (부가가치세법)
    - 개별소비세 - (개별소비세법)
    - 주세 - (주세법)
    - 교통 · 에너지 · 환경세 - (교통 · 에너지 · 환경세법)
    - 인지세 - (인지세법)
    - 증권거래세 - (증권거래세법)
    - 교육세 - (교육세법)
    - 농어촌특별세 - (농어촌특별세법)
    - 관세 - 관세법
  - 지방세 (11개) - (지방세법)
    - 취득세
    - 등록면허세
    - 레저세
    - 담배소비세
    - 지방소비세
    - 주민세
    - 지방소득세
    - 재산세
    - 자동차세
    - 지역자원시설세
    - 지방교육세

주: 1) 토지초과이득세는 1990년 12월 20일, 자산재평가세는 2000년 12월 31일, 전화세는 2001년 9월 1일 폐지.
2) 2001년 1월부터 지방세분 교육세(국세)가 지방교육세(지방세)로 전환.
3) 2005년 1월 1일 종합토지세 폐지, 2007년 7월 19일 부당이득세 폐지.
4) 2010년 1월 1일 사업소세 · 농업소득세 폐지, 지방소비세 · 지방소득세 신설.
5) 2010년도에는 지방소비세, 지방소득세 도입에 따른 조세체계 및 관련세법 변화가 있음.

이러한 지방정부 간의 재정력 격차를 줄이기 위하여 다양한 지방재정조정제도를 사용하고 있으나, 재정력 격차를 줄이는 데에는 근본적인 한계를 가지고 있는 실정이다. 따라서 만약 남북한이 통일될 경우, 남한의 조세체계나 조세제도를 통일된 국가의 북한지역에 적용하기에는 근본적인 한계를 가지고 있다.

8.3.2. 북한의 조세제도[6)]

북한의 세금과 관련된 제도를 이해하기 위하여 북한 헌법에 규정된 북한 경제체제를 이해할 필요가 있다. 북한의 경제체제는 '사회주의적 생산 관계와 자립적 민족경제의 토대'를 근거(북한 헌법 제19조)로 하고 생산수단은 국가와 사회협동단체가 소유하도록(북한 헌법 제20조) 규정하고 있으며, 시장경제가 아닌 계획경제를 근간으로 하고 있다(북한 헌법 제34조). 이처럼 북한의 체제는 남한의 자본주의 자유시장경제체제와는 전혀 다른 체제를 가지고 있어 남한의 제도와 북한의 제도를 단순 비교하기가 어렵다.

그 대표적인 예 중의 하나가 조세제도(조세체계)의 차이이다. 북한은 형식적으로는 세금제도가 폐기되었다. 북한 사회주의 헌법(1972. 12. 28) 제33조에서는 세금에 대해 '국가는 낡은 사회의 유물인 세금제도를 완전히 없애다'라고 규정하고 있으며, 1974년 김일성이 "세금제도를 완전히 없애는 데 대하여"라는 교시를 통해 형식적으로는 세금제도가 폐기되었다. 그러나 비록 북한이 남한에서 시행되는 것과 비슷한 세금의 형식으로 부과, 징수하지 않는다 하더라도 실제적으로는 남한의 세금과 같은 형태의 제도가 존재한다.

북한 헌법은 국가예산을 편성하도록 규정하고 있는데(제35조), 이때 수입금

6 본 절의 내용은 북한의 조세제도를 소개하기 위하여 안창남의 『북한 조세제도』, 세학사, 2005, pp. 44~91 내용을 요약 · 소개한 것임.

액은 국가가 물건을 판매할 때 그 판매가격에 남한의 부가가치세와 소득세를 합한 성격의 이익금을 덧붙이는데 그 금액이 주된 수입원이 된다. 예를 들어, 북한에서는 거래수입금(소비재 판매 시 도매가격에 일정 비율을 징수함), 국가기업이익금(모든 국영기업소의 순소득 가운데 일부를 국가가 징수함), 사회협동단체 이익금(각종 사회, 생산단체가 국가로부터 공급받은 생산수단에 대한 사용료) 및 봉사수입료(편의봉사 부분 독립체산제 기업들의 봉사수입 중 자체 경비와 이윤을 공제하고 남은 수익금 중 일부를 국가가 징수함) 등이 있다. 따라서 비록 북한이 형식적으로는 북한 주민에 대해 세금을 부과하지 않고 있지만 간접적인 방법으로 국가운영의 필요한 경비를 징수하고 있으며, 북한에 진출한 외국인 및 외국 기업에 대해서는 남한의 경우와 마찬가지로 세금을 법률에 근거하여 부과, 징수하고 있다. 따라서 북한에 세금제도가 없다는 주장은 무리가 있다.

북한은 북한 기업과 북한 주민에 대해서는 세금을 부과하고 있지는 않으나, 「합영법」(1984. 9. 8 최고인민회의 상설화의 결정 제10호) 실시 이후부터는 비록 그 대상이 북한 주민이 아닌 북한 거주 외국인 또는 외국 법인에 한정되기는 했지만, 「합영회사 소득세법」(1985)과 「외국인 소득세법」(1985)이 제정되어 외국투자기업과 외국인에 대해서는 과세를 한다. 그 이후 「외국인 투자법」(1992)을 기본으로 하여 「외국투자기업 및 외국인 세금법」(최고인민회의 상설기구 결정 제26호(1993. 1. 31) 및 최고인민회의 제9기 제5차 회의 승인(1993. 4. 8))이 제정되었으며, 이 법을 시행하기 위해 「외국투자기업 및 외국인 세금법 시행규정」(정무원 결정 제9호(1994. 2. 21)) 등이 제정되었고, 이외에 나진·선봉의 자유경제무역지대의 활성화를 위해 제정된 「자유경제무역지대법」(최고인민회의 상설회의 결정 제28호(1993. 1. 28)) 및 「개성공업지구 세금규정」(최고인민회의 상임위원회 결정 제1호(2003. 9. 18)) 등이 제정되었는데, 이러한 북한의 「외국투자기업 및 외국인 세금법」은 북한 세법의 기본적인 성격을 지니고 있다고 볼 수 있다.

북한의 「외국투자기업 및 외국인 세금법」에서는 조세의 종류를 납세자 및 과세대상 물건의 성격에 따라 기업소득세(남한의 법인세), 개인소득세(남한의 소득세), 재산세, 상속세, 거래세(남한의 부가가치세) 및 지방세로 구분하고 있다. 기업소득세란 북한에서 기업 형태로 사업을 운영하는 외국 업체에 대한 조세를 규정하고 있고, 개인소득세란 개인자격으로 근로 등을 제공하고 받은 노임 등에 대한 조세이다. 재산세는 외국인 및 외국 기업이 북한에서 소유하고 있는 건물 등에 대한 조세를 말하고, 상속세는 북한 거주 외국인이 북한 소유 재산 등을 상속 받았을 경우 부담하는 조세이다. 또한 거래세는 북한에서 영업활동을 하는 외국인이 각 단계별로 거래금액에 일정한 세율을 적용해서 부과되는 간접세 성격의 세금이고, 지방세는 각 지방의 재원조달을 위해 특정한 소득에 대해 지방자치단체가 부과하는 조세이다. 이러한 북한의 세목을 남한과 비교해 보면 [표 8-2]와 같다.[7]

북한은 기본적으로 개인의 사유재산을 인정하지 않는 사회주의 체제로 모든 생산요소와 생산요소로 만들어진 생산물은 국가소유이므로 북한 주민에게 세금을 부담시키고 있지 않다. 북한에서의 세금은 「외국투자기업 및 외국인 세금법」에 근거하며, 그 적용대상이 외국투자기업과 외국인에게 세금을 부과하는 데 제정의 목적이 있으므로 남한의 세금제도와 단순히 비교할 수가 없다.

다만 남한의 세금제도와 북한의 세금제도가 얼마나 다른가를 알기 위하여 안창남[8]의 『북한 조세제도』의 내용을 주요 세목을 중심으로 요약 · 소개하면 다음과 같다.

(1) 기업소득세: 북한에서의 기업소득세(남한의 법인세)는 '북한 영역 안에서

7 안창남, 앞의 책, 2005, pp. 44~49.
8 안창남, 앞의 책, 2005, pp. 58~74.

[표 8-2] 남한과 북한의 주요 세목 비교

구분	북한	남한	구분	북한	남한
국세	기업소득세	법인세, 소득세	지방세	도시경영세	지역자원시설세
	개인소득세	소득세			
	재산세	재산세(지방세)		등록면허세	등록면허세
	상속세	상속세		자동차이용세	자동차세
	거래세	(구)영업세			

자료: 안창남, 『북한 조세제도』, 세학사, 2005, p. 48.

얻는 소득'에 대해 외국(투자)기업이 납부해야 하는데, 세율은 지역 및 외국투자기업과 외국 기업에 따라 각기 다르게 적용된다. 북한의 자유경제무역지대 안에 설립된 외국투자기업은 결산이윤의 14%를, 자유경제지대 밖에 설립된 외국투자기업은 결산이윤의 25%를 부담해야 한다. 그러나 북한이 장려하는 첨단기술 부문, 자원개발과 하부구조 건설 부문, 공학연구 및 기술개발 부문의 외국투자기업은 결산이윤의 10%만 부담하도록 규정하고 있다. 한편, 외국 기업의 경우에는 자유경제무역지대 안에서 얻은 외국 기업의 기타 소득은 소득액의 10%, 자유경제무역지대 밖에서 얻은 외국 기업의 기타 소득은 소득액의 20%가 적용된다.[9]

(2) 개인소득세: 북한의 개인소득세는 외국인에게만 적용된다. 그 이유는 북한 주민에게는 세금이 없다고 북한 헌법에 규정하고 있기 때문이다. 북한의 개인소득세의 적용대상 소득은 일곱 가지로 구분하고 있으나 법에 "……을 포함한다" 라고 규정하고 있기 때문에 명확하지가 않다. 그 종류에는 '노동보수에 의한 소득'(남한의 근로소득), '배당소득'(공업소유권과 기술 비결 · 저작권 제공에

9 안창남, 앞의 책, 2005, pp. 58~59.

의한 소득의 한 종류), '이자소득', '임대소득', '재산판매소득'(남한의 양도소득과 유사), '증여소득', '개인기업소득'(개인업 소득에 한함)으로 구분하여 열거하고 있다. 개인소득세율은 소득종류별로 각각 다르며, 4%에서 20% 사이로 누진율을 채택하고 있다.

(3) 재산판매소득과 개인업소득: 재산판매소득과 개인업소득은 소득금액에 25% 세율을 적용하도록 규정하고 있다.

(4) 재산세: 북한의 재산세는 외국인이 북한에서 소유하고 있는 건물과 선박 및 비행기에 대해 부과된다. 그리고 북한에서 등록하는 재산의 가격(평가)은 국가 가격 재정기관이 평가하고 공증하는 기관이 공증한 재산가격을 재산세 과세표준으로 한다. 적용세율은 건물은 등록 값의 1%, 선박은 등록 값의 1.4%, 비행기는 등록 값의 1.4%를 부과하고 있다.

(5) 상속세: 북한의 상속세는 외국인이 북한에 있는 재산을 상속받은 경우에는 상속세 납부의무가 있다. 한편, 북한에 거주하는 외국인은 북한 이외의 지역에 소재한 재산을 상속받은 경우에도 북한에서 상속세를 납부할 의무가 있다. 그리고 상속세 납부대상 재산에는 부동산, 동산, 화폐재산, 유가증권, 예금, 적금 및 보험금, 공업소유권, 저작권, 토지이용권, 채권 등이 포함된다. 그리고 상속재산의 평가는 상속받은 때의 재산이 있는 현지 시장가격으로 하고 상속세 적용세율은 최소 6%에서부터 최고 30%로 10단계로 차등하여 적용하고 있다.

(6) 거래세: 북한의 거래세는 남한의 소비세(보다 정확하게는 예전의 영업세)에 해당된다. 거래세 적용대상은 외국투자기업과 개인업을 하는 외국인이 하는 거래 중 ① 재화의 공급, ② 재화의 수입, ③ 용역의 공급, ④ 이자원천징수납부에 대해 부과된다.

거래세 적용세율은 각 거래 품목별로 구분하여 다양한 세율로 부과되고 있다. 예를 들어, 섬유제품 1.5~10%, 전기제품 4~10%, 일용제품 3~15%, 전자제품 4~14%, 식료품 4~20%, 술이나 담배와 같이 제한하는 상품 21~60%, 농산물 3~4%, 상업부문 2%, 봉사부문 2~4% 등의 세율이 적용된다.

(7) 지방세: 지방세 적용대상은 외국투자기업과 외국인이 해당된다. 지방세는 도시경영세, 등록면허세, 자동차이용세가 포함된다. ① 도시경영세는 외국투자기업과 북한에 거주하는 외국인이 공원과 도로, 오물처리시설과 같은 공공시설을 관리하기 위하여 납부하는 세금이다. 도시경영세의 과세대상액은 외국투자기업의 경우에는 기업소의 노임총액으로 세율은 1%를 적용한다. ② 자동차이용세는 외국투자기업과 외국인이 자동차를 이용하는 경우에 자동차 이용세가 부과된다. ③ 북한에서 기업을 등록하거나 광업권, 어업권을 등록하는 외국투자기업과 면허증, 자격증을 받는 외국인은 등록면허세를 납부해야 한다.[10)]

8.4. 남북 통일국가를 위한 세제운영 방안

8.4.1. 세제개혁의 필요성과 세제설계의 한계

일반적으로 세제개혁(reform of tax system)이라 함은 여러 가지의 조세로서 이루어져 있는 조세제도가 사회적 · 경제적 조건이 달라짐에 따라 변화하게 되는데, 바람직한 조세요건을 충족시키도록 기존의 조세제도를 변화시키는 것을 세제개혁이라 한다. 그런데 사실 바람직한 조세의 요건이라는 것도 시대적 · 사회적 · 경제적 · 역사적 · 정치적 조건에 따라서 다르므로 조세개혁의 내용

10 안창남, 앞의 책, 2005, pp. 57~74.

과 형태가 다를 수밖에 없다.

오늘날 바람직한 조세의 요건으로는 다음과 같은 내용[11]을 갖추었을 때라고 할 수 있다.

첫째, 납세자가 지는 조세부담이 공평해야 한다. 그러면 어떻게 세금의 부담을 분배해야 공평하다고 할 수 있는가? 이에 대한 기준으로는 각 납세자가 정부로부터 받은 혜택에 비례하여 세금을 부담하면 된다는 편익의 원칙(benefit principle)과, 납세자의 경제적 능력에 따라 세부담을 결정하면 공평하다는 능력의 원칙(ability to pay principle)이 있다. 특히, 경제적 능력과 조세부담의 공평성을 위하여 '동일한 경제적 능력을 보유한 사람들은 동일한 크기의 조세를 부담해야 한다'는 수평적 공평성(horizontal equity)과 '경제력이 큰 사람이 더 많은 조세를 부담해야 한다'는 수직적 공평성(vertical equity)을 모두 갖춘 경우, 능력의 원칙이 반영된 세제로서 공평한 세제라고 할 수 있다.

둘째, 조세의 부과는 필연적으로 납세자들의 가처분소득을 변화시켜 납세자들의 소비행위를 비롯한 각종 경제행위에 영향을 주게 되는데, 이 영향을 최소화하는 것이 바람직하다.

즉, 세금은 개인의 행동에 영향을 미침으로써 자원배분을 왜곡시켜 비효율적인 경제 상태를 유발할 수 있다. 따라서 세금이 불가피하게 야기할 수 있는 자원배분의 비효율을 최소화하는 것이 바람직하다고 할 수 있다.

셋째, 조세와 관련된 행정이 단순해야 한다. 조세제도가 아무리 공평하고 납세자들의 의사결정의 왜곡 정도가 최소화되었다 하더라도 복잡하고 이해하기 어려우면 조세제도의 운영에 많은 비용이 들어간다. 또한 납세자 입장에서도 세금을 내는데 필요한 시간과 비용이 커질 수밖에 없다. 즉, 복잡한 조세제

11 안종범, 『근로자와 서민을 위한 세제개혁』, 도서출판 해남, 2005, pp. 4~7.

도는 세무당국이 세금을 걷기 위해 필요한 세무관서 유지비용, 세무조사비용 등과 같은 징세비용을 증가시킬 뿐만 아니라 세금을 내는 납세자의 납세비용도 증가시킬 것이다. 따라서 세금은 이해하기 쉽고 가능한 단순해야 한다.

넷째, 납세자가 세금을 얼마나 내고 있는지 명확하게 알 수 있어야 한다. 그래서 납세자가 세금납부에 대해 스스로 선택할 수 있는 여지를 갖도록 해야 한다. 이를 정치적 책임의 명료성이라고도 한다. 책임 있는 정부라면 당연히 국민들이 얼마나 많은 세금을 내고 있는지 알 수 있도록 명확하게 드러나도록 해야 한다.[12]

이상과 같은 바람직한 조세요건을 갖추도록 기존의 조세제도를 바꾸는 것을 조세개혁이라 할 수 있다. 그런데 일반적으로 조세개혁은 다음의 형태로 이루어진다. 즉, 특정 세목을 폐지 또는 신설함으로써 조세체계를 달리하는 방법과 조세의 징세제도만을 개혁하는 방법이 그것이다. 그리고 이들 방법은 국세체계 또는 지방세체계만에 개별적으로 적용되는 경우도 있고 또는 이들 양자 모두에게 적용되는 경우도 있다. 이러한 과정을 통하여 세제개혁은 사회적 · 경제적 · 정치적 조건의 변화에 따라 각각 특성을 달리하는 조세제도로 형성된다.

한편, 펠드스테인(M. Feldstein)은 세제개혁 원칙으로 세제의 변동으로 인한 개인의 후생상실을 최소화시켜야 한다는 관점에서, 첫째 신 세제의 도입 시행에 있어 고지기간을 충분하게 설정함으로써 납세자의 신 세제 적응에 무리가 없도록 해야 한다. 둘째, 세제의 변경은 기존 세제와 크게 다르지 않을수록 좋다. 변경의 폭을 작게 함으로써 납세순응비를 적게 해야 한다고 주장하고 있다. 그러면서 펠드스테인은 세제개혁 이론(theory of tax reform)과 세제설계 이론(theory

12 안종범, 앞의 책, pp. 4~7.

of tax design)을 구분하여 설명하고 있다.[13] 세제개혁은 기존의 세제를 기초로 하여 변화를 추구하는 실용적 접근인 반면에, 세제설계(tax design)는 기존의 세제를 무시한 백지 상태에서 새로이 그리는 것으로 양적인 이론이라기보다는 질적인 이론 접근으로, 이를 현실에 옮기는 것은 쉽지는 않다.

만약 남한과 북한이 어느 날 통일이 된다면, 통일 전 남한과 북한의 국가운영체제가 근본적으로 달랐기 때문에 남한의 조세제도나 조세체계는 북한의 조세제도와 근본적으로 다르므로 흡수통일이건, 편입통일이건, 합의통일이건 남북한이 통일된 국가에서는 어느 한 쪽의 조세제도나 조세체계를 빠른 시일 내에 변형 또는 조세개혁(reform of tax system)을 통해 통일국가에 적용하는 것이 거의 불가능하다. 따라서 남북한이 통일될 경우, 어느 한쪽의 조세제도나 조세체계를 개혁하여 사용할 수 없을 것이므로 이상적으로는 기존의 세제를 무시한 백지 상태에서 통일국가의 조세제도나 조세체계를 새로이 만들어야 한다. 즉, 통일국가를 대비한 전혀 새로운 세제설계가 필요하다.

그러나 통일된 국가가 어떠한 체제 성격의 국가인지도 명확하게 결정이 안 된 백지 상태에서 세제를 설계한다는 것도 현실적으로는 무의미할 수도 있다. 그리고 아무리 이상적인 조세설계를 그릴 수 있다 하여도 통일국가의 남쪽과 북쪽을 동시에 만족시키는 것은 불가능하다. 따라서 세제설계는 한계가 있으며 무의미하다.

북한은 제도상 북한 내 외국투자기업과 외국인에게만 과세를 하고 있으며, 북한 주민들에게는 외형적으로는 세금을 부과하지 않고 있다. 물론 최근 북한에서도 시장경제 기능의 일부를 도입함에 따라 '부동산사용료', '토지이용료', '시장이용료', '재산판매수입금' 등 새로운 조세항목을 신설하고, 2006년도

13 M. Feldstein, "On the Theory of Tax Reform", *Journal of Public Economics*, Vol. 6, 1976.

에는 '기업소 이익금'의 7%를 사회보험료로 납부함으로써 국가의 재정적 부담을 축소함과 동시에 재정원천을 확대하는 조치를 하였으나,[14] 북한의 일반 주민들에게 세금이라는 개념이 아직은 익숙하지 않다. 따라서 통일 후 남한의 조세제도를 그대로 북한에 적용할 수는 없다.

남북한이 통일될 경우 사회주의 체제는 이미 실패한 제도로 판명되었으므로 남북한의 통일국가는 자유시장경제체제를 기반으로 한 국가가 될 수밖에 없다. 그렇다면 남북한이 통일된 새로운 국가라도 상당한 정도 남한의 조세제도와 조세체계를 기반으로 할 수밖에 없다. 그러나 오랫동안 이질적인 국가체제와 사회체제에서 살아온 북한 주민들에게 남한의 조세제도를 적용할 수 없으므로, 북한 주민들의 실정을 고려하여 남한의 조세제도와 조세체계를 기반으로 하되 새로운 세제개혁이라는 입장에서 획기적으로 뜯어 고치는 작업이 필요하다.

8.4.2. 통일 직후의 세제운영 방안

1) 통일 직후 세제운영의 기본방향

예상보다 빠르게 갑작스럽게 통일이 되었으나, 통일된 국가에 적용할 조세제도가 준비가 안 된 경우는 어떻게 대처를 하여야 할까?

북한의 경우 최근에 부분적으로 시장경제제도를 일부 수용하고는 있으나, 여전히 공시적으로는 조세제도를 부인하고 모든 것이 국가의 소유로 되어 있다. 최근 북한의 배급제가 제대로 작동하지 않는다고는 하나, 북한은 모든 것을 배급제를 바탕으로 한 국가의 공급체계를 기본으로 하는 경제체제이다. 비록

14 통일부 통일교육원, 『북한의 이해』, 2008, p. 138.

형편이 낮은 수준의 의식주와 의료혜택 및 교육이라도 그 동안 모두 국가의 제공으로 이루어졌다. 아무리 형편 없는 공급이라도 기본적으로 모든 것이 국가의 무상제공이라는 체제에서 70여 년간 익숙해진 북한 주민들이다. 남북한이 통일되었을 때, 국가의 무상제공이라는 의식이 북한 주민들에게 자리 잡고 있기 때문에 남한 체제와 같이 대부분을 개인의 책임에 의한 자본주의적 시장원리를 그대로 적용할 수는 없다.

또한 남한의 조세제도도 통일된 북한지역에 그대로 적용할 수 없어 통일 이후 어떠한 형태이건 남한의 조세제도도 전체적으로 영향을 받지 않을 수 없다. 통일 이후에 소요되는 막대한 통일비용을 일부 세목을 중심으로 세부담을 증가시켜 재원을 염출하는 것도 아주 바람직하지 못한 것이라 판단된다.

비록 남한의 조세제도, 특히 세목과 과세대상, 과세표준 및 세율이 완벽한 것은 아니지만 그 동안의 사회적 변화를 반영하면서 오랜 동안의 조정 과정을 통하여 나름대로는 형평성과 효율성을 고려한 합리성을 갖추려는 노력으로 만들어진 것이다. 따라서 남북한이 통일이 되었을 때에 부족한 재원을 특정 세목을 중심으로 재원을 마련할 경우, 그 부작용은 매우 클 것이며 기존의 남한의 조세체계 전반에 영향을 미치게 될 것이다.

또한 북한의 체제붕괴나 정치적 대타협을 통하여 갑작스럽게 남북통일이 이루어진다고 가정할 경우, 통일 초기의 사회적 혼란기에 막대한 재원조달을 위하여 대량의 국채를 발행한다는 것은 바람직하지 않으며, 북한지역의 국가소유의 토지나 국영기업을 매각하는 경우에도 사회제도의 정비와 함께 상당히 많은 시간이 소요될 것이다. 또한 외국자본을 유치하여 재원을 조달한다는 것도 통일 초기에는 어느 정도 될지 가늠하기가 매우 힘들 것이다. 따라서 보다 근본적인 재원조달 방안이 요구된다.

더욱이 통일이 된 직후에 막대한 통일비용의 마련에는 일차적으로 남한의

조세수입에 의존할 수밖에 없을 것이다. 이러할 경우 새로운 세목을 신설하여 운영하는 데에는 많은 절차와 시간이 요구되며, 기존 조세체계와의 형평성 문제 등 검토할 사항이 많아 통일 직후에 새로운 세를 신설하여 운영할 상황은 못 될 것이다.

문제는 기존 남한의 조세체계를 근본적으로 개편함이 없이 일부 세목의 과세표준이나 세율을 인상하는 방안으로는 막대한 통일비용의 재원을 확보하기란 어려울 것으로 예상된다. 이를 위해서는 소득세, 법인세, 부가가치세 및 재산세의 과세기반(tax base)을 확대하고 세율체계를 합리화하는 등 세제 전반의 총체적인 개혁과 전반적인 조세수입의 증대 노력과 연계하여 추진되어야 한다. 환언하면, 조세감면을 대폭 축소 · 정비하고 토지세의 과표를 조속히 현실화하며, 종합소득세 강화, 실물자산과 금융자산의 양도소득의 종합과세화를 동시에 그리고 세율 인상을 조속히 단행하지 않는 한 통일비용의 재원조달을 기대하기는 어렵다. 그리고 이러한 것이 조속한 시일 내에 단행되기란 제도의 개선, 의회의 논의 과정을 통한 법률적 변화, 사회 각계의 이해관계 등으로 실현되기 어렵다.

따라서 우리가 진지하게 연구하고 살펴보아야 할 것은, 1990년 12월 말로 폐지되었으나 과거에 우리가 운영해 본 경험이 있는 방위세제도의 부활을 고려해 볼 수 있다. 과거 방위세제 하의 세부담은 기존의 세액에 세목에 따라 10~30%를 차등하여 추가로 부과하였다.

만약 남북한의 급속한 통일로 남한에서 통일에 따른 재원을 부담해야 할 경우, 부족한 통일재원을 마련하기 위하여 기존 남한의 조세체계를 크게 흩뜨리지 않고 재원을 마련하는 방법은 과거에 폐지되었던 방위세제도를 부활하는 방법이 가장 현실적이며, 부작용을 극소화시킬 수 있는 대안이 될 것이다.

즉, 과거 방위세제도의 부활은 그 명칭을 '방위세'에서 '통일세'로 바꾸어

과거의 방위세제도를 부활함이 현실적이며 실효성 있는 방안이라 판단된다. 이는 통일국가에 필요한 경비를 국민 전체가 함께 부담하고, 통일국가의 국민들이 함께 안전과 복리후생을 증대시킬 수 있다면 당연히 그러한 방향으로 나가야 한다. 이는 바로 통일국가의 통치철학이 되어야 할 공생공영의 정신, 곧 홍익인간 사상과 맥을 같이 한다. 과거 방위세제도가 목적세로서 재정의 경직성을 초래해서 나쁘고, 국민의 부담을 증가시키며, 과거의 군사독재, 유신시대에 사용되었던 정책으로 부활되어서는 안 된다는 단순한 피상적 생각은 재고할 필요가 있다.

세제운영 면에서 볼 때, 국가의 중요 역할 중의 하나가 자원의 합리적 배분과 형평성을 증대시키는 것이다. 통일 이전이라도 남한의 소득분배의 불공평성과 열악한 사회보장제도를 개선시켜야 한다. 그리고 같은 기준으로 통일 이후 북한 주민들에게도 최소한의 생계유지와 의료혜택, 교육에 대하여 국가에서 무상으로 제공해 줄 수 있어야 한다. 통일된 국가에서는 이러한 일을 달성하려면 막대한 재정지원 확보가 필요하다. 이를 위하여 과거에 폐지된 방위세제도를 '통일세'로 부활시키는 방안을 적극적으로 도입해야 한다. 물론 과세대상이나 세율을 실정에 맞게 전면 재조정하고 보완하되, 전 세목에 대하여 일정률의 추가적인 세부담에 의한 재원조달은 충분한 당위성을 갖게 될 것이며, 통일 직후의 통일비용에 필요한 재원의 상당 부분을 마련할 수 있을 것으로 기대된다.

그리고 이러한 추가적인 부담은 과거 목적세로서의 방위세와 달리 '통일세'는 통일의 후유증을 극소화시키기 위해 지출 용도를 특정한 목적으로 지정하지 않는 통일국가의 일반세 수입재원으로 전환하여 활용함이 바람직하다.

2) 통일국가를 위한 세제운영 시 지방재정조정제도의 법정 교부세율을 점진적으로 대폭 올리는 방안이 필요하다

남한은 사유재산을 바탕으로 경제가 운영되고 있으며, 지방세제의 구성은 크게 토지와 건물 등 재산을 중심으로 담세능력에 따라 지방세를 부과하여 거두어들이는 ① **지방세 수입**과, 지방정부에서 제공하는 서비스에 대한 대가로서의 사용료 수수료를 중심으로 한 ② **세외 수입**으로 구성된 자체 수입과, 그리고 중앙정부에서 지원해 주는 지방교부금 및 국고보조금으로 구성된 ③ **의존 수입**으로 이루어지고 있다.

북한에서는 사유재산이 허용되고 있지 않고 시장경제체제가 없었기 때문에 남한의 지방세제도 중 극히 일부를 제외하고는 통일 직후에 남한의 지방세제를 북한에 적용할 수가 없다. 따라서 통일 직후에는 남쪽과 북쪽에는 상이한 지방세체계를 운영하거나, 또는 통일국가에 있어 북쪽지역에 상당한 기간 동안 남한의 지방세제도의 적용을 유보시켜야 한다.

남한의 지방세제도를 바로 북한지역에 적용하는 것은 불가능하지만, 그러나 남한에서 운영되고 있는 지방재정조정제도를 개선하여 북한에 적용할 수 있는 방안은 가능하다고 생각된다. 통일 이후에 북쪽의 지방재정 운영은 통일정부로부터의 절대적 재정지원에 의존할 수밖에 없을 것이다. 즉, 현행 남한에서 운영되고 있는 지방교부세 및 보조금으로 구성되는 지방재정조정제도에 절대적으로 의존할 수밖에 없다.

남한의 현행 지방교부세법에서는 지방교부세의 총액은 내국세 총액의 19.24%를 국가예산에 계상하도록 규정하고 있다. 그리고 교육재정에 교부하는 지방교육 재정교부금과 이외에 중앙정부가 지방정부에 국고보조금의 형태로 지방자치단체의 재정을 지원해 주고 있다.

만약 남북한이 갑자기 통일이 되고 북한지역에도 지방자치제도를 운영한다면, 통일정부가 북한지역의 지방자치단체에게 상당한 규모의 재정적 지원은 불가피할 것으로 쉽게 예상된다. 따라서 통일국가에서 통일 전 남한의 교부세 제도와 같은 제도를 운영한다면, 법정 교부세율을 연차적으로 더욱 증가시켜 통일국가의 지방자치단체의 지원을 확대시켜야 한다. 즉, 내국세에 대한 법정 교부세율 19.27%를 점차 증대시켜야 할 뿐만 아니라, 내국세의 20.27%인 지방 교육재정교부금의 교부율을 점차 올리는 방안을 모색하여 통일국가의 지방정부들이 실제로 사용할 수 있도록 함이 바람직하다.

이러한 조치는 통일 이후 중앙정부의 기능을 대폭 지방정부에 이양하면서 동시에 재정재원도 지방정부에 대폭 이양하여 중앙정부와 지방정부가 함께 공생공영하는 홍익인간 사상을 실천하는 것이기도 하다.

3) 통일국가의 세제운영 시 독일의 공동세 방식을 적극 도입할 필요가 있다

독일의 조세체계를 보면, 연방정부와 주정부에 공동으로 귀속되는 조세(공동세)는 소득세, 법인세, 부가가치세 등이며, 연방정부에 귀속되는 조세로는 소비세의 일종인 석유류세, 설탕세, 염세, 위스키세, 담배세, 커피세 등을 들 수 있다. 반면 재산세, 상속세, 자동차세, 맥주세, 토지거래세 등은 주정부에 귀속되는 조세이다.[15] 한편, 영업세 및 토지세는 기초자치단체에 속하는 조세이다.[16]

독일의 연방정부, 주정부, 기초자치단체는 「기본법」에 입각하여 특정 조세를 징수하여 자체 재원으로 삼고 있고, 몇 가지 공동세를 일정 비율에 따라 각 단체별로 배분하고 있다.[17]

[표 8-3]에서 보는 바와 같이 독일의 조세수입이 연방정부, 주정부, 기초자

15 주정부의 세입수준은 경제력의 격차로 인해 상이하기 때문에 주정부의 재정능력 격차를 조정하기 위한 지방재정조정제도가 시행되고 있다. 이에 입각하여 조세수입이 많은 주는 재정능력이 취약한 주에 자체 수입의 일정 분을 이양하여 주정부 간 재정능력의 격차를 해소하고 있다.

16 김유찬 · 이유향, 「주요국의 조세제도 –독일편–」, 한국조세연구원, 2009, p. 37.

17 김유찬 · 이유향, 위의 논문, pp. 37~38.

[표 8-3] 독일의 공동세 배분 비율

(단위: %)

세목	연방	주	자치단체	EU
부가가치세[1]	43.1	43.4	2.0	11.5
소득세(근로소득세 원천징수분 및 연말정산분)	42.5	42.5	15.0	–
소득세(이자에 대한 원천징수분)	44.0	44.0	12.0	–
법인세	50.0	50.0	–	–
영업세(역교부분)[2]	23.1	76.9	–	–

주: 1) 공동세 배분 비율은 기본적으로 헌법에 의하여 결정되고 있으나, 이 중 부가가치세의 배분 비율은 연도별 경제상황에 맞는 미세 조정을 위하여 헌법에서 정하지 않고 연도별 재정조정법(Finanzausgleichgesetz)에 의하도록 함.
2) 영업세는 기초단체별로 징수율을 달리할 수 있기 때문에 정확한 정부단체별 세수배분율 설정이 어려우나 평균적으로는 자체 세수의 15%가 연방과 주에 이전되고 있음.

자료: 연방재무성, 재무보고 2003 Bundesministerium der Finanazen, Finanzbericht 2003, Bonn, 2002; 연방재무성, 재무보고 2009 Bundesministerium der Finanazen, Finanzbericht 2009, Bonn, 2008; 김유찬 · 이유향, 「주요국의 조세제도 – 독일편」, 한국조세연구원, 2009. 9, p. 42 재인용.

치단체, EU로 분할되어 있는 것을 보여주고 있다. 연방정부의 조세수입이 점차 감소하고 있는 반면, 주정부, 기초자치단체의 조세수입은 정체되어 있거나 약간 증가하고 있으며, EU 통합으로 인해 EU의 조세수입이 점차 증가하고 있는 점이 기본추세로 나타나고 있다.

독일의 조세체계에서 세부담 비중이 큰 소득세, 법인세, 부가가치세 등이 공동세에 속하는데, 이 세목들은 연방, 주정부, 기초자치단체가 일정 비율로 공동배분한다. 공동세는 총조세수입 중 70%(2007년 기준) 정도를 차지하고 있다. [표 8-3]에서 볼 수 있듯이 소득세의 원천징수분 및 연말정산분 42.5%, 이자에 대한 소득세 분리과세분의 44%, 법인세의 50%, 부가가치세의 43.1%가 연방에 분할 · 귀속되는 반면, 주정부에는 부가가치세의 43.4%, 소득세의 원천징수분 및 연말정산분 42.5%, 이자에 대한 소득세의 분리과세분에 44%, 법인세의 50%가 배분된다. 기초자치단체에게는 소득세의 원천징수분 및 연말정산분 15%, 이자에 대한 소득세의 분리과세분 12%, 그리고 영업세의 85%가 분할된다. 총조세수입의 약 7.5%(2007년 기준)를 차지하는 에너지세 등은 연방에만 귀속되는 조세이다. 주정부 귀속세 중 가장 큰 세원은 자동차세와 재산세인 반면, 기초자치단체 귀속세로는 총소세수입의 7.7%를 차지하는 영업세와 토지세를 들 수 있다.[18]

독일의 조세체계는 세수분리제와 세수공유제를 병행하고 있다. 세수분리제에 따라 연방세, 주세 그리고 기초자치단체세로 분류되고, 세수공유제에 의해 연방과 지방이 세수를 공유하는 공동세제도(Gemeinschaftsteuern)를 도입하였다. 세수의 규모적 측면에서 공동세가 차지하는 비중이 전체 세수의 70% 이상을 차지하고, 지방 세수에 있어서도 약 80%에 해당하고 있다. 따라서 독일의 지방세 체계를 분석함에 있어서 그 핵심은 공동세제도가 된다.

공동세제도의 장점에 대하여 송상훈이 정리한 내용을 소개하면 다음과 같다.[19]

① 국세와 지방세의 분류하는 기준이 있지만, 기준에 의해서 세목을 분류하는 것이 현실적으로 매우 어렵다. 따라서 공동세는 조세분류 기준에 대해 탄력적으로 운영될 수 있다.

② 세수가 중앙정부에 편중된 경우 복잡한 세목이양 없이 세수의 분배가 가능하다.

③ 세수독립제에서는 자치단체가 업무수행에 필요한 경비를 자체 세목으로 충당해야 하므로 많은 세목이 신설되는 경향이 있지만, 공동세는 조세체계를 단순화할 수 있다.

④ 공동세제도는 조세체계의 단순화로 징수경비를 절감할 수 있다.

⑤ 공동세인 소득세, 법인세 그리고 부가가치세의 지역 연계성을 높일 수

18 김유찬 · 이유향, 앞의 논문, pp. 42~43.
19 송상훈, 「독일의 재정분권과 지방세」, 〈지방재정 세미나 발표자료〉, 2008, pp. 12~14.

있다. 소득세의 경우 납세의무자의 지역에서의 경제행위, 법인세의 경우 대상기업의 지역 공장입지 그리고 소비세의 경우 지역에서의 소비행위 등이 세수로 연계된다.

⑥ 공동세는 지방이 지역경제 활성화를 통해 세수증대를 기할 수 있어 지역발전 및 지방자치에 기여한다.

⑦ 공동세는 국세의 지방세 이양이라는 절차상의 어려움이 없이 분배 비율의 조정을 통해 쉽게 지방재정을 확충할 수 있다.

⑧ 공동세는 중앙정부의 간섭 없이 지방재정으로 확충될 수 있어 지방의 자주성을 제고할 수 있다.

⑨ 공동세의 대상이 주요 세목이기 때문에 지방세수의 안정성이 제고된다.

이상과 같이 공동세제도는 여러 가지 장점을 가지고 있다. 남북한이 통일될 경우 그리고 남한의 조세제도를 상당부분 적용할 수밖에 없는 상황이 된다면, 국세와 지방세 간의 세목조정을 하기보다는 조세체계나 조세제도가 새롭게 정비되기 전이라도 독일의 공동세제도를 도입하여 우리 실정에 맞게 조정하여 운영하는 것도 한 방안이 될 수 있다. 즉, 우리나라의 국세인 소득세, 법인세, 부가가치세 등 중요 세목들을 중앙정부와 지방정부가 함께 세원을 공유하는 공동세제도 도입도 적극 고려해 볼 만하다.

4) 통일 이후의 지방정부 간의 재정력 격차 해소를 위한 세제운영이 이루어져야 한다

독일 지방재정제도의 대표적 특성이라 할 수 있는 주(州) 간 수평적 재정조정제도는 재정력이 취약한 주와 우수한 주로 분류하고, 취약한 주는 조정교부금을 수령하고 반면에 우수한 주는 조정기여금을 지불하는 제도이다. 이러한 주 간 수평적 재정조정을 통해 재정이 취약한 주도 각 주가 자신의 업무를 수행하고 자주성을 펼치는 것이 가능하도록 충분한 재원을 보장해 준다. 이 제도의 취지는 주 간 추가적인 세입의 격차 해소를 통해 전국적으로 모든 국민이 동등한 삶의 질을 유지하는 것이 가능하도록 해준다.

또한 독일은 재정력이 취약한 주에 대한 조정교부금의 정확한 규모는 이들의 주민 1인당 재정력이 1인당 전국 평균 재정력에 비해 어느 정도로 차이가 나는가에 달려 있다. 평균 대비 부족액은 부분적이지 결코 완전하게 보전되지는 않는다. 보전 방식은 선형비례적 조정교부금 분배 비율을 활용한다.

이와 유사하게 재정력 우수 주가 지불하는 조정기여금의 규모는 재정력 우수 주의 주민 1인당 재정력이 1인당 전국 평균을 얼마나 초과하는가에 의해 결정된다. 평균과의 격차는 차액의 규모에 따라 차액의 일부분을 걷지만, 결코 전액을 걷지는 않는다. 징수 방식은 선형비례적인 조정기여금 징수 비율을 활용하고 이는 조정교부금 분배 비율에 대칭된다. 조정기여금과 조정교부금의 합계를 일치시키기 위해서 조정교부금의 분배 비율을 높이거나 낮추는 방법을 사용한다.

여기서 중요한 것은 주 간 재정조정을 통해 주민 1인당 재정력의 순위가 바뀌지 않도록 규칙을 전개시키는 것이다. 주 간 수평적 재정조정을 통해 재정력 격차가 확연하게 줄어드는 것으로 나타나는데, 예를 들어 주민 1인당 재정력이 전국 평균 재정력의 70% 내지 90%인 재정력이 취약한 주의 경우 주 간 수평적 재정조정 후에 재정력이 91% 내지 96%로 상승한 것으로 나타나고, 반면에 주민 1인당 재정력이 전국 평균의 110% 내지 120%인 재정 우수 주의 경우 재정조정 이후 재정력이 104% 내지 106.5%로 완화되어 재정력 격차가 축소되는 것으로 나타난다.[20)]

20 송상훈, 앞의 논문, pp. 8~9.

독일의 수평적 재정조정제도에서 사용하는 주민 1인당 재정력을 측정하는 방안과 지방 간 상호부조의 개념을 도입한 합리적 재정조정을 통해 지역 간 화합을 유지하는 것이 건전한 경쟁을 통한 지방자치의 정착을 앞당기는 길이다.[21] 따라서 남북한 통일된 국가에서 지방자치제도를 도입, 강화할 경우 자치단체 간의 재정력의 격차를 줄이는 독일식 역교부세제도의 도입이 필요하다.

이상과 같이 독일 지방재정제도의 특성인 수직적 재정조정을 해주는 공동세제도와 수평적 재정조정을 해주는 역교부세제도는 기본적으로 사회 구성원에 대한 협동과 연대감을 강조하는 독일 특유성이 내재되어 있지만, 현재 지역 간 재정력 격차에 의한 지역갈등이 심화되고 있는 우리나라에게도 시사하는 점이 매우 클 뿐만 아니라, 남북한이 통일된 이후에 지역 간, 지방정부 간 재정력의 격차를 줄이는 데 매우 유용한 제도가 될 것으로 평가된다.

다시 강조하자면, 공동세의 경우 국세의 지방세 이양을 위해 모호한 기준에 따라 조세를 분류할 필요가 없고, 재정조정 절차상의 어려움 없이 지방재정 확충이 가능하고, 지방이 중앙정부의 간섭 없이 재정을 확충할 수 있으며, 세원이 안정적이어서 지방재정의 안정화가 가능하고, 또한 지방세체계를 단순화할 수 있다. 이런 점에서 지방재정 확충 및 재정분권을 위해 국세와 지방세 간 세목조정보다 국세 중 중요한 세목인 소득세, 법인세, 부가가치세 등과 같은 중요한 세목을 중앙정부와 지방정부 간에 세원을 공유할 수 있는 공동세제도를 도입하고, 공유 세원의 배분 비율 등을 우리 실정에 맞게 조정하여 적용하는 방안이 필요하다. 그리고 남북한이 통일된 국가에서 지방자치단체 간 재정력의 격차가 심하게 벌어지지 않도록 독일식 역교부세제도의 적극적 도입이 필요하다.

21 송상훈, 앞의 논문, pp. 15~16.

만약, 여러 경제주체들 간의 이해관계의 상충 때문에 남북통일 전 대한민국에서, 또는 남북통일 직후에 독일식 공동세제도와 역교부세제도의 도입과 실행이 어렵다면, 앞에서 소개한 바와 같이 남한의 '지방교부세제도'와 지방자치단체 간에 이루어지는 '지방조정교부금제도'를 크게 개선할 필요가 있다.

특히, 남북한이 통일이 되어 지방재정제도를 개선할 경우에는 독일의 '공동세제도'와 '역교부세제도'의 취지가 남북한 통일된 국가의 '지방교부세제도'와 '지방조정교부금제도'에 충분히 반영되도록 개선되어야 한다.

제9장
남북한 통일 이후의 북한지역의 부동산 관련 세제에 대한 기본구상

남북한 통일 이후의 북한지역의 부동산 관련 세제에 대한 기본구상[1)]

통일 직후에 조세제도와 관련하여 큰 관심의 대상이 될 수 있는 것은 토지 및 부동산 관련 세제운영 방안일 것이다. 즉, 통일 직후 남한의 조세제도를 활용할 경우, 지방세-시 · 군세로서의 재산세와 국세인 종합부동산세와 관련된 세금이다. 2015년 현재 남한에서 운영되는 재산세는 토지, 건축물, 주택, 선박, 항공기를 소유한 자에게 과세하는 지방세이다. 재산세 부과대상 중 '토지 및 건축물'에 대한 과세표준은 시가표준액의 100분의 50부터 100분의 90까지, 그리고 '주택'은 시가표준액의 100분의 40부터 100분의 80까지로 하며, 재산세액은 '과세표준×세율'로 구할 수 있으며, 과세표준은 '시가표준액×공정시장가격의 60%'로 산정된다.

2015년 현재 주택에 대한 재산세는 과세표준이 6,000만 원 이하는 세율이 1/1,000, 6,000만 원 초과 1억 5,000만 원 이하는 세율이 6만 원+6,000만 원 초과금액의 1.5/1,000, 1억 5,000만 원 초과 3억 원 이하는 세율이 19만 5,000원+1억 5,000만 원 초과금액의 2.5/1,000, 3억 원 초과는 57만 원+3억 원 초과금액의 4/1,000, 별장은 과세표준액의 40/1,000 그리고 기타 건축물은 세율이 과세표준액의 2.5/1,000, 골프장 및 고급오락장용 건축물의 세율은 과세표준의 40/1,000을 적용하고 있다.

---

1 유경문, 「통일 전후의 재정운영과 세제개편 방안」, 『재정논집』 제12집 제2호, 1997. 12, pp. 208~210 내용을 수정 · 보완한 것임.

한편, 남한에서 운영되고 있는 국세인 종합부동산세의 개요를 보면 2015년 현재 종합부동산세 납세의무자는, ① '주택'의 경우는 전국합산주택의 공시가격 합계액이 6억 원(1세대 1주택자 9억 원)을 초과하는 자, ② '종합합산토지'의 경우는 전국합산토지의 공시가격 합계액이 5억 원을 초과하는 자, ③ '별도합산토지'의 경우는 전국합산토지의 공시가격 합계액이 80억 원을 초과하는 자이다.

종합부동산세의 과세표준의 계산은 ① '주택분'의 경우는 [전국합산 {공시가격×(1−감면율)} −6억 원]×80%, (1세대 1주택자)의 경우는 [전국합산 {공시가격×(1−감면율)} −9억 원]×80%, ② '종합합산토지'의 경우는 [전국합산 {공시가격×(1−감면율)} −5억 원]×80%, ③ '별도합산토지'의 경우는 [전국합산 {공시가격×(1−감면율)} −80억 원]×80%로 한다. 그리고 종합부동산세의 세율은 ① '주택분'의 경우는 과세표준 6억 원 이하 0.5%, 12억 원 이하 0.75%, 50억 원 이하 1.0%, 94억 원 이하 1.5%, 94억 원 초과 2.0%, ② '종합합산토지'의 경우는 세율이 과세표준 15억 원 이하는 0.75%, 45억 원 이하는 1.5%, 45억 원 초과는 2.0%, ③ '별도합산토지'의 경우는 세율이 과세표준 200억 원 이하는 0.5%, 400억 원 이하는 0.6%, 400억 원 초과는 0.7%로 되어 있다.

그리고 지방세인 재산세나 국세인 종합부동산세를 실제로 부과하는 경우에는 각종 감면제도와 예외 조항 적용 등이 있어, 실제로 세액을 계산하는 데에는 매우 복잡한 면이 있다.

이처럼 남한의 경우 시·군세 보통세인 재산세는 시·군 내에 소재하는 건축물, 선박 및 항공기를 과세대상으로 하고 과세표준에 세율을 적용하여 세액을 산출한다. 국세인 종합부동산세는 주택의 토지분과 종합합산토지분, 그리고 별도합산토지분을 구분하여 과세표준에 세율을 적용하여 세액을 계산한다.

그러나 남북한이 통일될 경우 통일 직후 사유재산제도가 없었던 북한지역에서는 건물이나 토지 등 부동산에 대한 적정한 가격을 산정하기가 불가능해 통일 직후 남한의 재산세제나 종합부동산세제를 바로 적용할 수 없다. 따라서 토지나 주택 및 건축물에 대한 재산세 부과나 종합부동산세 부과는 상당 기간 보류함이 마땅하다.

남한에서는 1990년 이전에는 각 필지별 토지와 건물 등에 대해 재산세를 부과하였었다. 그러나 1990년 1월 1일부터 토지의 과다보유를 억제하기 위하여 과거에 각 필지별로 과세하던 토지분 재산세를 분리하여 토지에 대한 세금은 종합토지세로 부과하였다. 즉, 과거에 각 필지별로 부과하던 토지분 재산세를 전국에 있는 모든 토지를 소유자별로 합산하여 합산한 토지가액에 누진율을 적용함으로써 토지보유 정도에 따른 응능과세원칙을 확립하고, 세제를 통합하여 과다한 토지보유를 억제하여 지가안정과 토지소유의 저변확대를 도모하기 위하여 도입한 세제였다. 그리고 종합합산 과세대상이 되는 주거용 토지 중 993m^2(특별시와 광역시는 662m^2) 이내의 토지는 종합합산 과세대상이 되고, 이를 초과하는 부분의 토지는 분리과세 대상으로 하여 토지를 많이 보유한 사람에게 종합토지세를 누진적으로 부과했던 적이 있다.

그러나 2015년 현행 재산세제도나 종합부동산세제도 또는 과거의 토지면적을 고려한 종합토지세제도 등 이러한 남한의 제도를 통일 이후 북한지역에 바로 적용할 수는 없다. 특히, 북한지역에 토지나 건물의 적정한 배분에 따른 사유재산제도가 정착되기 이전에는 통일국가에서 북한지역에 상당한 기간 동안 남한의 부동산 관련 세제적용이 불가능하다.

따라서 남북한이 통일된 국가에서는 통일 전 북한지역의 토지나 주택 및 건물의 경우 일정 기간 동안 남한의 재산세제나 종합부동산세제를 적용하지 않는 것을 원칙으로 해야 한다.

통일 전 남한의 재산세제나 종합부동산세제를 통일 이후 그대로 북한지역에 적용하기에 앞서, **기본적으로 통일과 동시에 북한지역의 토지와 건물 등 부동산에 대한 특별법의 제정이 필수적으로 요구된다 하겠다. 즉, 통일과 동시에 북한의 국유화된 토지와 주거용 건물을 분배함에 있어 남한 주민의 연고권을 인정하지 않는 특별법의 제정이 필수적이다. 북한의 토지와 주거용 건물에 대한 불하에는 통일 이전의 북한의 주민과 북한 국적의 해외 거주자 및 북한지역에서 일정 기간 동안 거주한 이후의 탈북 귀순자들에게만 토지와 주택이 분배되고 불하되는 특별법의 제정과 실시가 선행되어야 한다.**

즉, 휴전 이후 남한에 거주하거나 남북한 이외의 해외 거주자들이 소유했던 북한지역의 토지 및 건물 등의 부동산에 대하여 일체의 소유권을 인정하지 않는, 즉 남북통일 직전 북한의 국가소유를 그대로 통일정부가 계승받되, 북한에 거주하는 주민들에게만 일정한 기준에 따라 토지와 주거건물을 균등배분해 주는 조치가 선행되어야 한다.

예를 들면, 통일 전 북한 주민들의 경우 도시 거주자들에게는 가구(또는 세대)당 주택용지로 기본 160m^2(약 50평)를 기준으로 하고, 분할 당시의 가족 수에 따라 1인당 일정 제곱미터(평수)를 추가하여 차등분배하되 남한의 택지소유 상한의 개념을 적용하여 최대 660m^2(약 200평) 이내로 택지소유 상한을 제한하여 분할하며, 농촌의 경우 주거용지는 330m^2(약 100평)를 기준으로 하되 가족 수 1인당 일정 제곱미터(평수)를 추가하여 주거용지를 차등분배하되 최대 990m^2(약 300평) 이내로 상한을 제한하며, 아파트형의 경우 가구당 80m^2(약 25평)를 기준으로 하되 4인 가구를 초과하는 경우 1인당 일정 제곱미터를 추가하는 방식으로 주거지를 배정하는 기본이 되는 기준을 설정할 필요가 있다. 그리고 그 밖의 농지는 경자유전(耕者有田)의 원칙에 따라 농촌에 거주하여 영농에 종사하는 사람에게 일정 기준에 따라 균등배분해 주는 제도적 장치가 선행되어 토지 및 주택용지를 분배해야 한다.

이렇게 배분된 북한지역의 주택이나 주택용지 및 토지, 건물 등 부동산에 대해서는 일정 기간 동안 과세부과를 보류하거나 또는 별도의 아주 낮은 세율을 적용하는 부동산 관련 조세제도가 운영되어야 한다. 그리고 통일 이후에 이렇게 분배된 북한지역의 토지와 주택은 10년 이내에는 매매에 의한 소유권 이전을 불허하며, 의무적으로 10년 동안은 분배 받은 사람이 소유하게 하고, 부득이 처분해야 하는 경우에는 국가에 매각하거나 또는 매매에 의한 소유권 이전은 불허하되 소유권자에게 일정한 임대료를 지불하고 임대에 의한 사용권을 자유롭게 해주면 된다.

이러한 조치는 남북한이 통일 시 경제력이 부족한 북한 주민들에 대한 재산형성을 보호하며 부(富)의 분배에 결정적 역할을 하게 될 것이며 반드시 필요한 조치이다. 그리고 통일이 된 지 10년이 지난 이후부터 20년이 될 때까지는 통일 전 북한 국적의 주민들 간의 거래에 의한 소유권 이전을 허용하며, 20년이 지난 이후부터는 일정 규모 이하는 토지거래를 자유롭게 하여 규모를 점차 확대하여 최종적으로는 주택, 건물 및 토지거래를 자유롭게 하는 정책이 필요하다. 이는 통일 이후 자본을 많이 가진 남한 주민들에 의한 북한지역의 주택, 건물 및 토지 등 부동산에 대한 소유로 인한 북한 주민들의 박탈감을 줄이며, 소득분배 면에서 합당하다. 자본주의적 시장경제 원리에 익숙하지 못한 북한 주민이 자본주의적 시장경제 원리에 익숙해질 동안 그들의 재산권을 보호할 책임이 통일국가에 있기 때문이며, 통일국가의 공평한 소득분배의 실현에도 필요한 조치라 판단된다.

이러한 조치를 취한 이후에 통일국가의 남한지역에는 현재 남한의 재산세 제도와 종합부동산세제도를 유지하여 적용한다면 큰 문제가 없을 것이다. 그리고 북한지역에는 토지 및 건물에 대한 적정한 부동산 가격이 형성될 때까지,

즉 통일 직후 재산세나 종합부동산세 부과를 보류하거나 아주 낮은 별도의 부동산 관련 세제운용이 필요하다.

예를 들면, 통일된 지 11년 이후부터는 북한지역의 부동산에 대하여도 남한과 같은 기준에 의하여 재산세를 부과하되 정책적으로 북한지역의 부동산에 대한 과세표준에 대한 적용세율을 남한지역에 비하여 일정 기간 동안(예를 들어, 통일 후 11년차부터 15년이 될 때까지 남한지역에 적용되는 세율의 50%) 낮은 세율을 적용하고, 15년차부터 20년이 될 때까지 연차적으로 재산세와 종합부동산세의 세율부담을 증가시켜 20년이 지난 후에는 남한과 같은 기준에 따라 재산세와 종합부동산세를 적용한다면 큰 문제없이 적용될 것이다.

제2부
홍익인간 사상과 기타 해결 과제들

제10장
대한민국이 해결해야 할 과제들

대한민국이 해결해야 할 과제들

10.1. 이념적 갈등은 어떻게 해소할까?[1]

10.1.1. 극좌(종북)파와 극우파는 통일의 방해꾼이며 민족의 반역자다

좌파 · 우파 간 이념논쟁의 종식이 필요하다. 앞으로 21세기 동안 국가 간의 치열한 생존경쟁에서 한민족이 살아 남기 위해서 우리 사회가 해결할 또 다른 과제는 좌파니 우파니 하는 극단적 이념적 논쟁을 종식시켜야 한다. 1945년 8월 15일 '대한제국'이 일본 식민지로부터 해방은 되었으나, 우리 민족은 외부 세력의 영향으로 '자본주의'와 '공산주의'의 이념논쟁과 갈등으로 분열되어 있었고, 이를 우리 민족이 자체적으로 통합을 이루지 못한 결과, 지금의 남한과 북한으로 분단되었다. 같은 민족이면서도 지구상에 남은 유일한 분단국가가 되었다.

자본주의와 사회주의의 이념적 대립을 일으킨 장본인인 미국과 구 소련(러시아) 및 중국은 종족이 다름에도 이념의 장벽을 넘은 지 오래인데, 우리는 같은 민족이면서 이념적 대립과 갈등을 아직 극복하지 못하고 있다. 같은 동족끼리 왜 전쟁을 겪어야만 했는지 냉철히 반성해야 한다. 그리고 비록 외부 세력의 사

1 유경문, 「아 이를 어찌할꼬……」, 『납세자』, 한국납세자연합회, 2008 겨울호 내용을 수정 · 보완한 것임.

주 때문에 동족끼리 엄청난 살생을 하였지만, 이제는 우리 자녀들과 후손들의 행복을 위해, 그리고 남북한의 평화적 통일을 위해, 이 시대 사람들이 서로 용서와 화해를 하여야 하며, 민족의 통일을 위해 희생을 감수해야 할 때이다.

21세기가 시작되면서 이미 공산주의는 붕괴되어 지구상에서 사라졌는데, 우리는 여전히 지나간 이념적 논쟁에 매달려 정파 간, 계층 간 대립과 충돌로 국가적 힘을 낭비하고 있다. **누구를 위한 대립인가? 좌파니 우파니 하는 이념적 대립과 갈등을 종식시킬 수 없다면, 최소한 추구하는 바가 다름을 인정하고 상호 상생과 함께 조화를 이룰 수 있는 방법을 찾아야 한다. 이 땅에서 옛 것이 된 자본주의 대 공산주의의 냉전 대립의 상징인 이념논쟁으로 싸움질을 하며 서로 대립과 갈등을 키우는 한, 앞으로 닥칠 경제위기를 극복하고 성장하여 선진국이 되는 것은 불가능하기 때문에 극단적 이념논쟁은 종식되어야 한다.**

18세기 이후 세계경제의 역사를 살펴보면, 적절하게 통제되지 않은 자본주의가 얼마나 끔찍한 결과를 가져왔는지 쉽게 알 수 있는데 사람들은 이를 망각하고 살고 있다.

세계경제 역사의 발전 과정에서 자본주의의 본질이 무엇인지, 적절하게 규제되지 않는 자본주의는 어떠한 폐단이 있는지, 지구상에서 공산주의, 사회주의 국가가 왜 탄생했으며, 한때는 왜 세계인구의 1/3(약 15억 명)이 넘는 인구가 사회주의 국가체제에서 살았으며, 사회주의(공산주의)가 붕괴될 때까지 세계 각지에서 사회주의 국가 건설 때문에 1억 명이 넘는 사람들이 생명을 잃는 피비린내 나는 결과는 왜 초래했는지, 그 동안 자본주의가 경제위기를 맞이할 때 어떠한 발전 과정으로 공산주의와 사회주의가 되지 않고 경제위기를 극복했는지 잘 이해할 필요가 있다.

세계경제 역사의 발전 과정을 잘 모르기 때문에 경제성장 제일주의와 효율성을 지나치게 강조하고 있으며, 분배 문제와 공평성을 강조하면 좌파니 사회주의자니 하는 해답조차 없는 이야기를 부끄럼 없이 주장한다. 만약 잘 알면서도 그러한 주장들을 한다면 필자로서는 자신들의 기득권을 지키기 위한 지독한 이기주의적 행태로 밖에는 이해되지 않는다.

큰 틀에서 보았을 때 사회주의 및 공산주의 국가의 탄생의 주된 원인은 사회 구성원 간의 극심한 빈부격차에서 발생했다. 학술적으로는 사회주의와 공산주의를 엄격하게 구별하여 사용하기도 하나 본 글에서는 일반적으로 통용되는 바와 같이 사회주의와 공산주의를 같은 개념으로 사용한다.

세계경제 역사의 흐름이나 경세사상사의 발전 과정에서 볼 때, 지구상에서 자본주의의 탄생은 영국에서부터 시작된 서양의 산업혁명에서 기원을 찾아볼 수 있다. 1760년대에 영국을 필두로 시작된 서양의 산업혁명은 이어서 프랑스와 독일의 산업혁명으로 1830~1870년대에 완성되었다. 산업혁명 이후부터 자본가들은 기계를 이용한 대량 생산으로 산업자본이 급속히 축적되었다. 축적된 자본을 이용해 더 많은 이윤을 얻기 위하여 투자를 확대할 뿐만 아니라, 자본가들은 더 많은 이윤을 얻기 위하여 노동자의 임금을 착취하면서 부(富)를 쌓아 갔다. 이런 과정은 1914~1917년 사이 제1차 세계대전이 벌어질 때까지 독점자본주의로 왕성하게 발전하여 일부 소수 계층의 부는 엄청나게 증가했는데 비하여, 당시 인구의 대부분을 차지했던 농민과 노동자들의 경제적 생활은 매우 비참했던 것으로 역사에 기록되어 있다.

산업혁명 과정과 독점자본주의 과정을 거치면서 일부 소수 계층은 막대한 부를 쌓아 주체할 수 없는 계층이 있었는가 하면, 당시 인구의 80%가 넘는 대부분의 노동자와 농민들은 극심한 경제적 빈곤에 시달렸다. 이러한 극심한 빈부격차가 공산주의 또는 사회주의를 태동시켰다. 사회적 모순을 해결하고자 일부 사상가들이 사회주의 사상을 주장하였으며, 이를 실천하고자 하는 소수의 적극적 혁명가들의 활동과 경제적 빈곤에 시달리던 많은 농민과 노동자들의 동조가 있었기 때문에 지구상에 공산주의 또는 사회주의 국가가 탄생될 수 있었다.

한때는 지구상의 인구의 1/3(약 15억 명) 이상이 공산주의 또는 사회주의 체제에서 살았다. 그리고 사회주의 국가가 된 나라에서는 막대한 부를 가진 소수의 자본가계층이나 막대한 토지를 가진 지주계층은 그들이 갖고 있던 자본과 토지를 공산화된 국가에 몰수되었거나 심지어 생명까지 빼앗긴 경우가 허다하였다.

한편, 제1차 세계대전을 지나 공산주의가 계속 확산되는가 하면, 당시 산업혁명 이후 대량생산체제로 상품의 공급이 급격히 증가(오늘날의 개념으로는 급속한 경제성장이 이루어졌음)하였음에도 불구하고, 대부분의 국민(당시 노동자와 농민들)들은 극심한 저임금으로 생산에 기여한 만큼의 분배를 받지 못하였다. 즉, 소수의 자본가 계급은 막대한 부를 축적해 가고 있음에 비하여 대다수의 노동자들은 저임금으로 기본적인 생존권도 지키기 힘들 정도로 빈부격차가 극심하였다. 일반 노동자와 농민들은 경제적으로 빈곤하여 상품을 구입하여 소비하고 싶어도 구입할 돈이 없었다. 이는 상품의 총공급량이 급증(경제성장이 급증)하였음에도 불구하고 이에 비하여 상품을 소비할 수 있는 총수요가 매우 부족하여, 1930년대에는 미국을 비롯한 영국 등 대부분의 서양 선진국가들은 세계대공황이라는 자본주의의 최대 위기를 맞게 되었다.

이런 자본주의의 경제적 위기를 극복하기 위하여 1930년대 세계대공황 시대 때 미국을 비롯한 여러 선진국들은 부유한 계층으로부터 누진적으로 더 많은 세금을 걷어 국가의 필요한 경비를 조달하였으며, 부족한 돈은 국가가 빚을 내면서(대규모 국채 발행)까지 중산층과 저소득층을 위한 대대적인 적자재정정책을 써 가며 서민들을 보호하고 살리는 부(富)의 재분배정책을 추진하였다. 이를 수정자본주라 하여 사회주의적 성격의 각종 사회보장정책 등을 실시함으로써 세계대공황을 벗어날 수 있었고, 자본주의 체제를 유지 · 발전시킬 수 있었다.

만약 1930년대 세계대공황 때 미국이나 서방 선진국들이 중산층과 저소득층을 위한 대대적인 부(富)의 재분배정책을 사용하지 않고, 지금의 우리나라와 같이 경제성장 위주의 정책에다 부자와 대기업에게 더 큰 혜택이 돌아가는 감세정책을 사용했더라면, 아마도 오늘날 구 소련을 비롯한 동구권의 공산주의 국가들이 붕괴되기 이전에 미국을 비롯한 서구 자본주의가 먼저 붕괴되었을 것이다.

당시 미국을 비롯하여 여러 서양 국가들이 적극적인 부(富)의 재분배정책을 사용했는데, 그 어느 나라도 오늘날 사회주의나 공산주의 국가라고 말하지 않는다. 오히려 적극적인 부의 재분배정책으로 사회주의(공산주의)가 되는 것을 막을 수 있었다. 분배 문제를 강조하면 좌파적 사회주의적 분배정책이라 비판하며, 자본주의는 무조건 좋고, 사회주의 사상은 무조건 나쁜 것이라는 식의 이분법적 사고 방식은 벗어날 때를 한참 지났음에도 우리는 여전히 좌파니, 우파니 하면서 편을 갈라 싸움질에 몰두하고 있으니 이를 어찌할꼬?

이제는 좌파라는 이름도 부족하여 좌파를 종북세력이라 부르고 있다. 좌파(종북세력)니, 우파니 하는 이념논쟁을 멈추고 보다 많은 국민들이 행복하게 사는 길이 무엇인지 합의를 보아야 한다. 상대방을 완전히 죽이고자 하는 극단적 우파(극단적 자본주의 신봉자)나 극단적 좌파(극단적 사회주의 신봉자)로는 통일국가를 만들어 낼 수 없다. 어느 누구도 자신과 자신의 가족들이 모든 것을 잃어버리고 생명까지 죽임을 당하는 남북통일은 받아들이지 않을 것이다. 남북한 통일을 위하여 자신과 자신의 가족의 생명을 포기해야 한다면 그러한 통일을 받아들일 수 있는 사람은 몇이나 될까?

좌파, 우파의 이념논쟁 때문에 남한과 북한이 극한 대결로 치닫고, 결국은

무력충돌이나 전쟁이 또 다시 일어난다면 누구를 위한 것인가? 누가 좋아할까? 주변 강대국들은 무기를 팔아 돈을 벌 수 있어 좋아할 것이고, 무력충돌로 남한과 북한이 모두 다 국력이 더 약화된다면 주변 강대국들은 남한이나 북한에게 더 많은 영향력을 발휘하여 자국의 이익을 채우려 할 것이다.

우리 조상들의 왕조의 몰락도 결국은 내부의 분열과 갈등이었음을 역사 속에서 쉽게 찾아볼 수 있다. 오래된 역사까지 거슬러 올라가지 않아도 알 수 있지 않은가? 조선왕조의 몰락과 우리 민족이 일본의 식민지가 되어 대부분의 백성들이 36년 동안 일본인의 노예처럼 살게된 것도 결국은 당시 지배계층 간의 심한 당파 싸움과 지배계층과 백성들 간의 갈등과 분열 때문이었음을 잘 알고 있지 않은가? 자신의 역사를 잊어 버리고 역사에서 교훈을 얻지 못 하는 민족은 망한다는 것을 잘 알고 있지 않은가?

그렇다면 지금의 좌파(좌파라는 표현으로는 성질에 안 차니 종북파로 부르기도 한다)니, 우파니 하는 이념논쟁은 누구를 위한 논쟁인지 냉정하게 따져 보고 남한이나 북한이 함께 더불어 잘 살 수 있는 새로운 대안을 찾아야 한다. 우리 사회가 나가야 할 기본방향은 사회 구성원 모두가 기본적 인권이 보장되며 자유롭게 함께 잘 사는 방안으로 나가는 것이 옳은 것이 아닌가?

10.1.2. 이념논쟁을 종식시키기 위해 우리나라가 참된 자본주의 자유경쟁 시장경제체제인지 냉정히 재점검해야 한다. 진정한 자본주의 자유시장경제로 나가기 위하여 우리는 어떻게 해야 할까?

우리 사회는 참된 그리고 진정한 자본주의 사회인가?

자본주의를 아주 간략하게 표현한다면 '생산물과 생산요소(노동, 자본, 토지 등)의 대부분을 개인이 소유하며, 이익을 얻기 위해 일정한 조건 하에서 자유롭게 경쟁하며, 경영하는 경제제도'라고 하는데, 과연 우리나라에서 기업들이 자유롭게 경쟁하며, 경영이 가능한가? 그리고 사용주와 노동자 간의 관계가 합리적인가 냉정하게 재검토해 볼 필요가 있다.

그렇지 않으리라 믿고 있지만, 만약 우리나라의 기업인들이 부정과 부패, 그리고 불공정한 거래와 특혜를 통하여, 근로자의 임금 착취를 통하여, 그리고 상대적으로 약자인 하청업자에게 정당한 대가를 지불하지 않는 등 수단과 방법을 가리지 않고 무조건 돈만 많이 벌면 된다는 기업인이 많으면 많을수록, 우리 사회는 진정한 자본주의 시장경제라 할 수 없다. 그리고 반 기업정서는 더 커질 것이며, 기업인들은 스스로 존경 받기를 포기해야 한다.

베버(Max Weber)의 개념 규정에 의하면, '천민자본주의'(Paria Kapitalismus)란 음모와 사기, 부정과 부패, 권력 등을 배경으로 오직 최대의 화폐적 이윤만을 추구하는 비합리적 정치기생적 자본주의를 말한다. 오늘날 대한민국 사회를 냉정히 평가할 때, 우리나라는 미국의 자본주의 체제나 형태를 모방하면서 발전하여 왔으나, 자본주의를 지탱하고 있는 진정한 자본주의의 올바른 정신은 배우지 못하였다. 그야말로 헝그리 정신에 의하여 수단과 방법의 적법성과 절차상의 정당성을 가리지 않고 물질적 부를 어느 정도 축적은 하였으나, 적지 않은 기업인들이 남을 해치면서 과도한 탐욕과 부정부패를 통해 부를 축적하여 천민자본주의(賤民資本主義)로 평가받기도 한다.

우리의 자본주의는 베버가 말하는 '천민자본주의'가 아닌지 재점검과 반성할 필요가 있다. 과연 우리나라는 참된 자본주의 자유시장경제체제로 운영되는 국가인가? 겉모양만 자본주의 자유시장경제체제이며, 실제로는 참된 자본주의 자유시장경제와는 거리가 먼 이기심과 탐욕이 가득한 그리고 돈이 되는 것이라면 무엇이든지 해도 된다는 황금만능주의 사상이 지배하는 사회체제는 아닌지 냉정하게 재점검해 볼 필요가 있다.

많은 사람들은 우리나라의 경제체제가 자본주의 자유시장경제체제라고 믿고 있다. 그러나 필자는 천만의 말씀이라고 생각한다. 그야말로 겉모양만 자본주의 자유시장경제체제를 흉내 낸 짝퉁 자유시장경제체제이다.

자본주의 특징으로는 사유재산의 허용, 이기심에 의한 개인의 이윤 추구를 인정하고 있다. 그리고 자유시장경제체제의 특징으로는 자발적 자유계약, 자유경쟁, 가격을 매개변수로 하는 수요 측과 공급 측의 간의 가격기능이 정상적으로 작동할 수 있어야 하며, 수요 측과 공급 측이 양질의 정보를 함께 공유한 상태에서의 자발적이며 자유로운 거래가 가능할 때, 자본주의의 자유시장경제체제가 정상적으로 작동할 수 있다.

자본주의 자유시장경제 원칙 중에는 ① 가격을 매개변수로 한 수요와 공급의 원칙과 ② 희소성의 원칙에 따라 효율성을 기준으로 희소한 자원을 배분한다.

그러나 효율성(efficiency)만 지나치게 강조하게 되면, 빈익빈 부익부 현상이 심화되어 소득분배의 악화를 초래하게 되어 공평성(equity)이 크게 훼손되며, 소득분배의 불평등성의 확대는 사회계층 간의 갈등을 증폭시켜 경제적 불안정을 초래하게 된다. 이는 단순한 경제 문제로서만이 아니라, 정치 · 사회적 불안정을 초래하게 되고 이는 또 다시 경제적 불안정성을 증폭시켜 사회 전체의 경제발전을 저해하며, 사회 구성원 전체의 후생수준을 떨어뜨리게 한다.

자본주의 사회에서 경쟁과 시장경제의 논리는 경제적 효율성을 촉진시키는 훌륭한 장치임에는 틀림없으나, 이는 강자의 논리이므로 적절한 규제 장치가 없는 경우에는 브레이크가 고장난 자동차와 같이 위험을 향하여 돌진하여 결국은 파국을 맞게 된다.

20세기를 마감할 즈음에 **교황 요한 바오로 2세**(Papa Grovanni Paolo II)가 1999년 1월 23일 멕시코를 방문하면서 미주지역 가톨릭교회에 대한 「권고문」에서도 지적했듯이, **이윤과 시장법칙을 신봉하고 있는 신자유주의의 확산은 자본주의적 착취를 확대시키고 있으며, 자본주의는 거칠 것 없이 질주하고 있다고 지적한 것은 오늘날 현상에 대한 적절한 경고였다고 생각된다.**

자본주의 경제는 국가 간, 민족 간 그리고 계층 간의 빈부의 격차를 더욱 확대시킬 우려도 있기 때문에 사회 정의의 보편적 원칙에 따라 지속적인 점검을 받아야 하고, 사회적 · 경제적 잘못과 모순은 계속적으로 개선되어야 한다. 또한 교환에 있어서 공정한 거래가 이루어지도록 정부가 그 역할을 다 하여야 하며, 이를 통해 자본주의적 착취를 막고 빈부격차를 줄이는 것이 자본주의 체제의 유지와 지속적 발전을 가능하게 하는 21세기의 중요한 과제이기도 하다.

자유시장 경제질서와 자본주의의 창시자라 할 수 있는 영국의 경제학자 스미스(Adam Smith, 1723~1790)는 참된 자본주의의가 되기 위한 대전제를 '경제적 자유'에서 찾고 있다.

스미스가 『국부론(*Wealth of Nations*)』[2)]에서 말하는 자유방임체제는 "인간은 각자가 자기에게 유리하도록 살아가기 때문에 자유로이 방임하여 두면 '보이지 않는 손'(invisible hand)의 논리에 의해 각 개인의 이익이 증진되는 동시에 사회 전체의 이익도 증진된다"고 설명하는데, 이 '경제적 자유주의'가 스미스의 기본사상 중 하나이다. 그리고 이러한 경제적 자유주의 사상은 오늘날의 자유경쟁과 자본주의 체제를 만들어 내는 데 결정적인 역할을 하였다.

하지만 **스미스**는 그의 저서 『도덕감정론(*Theory of Moral Sentiments*)』[3)]에서 잘 나타내ㄱ 있는데, **"자신의 이익과 행복을 추구하는 이기적 성향을 적절하게 절제하고, 남을 배려"하는 경제인(homo economicus)을 전제로 하고 있다. 경제적 자**

2 Adam Smith, *An Inquiry into The Nature and Causes of The Wealth of Nations*, 1776, E. Cannan ed., Modern Library Books, N.Y., 1965.

3 Adam Smith, *The Theory of Moral Sentiments*, D.D. Raphael and A.L. Macfie, ed., Clarendon Press, Oxford, 1979.

유주의의 기본철학이자 자본주의의 행동규범은 자신의 탐욕을 채우기 위한 무절제한 탐욕에 찬 인간이 아니라, 남을 배려하고 절제된 행동을 하는 경제인을 전제로 하고 있다. 스미스의 『도덕감정론』에서 제시된 인간의 이기심은 물질적 탐욕에 의한 것이 아니라 극도로 절제된 이기심을 의미한다는 것을 명확히 이해해야 한다.

즉, 자본주의 사회의 행동규범은 개인적 무절제한 탐욕이 아니라 자신의 이기심을 절제하며, 타인에 대하여 동정심을 가지고 남을 배려하는 심성에 기초한 이기심(self-interest)이며, 이것이 사회발전의 원동력임을 규명하였다. 그리고 스미스는 『국부론』에서 이를 실행할 수 있는 사람을 '경제인'의 모델로 제시하였다. 그리고 이들의 근면, 절약, 노력에 의한 '부의 길이 곧 덕에 이르는 길'이 된다고 하였다.[4] 따라서 스미스의 도덕철학적 입장에서 의미하는 "사적 이익은 공적 이익이다"라는 것은 원래의 자유방임주의 기초적 이념이며, 동시에 이것은 근대 시민사회의 경제적 윤리관을 제시한 것으로 자본주의의 이념적 본질을 이루고 있음을 명확히 이해해야 한다.

이처럼 **진정한 자본주의 자유시장경제가 운영되기 위해서는 개인적 탐욕을 절제하고, 남을 배려하는 심성에 기초한 이기심과 공평성 또는 공정성을 대전제로 하고, 공정한 자유경쟁이 확립되어 있음을 전제로 한다.** 그러나 유감스럽게도 오늘날 우리 사회의 여러 분야에서 공정한 자유경쟁은 찾아보기 힘든 실정이다. **무엇보다도 공정한 자유경쟁 질서 확립이 참된 자본주의 시장경제를 발전시키는 핵심이다. 따라서 오늘날 국가의 주요 기능은 무엇보다도 공정한 자유경쟁 질서가 확립되도록 법과 제도를 만들고, 이를 공정하게 집행해야 한다.** 이것이 21세기에 참된 자본주의 자유시장경제를 지속적으로 발전시킬

4 A. Smith, opcit. pp. 212~264.

수 있는가 없는가를 판가름하게 될 것이다.

10.1.3. 우리 사회의 이념논쟁 어떻게 종식시킬 수 있나?

각 나라마다 매 연도마다 수치는 다르나, 개략적으로 볼 때 대한민국은 GDP 대비 국민부담률(조세부담+사회보장부담금)이 약 25% 수준임에 비하여, 미국 약 27%, 영국 약 37%, 이탈리아 약 41%, 독일 약 35%, 프랑스 약 44%, 핀란드 약 45%, 덴마크 약 49%, 스웨덴은 약 51% 수준이다.

한편, 대한민국의 일반 정부(중앙정부+지방정부)의 경비지출 중 사회보호비(빈곤가구에 대한 지원 및 질병, 상해, 질병 해소와 방지를 위한 비용지출)가 약 11.8%임에 비하여, 미국 약 19.5%, 영국 약 37%, 일본 약 31%, 이탈리아 약 37%, 덴마크 약 42%, 스웨덴 약 42% 수준이었다.[5)]

또한 보건복지 지출의 국제적 비교를 보면 GDP 대비 공공사회 복지지출은 OECD 평균은 약 20.5%임에 비하여, 대한민국은 GDP 대비 공공사회 복지지출은 OECD 국가의 약 1/3 수준으로 매우 낮다.

복지 유형별로 보았을 때, 상대적 저복지국가인 영미형 국가들은 GDP 대비 공공사회 복지지출은 비중이 평균 약 14.7%로 대한민국은 이들 국가의 절반 수준이다. 그리고 고복지국가들의 GDP 대비 공공사회 복지지출은 비중이 대륙형 국가들은 평균 24.8%이며, 북구형 국가들은 평균 25.7%로 대한민국은 이들 국가에 비하면 공공사회 복지지출이 1/3 수준이다.[6)]

우리 사회에서 이념논쟁의 종식을 위하여 자본주의 시장경제체제를 따르

---

5 이영 · 정영중 등 4인 편역, 『로젠의 재정학』, 교보문고, 2007, pp. 20~22.
6 최성은, 「경제위기하에서의 보건복지재정 우선순위」, 〈2010년 보건 복지재정의 현안과제와 정책방향에 관한 토론회〉 자료집, 한국보건사회연구원, 2009. 4, p. 10.

고 있는 OECD의 선진국들처럼 국내총생산(GDP) 대비 국민부담률을 높이고, 그 대신 국내총생산(GDP) 대비 사회보호(복지)비 비중을 이들 OECD 국가들의 평균 수준과 같게 하거나, 또는 정부의 세출예산 중에서 사회복지정책을 수행하기 위한 사회보호(복지)비 지출을 OECD 국가들의 평균 수준으로 높임으로써 우리 사회의 극단적인 이념논쟁은 종식이 가능하다고 판단된다.

어느 시대나 어느 사회나 이념적 논쟁은 있기 마련이다. 그러나 대한민국처럼 극단적 이념적 논쟁으로 사회적 갈등을 키워 사회를 불안하게 만들고, 국민의 에너지를 낭비하는 나라들은 없다. 생산적으로 쓸 국민의 에너지의 낭비를 막을 수 있는 방안이 마련되어야 한다. 절대금액 규모로서는 복지가 잘 된 선진국들을 따라갈 수 없지만 GDP 대비 또는 정부 세출예산 대비 사회복지비 지출 비율을 이들 선진국들의 평균 수준까지 늘리면 우리 사회에서 좌파와 우파, 진보와 보수 간의 주관적이며 극단적 이념논쟁을 종식시킬 수 있으리라 기대한다.

10.2. 경제적 갈등은 어떻게 해결해야 하나?

10.2.1. 경제 양극화 문제를 적극적으로 해결하는 방안이 요구된다

우리나라에서 경제 양극화가 점차 확대되고 빈부격차가 심해지는 주요 원인은, 첫째는 부동산이 소수 계층에게 지나치게 편중되어 있기 때문이며, 둘째는 금융거래의 투명성이 낮으며, 금융자산에 대한 공평한 과세가 이루어지지 않기 때문이다.

세계경제 역사의 경험은 자본주의가 지속적으로 유지・발전되기 위해서는 빈부의 격차가 너무 심해서는 안 되며, 빈부격차가 심할 때에는 적절한 부(富)의 재분배정책이 필요하다는 것을 일깨워 주고 있다.

인간은 다른 동물과 마찬가지로 자신의 이익을 우선시하는 이기적 속성을 가지고 있으며, 이러한 이기심은 부를 축적시키고자 하는 원동력이며, 자본주의 시장경제를 발전시키는 원동력이기도 하다. 인간의 이기심을 나쁜 것이라고 단정해서는 안 된다. 그러나 과도한 개인의 이기심은 교육을 통하여 적절하게 통제하여야 하고, 그것으로 부족할 경우에는 사회 공동체를 위하여 사회제도와 법으로 적절하게 규제되어야만 사회 공동체가 평화롭게 함께 공존하고 발전할 수 있다.

한 국가의 경제가 엉망이 될 경우 부자들은 다소 불편할지는 몰라도 살아가는 데에는 별 문제가 없다. 오히려 국가경제가 어렵고 위기일 때 부(富)를 가진 사람들은 부를 이용하여 더 많은 부를 만들어 내는 능력을 발휘하여 재미를 보는 경우가 많다. 우리나라가 IMF 금융위기로 국가부도 상태에 직면했을 때에도 일부 부유계층에서는 오히려 부를 축적하는 좋은 기회가 되었다. 또한 세계 금융위기와 이에 따른 장기적 경제침체는 빈부격차를 더욱 확대시켜 경제 양극화를 더욱 심화시켜 우리 경제를 더욱 어렵게 만들 것이다.

그 과정과 원인은 어찌되었든 시간의 흐름에 따라서 빈부의 격차가 계속 벌어지는 사회는 건강한 자본주의 사회라고 할 수 없다. 오늘날 한국 사회의 빈부격차가 점차 확대되고 있으며, 그 격차는 한두 세대로 끝나는 것이 아니라 자자손손 대를 이어 세습화되는 경향이 있다. 부가 특정 소수 계층에 지나치게 편중되어 있어 많은 국민들이 경제적 빈곤 때문에 극도의 어려움을 겪고 있다. 경제적 어려움 때문에 인간으로서의 최소한의 자존심과 존엄성을 지키고 싶어도 지킬 수 없는 사회가 되고, 가족이 해체되고, 일부 여성들은 빚 때문에 신체 포기각서까지 써 가며 노예 아닌 노예처럼 살아가는 사람들이 점점 많아지는 사회는 결코 올바르고 건강한 자본주의 사회라 할 수 없다.

오늘날 우리 사회에서 분배를 중요시하고 강조하는 사람들의 주장은 과거 공산주의 국가에서 추구했던 실패한 '완전평등주의'를 주장하는 것은 결코 아니다. 모든 사람이 부를 똑같이 나누어 가져야 한다는 것(사실 과거 어느 공산주의 국가도 이를 실현하지 못했음)은 아니다. 단지 소수 계층에 지나치게 편중된 부를 적절한 분배제도를 통해 보다 많은 사람들이 인간답게 함께 살아가자는 입장에서 부의 분배를 강조하는 것으로 이해함이 마땅하다.

우리나라에서 경제 양극화가 확대되고, 빈부격차가 심해지는 첫 번째 원인은 부동산이 소수 계층에게 지나치게 편중되어 있기 때문이다.

오늘날 우리 사회에 부의 보유 상태를 잘 나타내는 토지보유의 구성 비율 변화 실태를 보면 부가 얼마나 편중되어 있는지를 알 수 있다. 우리나라의 토지 보유 실태는 어떠한지 냉정하게 볼 필요가 있다.

행정안전부는 2005년 12월 말 현재 토지 임야대장에 등재된 등록사항과 주민등록 전산자료를 연계해 작성한 '2005년 토지현황'을 2006년 10월에 발표했다. 그 발표에 따르면 **인구의 약 1%의 땅 부자가 가진 땅은 전체 개인소유 땅의 절반을 넘는 57%(2만 7,821km^2)였다. 그리고 땅 부자 상위 5%가 전체 개인소유 토지(5만 7,218km^2, 173억 3,390만 평)의 82.7%를 차지하고 있는 것으로 집계되었다. 이러한 토지소유 편중현상은 우리나라 토지부동산 시장이 소수 계층에 과다하게 집중된 심각한 상태이다. 토지를 기반으로 주택이나 아파트, 건물 등이 지어질 때 토지가격의 상승이 주택가격의 상승에 중요한 요인으로 작용하고 있다는 사실은 부인할 수 없다.**

국토교통부가 발간한 『2014년 국토교통통계연보』에 따르면, 우리나라 전국의 주택보급률이 103.0%(2013년 말 기준)에 달하고 있으며, 서울은 97.5%, 경기도 98.7%, 그리고 서울, 인천, 경기 등 수도권의 주택보급률 평균은 98.6%, 지방은 107.2%로 나타나고 있다. 그러나 주택의 점유 형태별 가구분포를 보면, 우리나라 전체 가구 중 약 60%만이 자기 주택을 소유하고 있으며, 나머지 약 40% 정도는 자기 집이 없이 살고 있다. 또한 자가점유율을 보면 2010년 기준으로 54.2%이고, 나머지 45.8%의 가구는 자신의 집을 소유하고 있든 또는 소유하지 않고 있든, 남의 집을 빌려 살고 있다. 이는 누군가가 다수의 주택을 보유하고 있는 것을 의미하며, 우리나라 가구의 약 40%는 내 이름으로 등기된 집이 없어서 재산세를 조금이라도 내고 싶어도 낼 수 없는 사람들이라는 뜻이다. 우리나라 주택시장도 자유경쟁체제의 시장이라고 할 수는 없다.

그럼에도 불구하고, **우리나라의 주택분 보유세(재산세와 종합부동산세 등 주택보유에 따른 각종 세금의 합)의 실효세율(부동산 실제가격 대비 보유세 비율)이 선진국에 비하여 낮은 수준이다. 미국의 경우 주요 대표 도시의 주택보유에 따른 실효세율이 1.0~1.54%, 영국은 1.0~1.2%, 일본은 1.0% 수준임에 비하여, 우리나라는 2007년 현재 공시가격 6억 원 주택의 실효세율은 0.26%, 10억 원 주택은 0.52%, 그리고 20억 원 주택의 실효세율은 0.87% 수준이다. 선진국에 비하여 주택의 실거래 가격에 비하면 주택보유에 따른 각종 세금의 부담은 우리나라가 낮은 수준이다.**

토지시장은 극히 일부 계층이 대다수의 토지를 보유하고 있고, 주택시장도 일부 계층이 다수 주택을 보유하는 경우가 많아 주택시장은 이미 자유시장경제 상태가 깨진 상태라 할 수 있다. 결과적으로 앞서 소개한 바와 같이 **우리나라의 토지 및 주택 등 부동산 보유 실태를 보면, 특정 소수 계층에 지나치게 편중되어 있어 스미스가 말하는 진정한 자본주의와 자유시장경제와는 거리가 먼 상태에 있다.** 부동산을 과도하게 많이 보유한 사람들에게 부동산에 대하여 높은 세금을 부과하지 않는 한, 시간이 흐를수록 주택이나, 토지 등 부동산 가격은 계속 오를 수밖에 없으며 빈부격차는 계속 확대될 수밖에 없다.

필자는 우리나라의 부동산정책과 관련된 생각을 할 때 대천덕 신부(R.A. Torrey Ⅲ)의 말씀을 되새기게 된다. 대천덕 신부는 선교사 토리 1세(R.A. Torrey I)의 아들로 태어나 중국과 한국에서 성장기를 보내고, 미국 프린스턴 신학교에서 공부한 뒤, 1957년에 한국으로 돌아왔다. 1965년부터 강원도 태백산 골짜기에 들어가 예수원을 세워 그리스도의 가르침과 사회 정의에 깊은 관심을 가지고 한국의 그리스도인들에게 깊은 영적 영향을 끼친 신부로서, 2002년 8월에 타계하여 태백산 골짜기에 묻힌 사제이다.

그는 한국을 너무나 사랑했던 분으로 알려지고 있는데, 그는 타계하기 직전에 유작으로 『토지와 경제정의』라는 책을 펴냈다. 그는 성경의 레위기 25장 23절의 말씀인 "토지를 영구히 팔지 말 것은 토지는 다 내(하나님) 것임이라. 너희는 나그네요 우거하는 자로서 나와 함께 있느니라"라는 말씀에 따라 토지 소유자가 원한다고 해도 토지를 팔 수 없고 기껏해야 토지를 희년(50년) 전까지 임대해 줄 수 있을 뿐이라고 굳게 믿었던 분이다. 그는 성경에 비춰볼 때, "오늘날 대부분의 '문명국'에서 통용되는 토지매매는 정상적인 상거래가 아니라 범죄행위이다"라고 해석하고 있다.

대천덕 신부는 생애 마지막 저술 『토지와 경제정의』의 마지막 결론 부분에서 "오늘날 한국은 토지 투기와 토지 소유를 통해 엄청난 재산과 정치권력을 손에 넣은 대지주들의 손에 놀아나고 있다. 그러한 소유는 하나님이 보시기에 일종의 합법화된 도적질이다. 국회에서는 ……토지에 대한 세금(실제로는 토지의 진정한 소유자인 국민에게 지불하는 지대)을 극적으로 많이 올리기 전까지는, 한국경제는 계속 악화되어 갈 것이다"라고 경고하였다.

물론 대천덕 신부님이 경제 전문가는 아니지만, 우리나라가 안고 있는 근본적으로 해결해야 할 경제 문제가 무엇인지를 정확하게 파악하고 있었다고 생각한다. 우리나라에서 소수 계층에게 부동산이 과도하게 편중된 문제를 개선시키지 않는 한 진정한 선진 자본주의 국가로의 발전을 기대하기 어렵다.

자유경쟁 시장경제체제가 깨어진 상태에서 정부가 적절한 개입과 규제조치를 취하지 않는다면 자본주의 속성상 우리나라의 토지와 주택은 더욱 소수계층에게 집중되고, 이에 따른 빈부격차는 더욱 확대되며, 토지와 주택시장이 더욱 독과점화 됨에 따라서 토지와 주택 가격은 정상적인 자유경쟁 시장경제 상태에 비하여 높은 가격 상승으로 나타나게 되어 일반 국민들에게는 더 큰 어려움을 주게 된다.

따라서 우리나라는 부동산 시장에 적절한 시정조치가 요구된다. 부동산 시장의 왜곡을 시정하는 방안은 직접적 행정규제보다는 토지 및 주택을 과다하게 보유하고 있는 사람들에게 세금부담을 높여 부동산 가격의 변화를 통한 부동산 시장의 왜곡을 시정하는 조치가 가장 바람직하다.

부동산을 과다하게 보유한 일부 사람들에게 누진적 세율의 '종합부동산세'를 통한 세금부담을 증가시킴으로써 부동산에 대한 수요를 줄이고, 부동산의 과다 보유자가 보유한 부동산의 상당 부분을 포기하게 함으로써 부동산 시장에서 부동산의 공급을 늘려 부동산 시장의 왜곡을 시정하고, 장기적으로는 부동산 가격의 안정을 기대할 수 있다.

그러므로 우리나라에서 일정 규모 이상의 부동산 과다 보유자에게 '종합부동산세제'로 조세부담을 증가시키는 것은 왜곡된 부동산 시장을 시정하는 조치이며, 반자본주의적 좌파적 사회주의 정책이라기보다는 왜곡된 부의 분배와 왜곡된 자유시장경제체제를 시정하는 일로서, 자본주의 시장경제를 강화시키는 조치로 평가되어야 한다.

그런데 과거 이명박 정부뿐만 아니라, 박근혜 정부에서도 부동산을 많이 보유한 사람들에 대하여 실효적인 과세를 하지 못 하고 있다. 외국 선진국들에 비하여 부동산 관련 실효세율(부동산 가격 대비 실제 세부담액)이 낮게 나타나고 있다. 또한 오래 전에 이미 헌법재판소는 종합부동산세에 대하여 '가구별 합산과세'는 위헌이며, '거주 목적의 1주택 장기 보유자 과세'는 헌법불합치 판결을 내려 종합부동산세제는 실제로는 무용화된 것이나 다름없다.

우리나라가 경제적으로 보다 공평한 사회가 되려면, 앞으로 부동산 소유에 대한 부동산실명제와 종합부동산세의 실질적 누진적 과세가 요구되며, 부동산을 과다하게 보유한 경우, 지금보다 중과세를 하는 것이 경제적 정의에 합당하다. 따라서 앞으로 '종합부동산세제'는 내용과 법적 요건을 개선하고 강화하는 재개정이 있어야 한다.

한편, 우리나라에서 경제 양극화가 확대되고, 빈부격차가 심해지는 두 번째 원인은 금융거래의 투명성이 낮으며, 금융자산에 대한 공평한 과세가 이루어지지 않기 때문이다. 경제의 양극화 문제를 해결하기 위해서는 금융거래의 투명성이 절대적으로 필요하다. 이를 위해서는 '금융실명제'가 원래 도입의 취지대로 강화되어야 한다. 금융부문에서는 1997년 말 IMF 금융위기가 시작되자 일부 정치인들과 부를 많이 가지고 있던 기득권의 사람들은 막강한 정치적 로비력과 교묘한 언론플레이를 통하여 '금융실명제' 때문에 IMF가 왔으며, 경제를 회복시키려고 해도 금융실명제 때문에 돈이 있는 사람들이 돈의 출처가 밝혀지는 것을 꺼려 투자를 하지 않으려고 하여 경제를 회복시킬 수가 없다고 주장하였다. 그리고 그 주장들이 결국은 법을 바꾸게 하여 금융실명제를 무력하게 만들어 금융실명제를 유명무실화시키고 말았다.

그러나 우리 경제가 IMF 외환위기를 극복하고 경제가 회복된 이후 많은 학자들의 판단은 '금융실명제'는 IMF 외환위기의 원인도 아니었고, 더욱이 금융실명제 때문에 경제를 회복시키는 데 걸림돌이 되었다고 생각하는 사람들은 많지 않다. 오히려 '금융실명제'를 본래의 취지대로 그대로 유지하였더라면 우리나라 경제가 한층 더 투명해지고, 경제 구조와 체질을 크게 개선시켜 더 빨리 선진국으로 도약할 수 있었는데 기회를 잃어버렸다고 지적했다. 금융실명제를 무력화시킴으로써 우리 경제가 체질을 바꿀 수 있는 토대를 잃어버렸다고 평가하는 사람들의 주장이 옳다고 본다.

다행히도 박근혜 정부에서 2014년 11월 29일부터 금융실명제의 원래 취지에 맞도록 강화시킨 조치는 매우 잘 한 것이라 평가된다. 이에 대한 긍정적 효과는 시간이 지남에 따라 점차 나타날 것으로 기대한다.

빈부격차의 확대에 따른 경제의 양극화는 중산층이나 저소득계층의 가처분소득을 급격히 떨어뜨렸으며, 국민의 절대 다수를 차지하고 있는 대부분의 중산층이나 저소득층은 필요한 상품을 구매하고 싶어도 돈이 없어 필요한 상품을 구입할 수 없는 지경이 되었다. 이는 결국 국가경제 전체적으로 보았을 때 소비 부진으로 나타나 경제침체를 가속화시키고 있으며, 경제회복을 어렵게 만들고 있다. 이러한 소비 부족은 기업들도 생산한 물건이 소비부족으로 팔리지 않아 결국은 도산하게 된다.

이를 어찌할꼬?

진정한 자본주의의 자유시장 기능이 잘 작동하기 위한 대전제는 공평성(공정성)이다. 공정성이 전제된 상태에서의 시장의 자유경쟁만이 자본주의 경제를 튼튼하게 만들 수 있다.

자본주의를 일찍 경험한 선진국들이 기업의 독점이나 독과점을 방치하지 않고 강력하게 규제하는 이유는, 자유경쟁 시장체제에 비하여 독과점 위치에 있는 경제주체(기업)는 공급물량을 조절하여(줄여) 가격 인상을 유도하며, 이를 통한 과도한 초과 이윤을 추구함으로써 대다수의 소비자들에게 막대한 피해를 주기 때문이다.

경제 양극화가 심화될 경우 왜 문제가 되나?

우리 사회는 어떻게 될 것인가?

경제적 양극화는 사회 구성원 간의 경제적 갈등과 사회적 갈등, 정치적 갈등으로 나타나게 된다. 그리고 경제적 갈등을 개선하거나 치유하지 않고서는 국가나 사회의 발전을 기대할 수 없으며, 경제적 양극화에 따른 갈등은 사회 구성원 간의 대립과 분쟁으로 나타나 국가의 쇠락을 자초하게 된다. 이를 막기 위한 해결 방안을 반드시 찾아내야 하는데, 정부나 국민도 함께 고민하고 노력해야 한다.

경제적 양극화를 줄일 수 있는 기본적 방안은, 첫째 소수 계층에게 지나치게 편중되어 있는 부동산을 '종합부동산제'의 누진 세율을 적용 · 강화시켜 분산시켜야 한다. 둘째, 경제거래의 투명성과 공정성을 확대하기 위하여 금융거래의 투명성이 확보되어야 한다. 이를 위하여 '금융실명제'가 강화되어야 한다. 예전에 비하여 각 분야에서 투명성과 공정성 향상에 많은 노력과 개선이 있었지만 앞으로의 경제거래와 활동에 있어 투명성과 공정성이 더욱 확대될 때 경제 양극화를 많이 해소할 수 있다. 셋째, 경제적 약자에 대한 배려가 더 필요하다. 분배 문제를 사회주의적 좌파적 시각에서 볼 것이 아니라 자유민주주의, 자유경쟁, 시장경제를 기반으로 하여 자본주의를 더욱 튼튼하게 발전시킬 수 있다는 시각에서 이해할 필요가 있다. 경제성장과 분배를 대립의 시각에서 볼 것이 아니라, 경제성장을 근본적으로 과도하게 잠식하지 않는 한, 적절한 분배 확대는 중장기적으로 경제성장을 가져오며 자본주의를 더욱 건전하게 만들 수 있다는 믿음과 확신을 가질 필요가 있다.

10.2.2. 감세정책만으로는 우리나라가 직면한 경제 문제를 해결할 수 없다

21세기인 오늘날 대한민국이 쓰고 있는 주요 경제정책들의 기조를 보면 침체된 경제를 살리고 경제를 성장시킨다는 명목으로 부자들이나 대기업에 더 유리한 감세정책에 치중하고 있다. 감세정책으로 인한 매년 세수 감소는 약 수십조 원 이상으로 예상되며, 만약 이명박 정부 이후 정부가 추진하는 감세정책을 계속 쓸 경우에 누적된 세수 감소액은 수백조 원 이상의 세수 감소로 추정된다.

노동 분야에서는 비정규직이 지속적으로 늘어나고 있는데도 정부는 기업의 활성화를 돕겠다고 말하며, 아무런 문제가 없는 것인냥 이를 수수방관하고 있다. 정규직 근로자들에 비하여 비정규직 근로자들은 정규직 노동자의 월급에 비하여 약 70% 수준의 월급을 받으며 일하고 있다. 수십 년간 비정규직 근로자가 늘어나 전체 근로자 1,800여만 명 중 1/3인 600여만 명이 비정규직 노동자로 일하고 있다. 이러한 현상이 수십 년간 누적되다 보니 일반 근로자들의 가계 소득이 급격히 줄어들고 빚이 계속 늘어나고 있으며, 대부분의 소비자들의 상품 구매력은 급격히 떨어질 수밖에 없다. 이는 결국 사회 전체적으로 구매력의 감소와 경제침체로 나타날 수밖에 없다.

한편, 이명박 정부 이후 그 동안 부자와 대기업에 유리한 감세정책의 결과 2014년 현재 상위 10대 대기업의 곳간에는 현금 104조 원이 투자되지 않고 쌓여 있다는 뉴스가 있었다. 이에 대한 비난이 있자, 정부는 중산층과 저소득층 및 중소기업을 위한 대규모 재정지출을 확대하는 정책을 쓰겠다고 한다. 만약 대기업이나 부자들에게 감세정책을 계속 쓰면서 재정지출 확대를 하겠다는 것은 결국 손쉬운 방법으로 국채 발행 등 적자재정정책을 쓰겠다는 것일 수밖에 없다. 재정지출을 확대하고 그 이후에도 계속 경제가 나빠져 또 대규모 재정지출을 확대한다면 우리나라의 재정 건전성은 어떻게 될지 심각하게 우려된다.

현재 상대적으로 여유가 있는 부자들과 대기업에게 유리한 감세정책을 쓰면 세수입이 감소하는 것은 당연한 이치이다. 세수입이 부족하자 중산층과 서민을 위한다고 대규모 재정지출을 확대하면, 결국은 대규모 국채 발행을 통하여 재정을 메울 수밖에 없을 것은 뻔한 이치가 아닌가. 경제성장을 촉진시킨다는 명분으로 사용한 부자들과 대기업에 유리한 감세정책이 기대했던 만큼 경제성장으로 나타나지 못하고 있다. 이를 재정적자의 확대와 국가부채 확대로 메운다면 결국은 미래 세대의 중산층과 저소득층의 세부담이 증가하거나 또는 인플레이션으로 인하여 실질소득의 하락으로 중산층과 저소득층의 삶은 더 어려워질 것이며 빈부격차는 더 확대될 것이 뻔한 이치이다.

누구나 세금은 안 내거나 적게 내기를 바란다. 그러나 곰곰이 생각해 보면 국가가 내게 직접적으로 무언가 해준 것이 없는 것 같아도 국방을 튼튼히 하여 전쟁을 억제시켜 가족의 생명과 재산을 지켜준다. 모든 국민들이 만족할 수준은 아니지만 정부가 사회 및 경제 질서와 치안유지를 해주어 생업에 전념할 수 있게 해주며, 자녀들이 공교육을 받을 수 있도록 해준다. 또한 고속도로나 공항시설 및 교통통신 시설, 환경오염방지 시설, 발전소 건설 등 각종 공공시설을 건설하여 국민들은 알게 모르게 국가로부터 각종 혜택을 받고 있다. 물론 그 돈은 국민들이 내는 세금으로 충당된다.

그런데 국가의 경비를 국민들의 세금으로 충당한다면 누가 얼마를 부담하는 것이 공평한가라는 문제를 해결해야 한다. 흔히 조세부담의 공평성에 관한 문제다. 부가 상대적으로 더 많은 사람들은 국가경제가 어려울수록 더 많은 부담을 하고자 하는 자발적 자세가 간절한 시대이다.

특히, 경제 양극화 그리고 이를 더욱 크게 볼 때 사회적 양극화는 국가 경쟁력의 약화, 국가의 쇠락, 또는 극단적인 경우 국가의 멸망을 가져올 수 있다는 위기감을 가지고 개인, 기업, 정부 할 것 없이 모두가 함께 협력하여 해결하여야 할 문제로 인식할 필요가 있다.

국가의 발전과 쇠퇴는 내부적 갈등과 다툼(분쟁, 정쟁)이 큰 원인이 됨을 역사를 통해서 잘 알 수 있다. 특히, 경제 분야에서도 빈부격차 확대에 따른 경제 양극화는 내부적 갈등과 다툼을 더욱 확대시키고 심화시키는데, 이에 대한 적절한 해결 방안을 찾아야 한다.

과거의 세계 역사를 보면 18세기 말 프랑스는 왕권과 기득권을 누리는 귀족에 대한 저항으로 국왕 '루이 16세'를 단두대로 처형(1793. 1)하는 유혈 시민혁명을 통하여 오늘날의 프랑스를 이루어 왔는데 비하여, 영국의 경우에는 시민들이 왕권과 기득권을 가진 귀족과 지주들에 대하여 저항을 할 때, 권력을 가진 귀족이나 부를 많이 가진 지주나 지배계층은 시민들의 요구를 상당 부분 수용하였다. 자신들의 권력과 부와 기득권을 상당 부분 포기함으로써 피를 흘리지 않는 무혈혁명으로 오늘날의 영국을 만들었다.

우리는 어떠한 선택을 하는 것이 현명할지 모두 함께 고민할 필요가 있다. 두 말할 것 없이, 필자의 생각으로는 정치 권력자나, 부를 많이 가진 계층에서, 기득권을 많이 누리고 있는 계층에서 세금을 좀 더 내고, 양보하는 태도가 필요하다고 생각한다.

우리나라의 역대 정부는 그 동안 '경제성장 우선 정책'을 추진하면서 '낙수효과'(trickle down effect)로 국민들을 설득하였다. 즉, 대기업이 성장하면 그 성장의 결실이 일반 국민에게 떨어진다는 논리로 국민들을 설득하였다. 그러나 그 '낙수효과'는 기대만큼 크지 못했다. 오히려 대기업과 관련된 일부 계층의 사람들의 부(富)가 급증하여 계층 간 빈부격차가 더 벌어졌다. 이제는 부(富)를 많이 쌓은 사람들이 조국을 위하여 무엇인가 해야 할 때이다. 정부의 '경제성장 우선 정책'으로 부를 많이 쌓게 된 기업이나 사람들은 자신의 부의 일부를 자발적으로 내놓은 자세가 요구된다. 그 구체적인 방법은 세금을 더 부담하거나, 사회의 공익을 위한 기부를 하는 것이다.

미국의 역대 대통령 연설 중 최고로 꼽히는 35대 J. F. 케네디 대통령의 1961년 취임연설 내용 중에 "국민 여러분, 조국이 당신을 위해 무엇을 할 수 있을 것인지 묻지 말고, 당신이 조국을 위해 무엇을 할 수 있는지 자문해 보십시오"라는 유명한 문구가 있다. 이 시대에 우리도 이 말을 되새겨 볼 때인 것 같다.

아니, 미국의 대통령 말보다 우리의 오래된 고유의 좋은 정신, 삶의 철학을 가지고 있다. 홍익인간(弘益人間) 정신, 즉 널리 남을 돕고, 이롭게 하는 삶을 우리의 21세기의 정신철학으로 삼고, 이를 일상생활에서 실천하는 삶으로, 남과 함께 더불어 살아간다는 정신과 생활 속에서의 실천이 이루어진다면, 장기적인 경제침체가 앞으로 한국경제를 강타한다 하여도 우리가 직면하는 여러 어려운 경제 문제를 잘 해결할 수 있을 것이라고 확신한다.

10.3. 부정부패 문제를 어떻게 해결하여야 하나?

당신은 천여만 원 정도 또는 그 이상의 뇌물을 받는 등 부정부패와 관련된 적이 있습니까? 그렇다면 당신은 국가를 망하게 만드는 주인공일 수도 있습니다.

부정부패는 국가나 사회의 몰락을 가져온다. 예를 들면, 조선 말기에 양반들의 부정부패와 매관매직, 관리의 부패는 동학혁명의 발단과 국가(조선왕조)의 몰락을 가져왔으며, 결국은 일제의 식민지를 초래하였다.

흔히 역사에 가정은 없다고 한다. 그러나 분명한 것은 조병갑(趙秉甲)의 토색질이 없었다면, 동학운동이 일어나지 않았을 것이며, 우리의 역사도 분명히 달라졌을 것이다. 역사적인 사건들의 단초를 들여다보면 사소한 것들이 계기가 된다.

조선왕조의 멸망은 1894년의 동학농민운동에서 비롯된다. 동학운동의 진압을 위해 조정이 청에 원병을 요청하자 1885년 천진조약을 빌미로 일본군이 진주했고, 이것이 청일전쟁 등으로 이어져 국권상실의 시초가 되었다. 동학농민운동을 일으킨 사람은 전봉준(全琫準)이었고, 농민운동을 유발한 자가 탐관오리 고부군수 조병갑이었다. 조병갑은 말단 수령에 지나지 않았지만 탐관오리를 대표하는 상징이 되었다.

즉, 조병갑의 토색질→동학란(1894. 1. 10~12. 30)→청국군 진주(1894. 5. 5)→일본군 진주(1894. 5. 7)→청일전쟁(1894. 7. 25~1895. 4. 7)→러일전쟁(1904. 2. 8~1905. 9. 5)→한일합병(1910. 8. 29)으로 이어지는 단초가 조병갑의 토색질이었던 것이다.

조선 말기 어디 조병갑뿐인가? 진주민란 이듬해(1863)에 정권을 잡은 대원군(大院君)도 엄청난 뇌물을 받아 챙겼다. 순조 이후 세도정치 하에서 상하고저를 막론하고 바치고 챙기는 시대였다. 불운하게도 말단 사또 조병갑이 폭발 직전의 민심의 뇌관을 건드렸던 것이다.

사실 조병갑이 착복한 금액은 약소했다. 그는 고부군수로 부임한 뒤 흉년을 핑계로 만석보(萬石洑)를 쌓게 하고 물세(水稅)를 받았는데 그 총액이 쌀 700여 석에 불과했고, 태인 군수를 지낸 아버지의 송덕비를 세운다는 핑계로 1천량을 거두었다. 당시 석(石)은 곡식이나 액체의 부피를 나타내는 단위(180ℓ)로 '섬'과 같은 단위다. 1말(18ℓ)의 10배이다. 현재의 80kg에 해당한다. 현재 80kg의 쌀값이 약 16만 원 정도라면 700석이면 약 1,120만 원에 해당한다.[7]

참으로 어처구니 없는 일이지만 부정부패가 얼마나 무서운 결과를 가지고 오는지 잘 보여주는 사례이다. 조선왕조 말기 당시 사회 부패상이 매우 심했고, 조병갑이 착복한 금액(지금 돈으로 약 1,120여만 원)이 동학란의 발단이 되었고, 결과적으로는 조선왕조가 멸망하였다. 그리고 그 결과 우리 민족이 36년간 일제강점기를 겪으며 많은 사람들이 노예처럼 살았고, 생명과 재산은 물론 인생 전

7 임석민, 『경영학자가 쓴 돈의 철학』, 나남, 2010, pp. 325~326.

체를 송두리째 빼앗긴 사람이 얼마나 되는지 누구도 알 수 없다. 물론 탐관오리 조병갑도 그 후손도 자신이 착복하고 토색한 재산을 지키지 못했다. 이 얼마나 무서운 결과인가?

더 큰 문제는 오늘날 우리 사회가 부정과 부패의 확산으로 치닫고 있다는 데 있으며, 문제의 심각성도 점점 커지고 있다. 특히, 최근 몇 년 사이 우리나라의 불법과 편법, 부정과 부패가 급속히 팽창하고 있다.

한국경제가 세계에 유래 없는 고속성장을 이루어 오다가 10여 년이 넘도록 제자리걸음을 하고 선진국으로 들어가지 못하는 이유 중의 하나는 도덕성(정직성) 문제이다. 점차 만연하는 부정부패, 정경유착, 탈세, 이중장부 등이 우리 경제의 발목을 잡고 선진국으로의 진입을 가로막고 있다.

몇 가지 예를 들어보면, 2005년도의 한 일간지에 "썩은 풀뿌리-4년 전 뽑은 단체장 48%(기초단체장 230명 중 110명)가 비리, 위법 혐의로 기소"라는 신문기사 제목이[8] 나올 정도로 부정과 부패가 급속히 확산되고 있다.

지방자치제가 실시되면서 지방자치단체장이 인사권을 갖게 되자 부하 직원으로부터 승진 대가로 금품을 챙기는 일이 심심치 않게 벌어지고 있어 뉴스거리가 되고 있다.

또 유사 시 전쟁을 대비하고 국민의 생명과 재산을 지켜주어야 하는 군대는 어떠한가? 무기를 도입하는 과정에서의 부정과 비리 문제가 자주 뉴스거리가 되고 있으며, 막대한 예산을 들여 국산 무기를 개발하는 과정에서도 비리와 불량부품 등의 문제로 고가의 무기가 제대로 작동하지 않는 문제가 발생하고 있다. 어디 이뿐인가. 한 나라의 전직 공군 참모총장이 돈을 받고 군사기밀을 외국 무기군수업체에게 넘겨 주어 기소되었다는 소식도 있다. 또한 전직 해군

8 동아일보, 2010년 5월 3일자 기사 내용.

참모총장이 군함을 만드는 조선업체로부터 수억 원의 뇌물을 받은 것으로 밝혀져 문제가 되었다. 자신의 탐욕을 위하여 저질러지는 각종 부정부패와 비리는 국민의 안위는 어떻게 되든지 관심이 없다. 이러한 행위야말로 적을 이롭게 하는 이적행위가 아니고 무엇인가?

건설업계는 어떠한가? 국가가 발주하는 수천억 원 내지 수조 원에 달하는 대형 토목 또는 건설 사업에서 대한민국을 대표하는 유명 건설회사들이 담합을 하여 높은 공사비를 받아 내고 있다. 정부가 발주하는 사업의 입찰제도는 공정한 경쟁과 국민의 세금을 아끼고자 하는 정부의 노력인데, 우리나라를 대표하는 대형 건설사들이 담합하여 높은 가격에 공사비를 받아 내고, 건설사들이 돌아가면서 사업을 나누어 먹는 식으로 수백억 원에서 수천억 원으로 추정되는 국민의 세금을 부당하게 착취하였다는 뉴스를 국민들은 듣게 된다.

이러한 행위는 대형 기업들이 자신의 이익을 위하여 국가와 법질서를 기망하고, 국민들이 힘들게 낸 혈세를 도적질하는 행위이다. 어떻게 한 나라의 대표적 대형 건설사들이 담합을 하여 국민의 혈세를 아무런 죄의식 없이 그리고 거리낌 없이 도적질할 생각을 하는지 도저히 용납이 안 된다. 이러한 대형 기업들의 행태는 대형 건설사들뿐만 아니라 여러 대형 기업들의 탈세와 담합 행태로 자주 나타나는 것을 국민들은 뉴스를 통해서나 알 수 있으니 현실은 더 심각하고 빈번할 것이라고 쉽게 추정할 수 있다.

이러한 현상이 빈번하니 국민들은 기업인들을 존경하고 싶어도 할 수 없다. 특히, 기업들이 탈세를 하며, 담합행위로 정부나 소비자들에게 과도하게 높은 비용을 요구하는 것은 도적질을 하는 행위나 다를 바가 없다. 그러니 많은 국민들은 적지 않은 기업들이 이처럼 도적질하여 부를 축적하는 것이 아닌가 하는 의심을 갖게 된다.

우리나라의 적지 않은 기업인들이 우리나라의 반 기업정서 때문에 사업하기가 힘들다고 볼멘소리를 자주 한다. 그러면서 반 기업정서가 일어나는 원인을 시민단체의 비판과 기업에 대한 부정적 시각을 가진 국민들 때문이라고 한다. 이것이 어찌 국민들의 잘못인가? 반 기업정서는 기업인들의 탈세와 부정부패, 그리고 담합으로 소비자들에게 막대한 피해를 입히는가 하면, 재벌가의 가족들 간의 재산 싸움질 등 일부 기업인들의 부당한 행태가 초래한 것으로, 기업인들의 잘못이지 않은가?

교육계는 어떠한가? 퇴임을 앞둔 교장선생님들이 많은 전별금을 챙기기 위하여 회계부정을 했다는 소식과 일부 대학의 경우 대학 운영자의 전횡과 비리를 뉴스로 듣고 있다.

초 · 중 · 고등학생을 둔 학부모들은 어떠한가? 스승의 날이나 무슨 명절 때가 되면 선생님들에게 선물이나 촌지를 주지 않으면, 아이가 불이익을 당할 것 같은 생각이 드는 교육현장의 분위기는 어떻게 해소해야 하나? 해결할 수 있는 묘안이 보이지 않는다.

의료계는 어떠한가? 인간의 생명을 다루기 위하여 오랜 동안 힘들여 많은 공부를 한 의사와 약사들이 제약회사로부터 리베이트라며, 각종 명목으로 부당하게 이익을 챙기다가 당국에 적발된 사람들이 2,400여 명이 넘는다는 뉴스도 있다. 이러한 부당한 이익 챙기기는 결국 환자들에게 비싼 약값으로 전가되어 피해를 준다는 사실을 모를 사람들도 아니다. 그럼에도 불구하고 환자들은 어떻게 되든 아무 죄책감 없이 일부 의료계의 사람들은 자신들의 이익을 챙긴다.

종교계는 어떠한가? 종교계의 지도자가 되거나, 당 회장이 되기 위한 불법 선거로 얼룩진 종교 지도자들의 싸움을 자주 듣는다. 어디 이뿐인가, 상속세나 증여세를 한 푼도 내지 않고 종교단체의 건물이나 종교단체의 재산을 마치 개인 재산인 것처럼 여러 가지 편법을 써서 자식이나 가족들에게 물려주기도 한다. 목회직을 부적절한 방법으로 자식에게 물려주는 방식으로 부를 세습하여 세상 사람들에게 비난받고 전도를 막기도 한다. 이러한 일을 부끄러워하기보다는 이상한 궤변으로 변명을 한다.

또한 종교단체와 세금 문제는 어떠한가? 일반 국민들은 일에 대한 대가로 받은 소득에 대하여 근로소득세나 사업소득세를 국가에 내지만, 유독 우리나라의 적지 않은 종교계의 지도자들은 그럴듯한 이유로 자신의 소득에 대하여 세금을 안 내겠다고 버티고 있다. 심지어는 종교계에 세금을 걷는 정권에 대하여는 정권 퇴진운동을 하겠다느니, 그러한 법을 추진하는 정치인들은 다음 선거에서 낙선운동을 하겠다는 협박을 하기도 한다. 그들이 자신들이 믿는 종교의 참된 종교인인가 의심이 간다.

믿지 않는 다수의 국민들이 낸 세금으로 정부가 제공하는 각종 공공시설을 이용하고 혜택을 보면서 세금을 안 내겠다는 뻔뻔함과 몰염치는 종교와는 전혀 관계 없는 종교 이전의 국민의 도리이자 의무에 관한 의식의 문제이다.

일반 직장인들의 경우는 어떠한가?

과거에 부실공사로 성수대교 붕괴 사건과 삼풍백화점 붕괴 사건으로 많은 사람이 목숨을 잃었다. 그럼에도 불구하고 요즘 대형 토목사업이나 터널공사에서 규정보다 철근을 덜 넣거나 넣어야 할 볼트를 적게 넣어 안전에 위험이 있다는 지적을 받는 사례도 뉴스거리가 되었다.

또한 자신의 적은 금전적 이익을 위하여 회사의 첨단기술을 다른 회사나 외국 기업에게 팔아먹는 일이 수없이 일어난다. 심지어는 한 전력회사 직원이 자신이 다니는 회사의 전선을 훔쳐 고물상에 팔아먹었다고 한다.

한때 뉴스거리가 되었던 원자력발전소의 비리 문제(불량부품 사용과 부품성능평가서 조작 등)에서 보듯이, 원자력발전소 비리에 관련된 가담자들은 개인적으로 적게는 수백만 원에서 많게는 수천만 원씩 이득을 챙기었다고 한다. 그 결과 원자력발전소의 잦은 고장으로 인한 발전 중단, 그에 따른 전력 이용자인 기업의 생산차질과 개인의 불편과 경제적 손실, 그리고 원자력 발전에 대한 국민들의 심리적 불안감 등을 평가하면 수조 원대에 따른 사회적 손실이 있을 것으로 평가된다.

이처럼 자신의 이익과 탐욕을 채우기 위한 개인의 부정한 방법에 의한 작은 이익추구가 사회 전체의 엄청난 손실을 가져온다.

이상의 사례에서 보듯이 우리 사회에서 부정과 비리가 급속하게 확산되고 있다. 우리나라에 「부정방지법」이 2001년에 제정된 지 10여 년이 넘고 있다. 그러나 한국행정연구원이 2011년에 기업인과 자영업자 1,000명을 대상으로 조사한 결과에 의하면 공직자 부패가 2000년 이후 가장 심각한 상황이며, 특히 중앙부처 국 · 과장급 이상 고위 공직자의 부패 정도를 묻는 질문에 응답자의 86.5%가 심하다고 응답했다.

국무총리실의 자료(2011)에 의하면 국민 10명 중 7명은 우리 사회가 불공정하다고 인식하고 있으며, 우리 사회의 공정 저해요인은 지도층의 부도덕(40.7%), 부의 편중과 세습(28.3%), 고용 및 복지의 불평등(12.2%) 순으로 나타나고 있다.

이러한 자료가 보여주는 것은 우리 사회 지도층의 부도덕이 공정한 사회를 가로막는 최대의 장애라는 진단이다. 문제의 심각성을 인식하여 정부는 공직자들의 비리를 막기 위하여 소위 「김영란법」(부정 청탁 및 금품 등 수수 금지에 관한 법)을 만들어 2011년 8월에 국회에 제출하였지만, 금품 수수 금지 규정의 적용대상 범위와 이에 포함되는 가족의 범위에 의견의 일치를 보지 못하여 3년 7개월 만인 2015년 3월 3일에 내용 중 일부만 국회 본회의에서 통과되었다.

「김영란법」의 정부 원안의 주요 내용은 "공직자가 100만 원 이상 금품을 받은 경우 대가성이나 직무 관련성과 관계 없이 형사처벌되며, 3년 이하의 징역 또는 받은 돈의 5배까지 벌금형에 처할 수 있도록 한다"이다. 그리고 100만

원 이하일 경우에도 직무 관련성이 있는 경우에만 과태료(받은 돈의 2배 이상 5배 이하)를 부과하도록 규정하고 있다. 또한 직무 관련성 없이 100만 원 이하를 받더라도, 같은 사람에게 1년에 300만 원을 넘게 받는 경우에는 형사처벌이 된다. 그리고 공직자 가족은 직무 관련성이 있는 경우에만 공직자 본인과 동일하게 1회 100만 원 초과는 형사처벌, 100만 원 이하는 과태료를 부과한다. 또 연간 300만 원을 초과하는 경우에도 형사처벌한다는 내용이다.

그런데 요즈음 뇌물을 주는 방법은 공직자에게 직접 주는 방법도 있으나, 맞춤형이라 하여 로비대상 공직자 부인의 활동비 지원 및 그 자녀들에게 필요한 값비싼 물건을 사 주는 방식으로 진화하고 있으니 「부정 청탁 및 금품 등 수수의 금지에 관한 법률」에 처벌대상으로 가족까지 포함될 정도로 부정부패가 확대되고 있음을 반증하고 있다.

앞으로 대한민국이 또는 남북한 통일국가가 21세기에 지속적으로 발전하여 선진국가가 될 수 있을지 없을지는, 우리 사회가 각 분야에서 얼마나 정직성을 이룩할 수 있는가에 달려 있다. 사회 각 분야에서 모든 활동이 투명하고, 공정하며, 정직하게 이루어질 수 있다면, 사회 구성원들 간에 서로를 믿고 신뢰할 수 있게 된다. 이는 여러 분야에서의 사회적 갈등을 크게 줄일 수 있으며, 국가가 지속적으로 발전하게 될 것이다.

정직하고 공정한 사회로 가는데 가장 빠른 지름길은 무엇보다도 사회 지도층의 진정성 있는 '노블레스 오블리주'(Noblesse Oblige)에 달려 있다고 말할 수 있다. 프랑스어로 '노블레스 오블리주'라는 말은 '지위가 높을수록 책임의식과 덕망도 높아야 한다'는 뜻이다. 사회 지도층이 정직하지 못 하고, 부도덕한 활동을 많이 하면 할수록 일반 국민들의 부정과 부패를 확산시키는 역할을 하여, 경제거래를 불투명하게 만들고 불공평하게 만들며, 이것은 지본주의 자유시장경제체제를 위험하게 만든다.

'시오노 나나미'의 역사평설 책인 로마인 이야기의 11권 『종말의 시작』이라는 책의 맨 끝에 다음과 같은 글이 있다. "생선은 머리부터 썩는다지만, 로마제국도 머리부터 썩어들기 시작했다"며 로마제국의 멸망 원인을 이야기하고 있다. 또 다른 예는 중국의 장제스(蔣介石)가 이끄는 국민당이 마오쩌둥(毛澤東)이 이끄는 공산당과의 전투에서 거의 다 승리했으나, 결국은 전쟁에서 지고 말았으며, 중국 공산화의 원인을 부정부패에서 찾기도 한다. 그리고 월남과 월맹과의 전쟁에서 경제적 · 군사적 우위의 월남이 월맹에게 패하여 공산화된 이유도 월남의 부정부패에서 찾고 있다.

이처럼 정직하지 못한 불법과 편법, 부정과 부패, 관행적인 뇌물 수수 등 불법과 부정한 방법을 통한 부(富)의 획득은 소득불평등, 경제력의 불평등을 가져오기도 하며, 부정부패는 국가나 사회의 몰락을 가져온다. 한 개인의 작은 부정부패가 상상할 수 없는 그리고 돌이킬 수 없는 끔찍한 역사적 결과를 가져왔음에도 불구하고, 작금에 다시 우리 사회에 부정부패가 확산되고 있어 심각한 상황이 되었다. 정치권은 물론이고 지방자치제도가 실시되어 지방자치단체장이 지방 공무원들의 인사권한을 갖게 되자 승진과 공직매매에 따른 잡음이 자주 뉴스화된다.

경제계는 어떠한가? 요즘 우리 사회에서 '갑'(甲)질이라는 말이 유행되어 버렸다. 상대적으로 우월적 지위나 위치에 있는 사람이나 집단이 약자에게 불공평하고, 부당한 요구를 하여 사회적 물의를 일으키고 있다. 예를 들어, 대기업이 중소기업에 대한 약탈적 행위가 자주 뉴스거리가 된다. 강자들의 약탈적 이윤추구 행위로 경제적 약자는 살아남기 위하여 오히려 강자들에게 뇌물을 쓰지 않고는 살아 남을 수 없는 사회적 환경이 되어 가고 있다. 어디 그뿐인가. 가장 많이 배워 인간의 생명을 다루는 의료계나 공정사회 구현의 책임이 있는 법조계, 공무원, 심지어는 교육계 등 사회 각 곳에서 부정과 부패가 확산되고 있다.

21세기 한국의 발전 정도는 국민 개개인의 정직성과 사회의 투명성, 그리고 사회 구성원 간의 신뢰성 정도에 따라 결정될 것이다. 사회 구성원들 각자의 정직성은 서로의 신뢰를 만들어 내며, 신뢰는 사회를 발전시키는 원동력이 된다.

요즘 한국 사회는 신뢰가 무너지고 있다. 신뢰가 무너지고 있는 이유는 정직하지 못하기 때문이다. **21세기 시대정신은 '홍익인간'(弘益人間) 정신이다. 홍익인간 정신, 즉 '널리 다른 사람을 유익하게' 또는 '널리 다른 사람을 돕는' 정신이 실효성을 거두기 위해서도 정직과 신뢰가 밑바탕이 되어야 한다. 21세기에 우리 민족의 미래를 발전시키기 위해서는 정직을 바탕으로 한 정신적 · 도덕적 신뢰가 민족 흥망의 핵심이 될 것이다.**

10.4. 자본의 세습화와 권력화를 경계한다[9]

10.4.1. 권력이란 무엇인가?

권력이란 인간 사이의 힘의 작용이다. 그 힘이 크든 작든 또는 그 힘의 작용이 선한 방향이든 악한 방향이든 인간 관계에는 어떠한 형태이든 힘이 작용한다.

그 힘의 작용을 권력이라 할 수 있다. 오늘날의 시장경제제도를 바탕으로 한 자본주의 제도는 19세기 말부터 시작되어 20세기에 들어서서 확립된 제도

9 유경문, 「자본의 권력화와 세습화를 견제한다」, 『납세자』, 한국납세자연합회, 2013 겨울호(통권 21호), pp. 4~7 내용을 수정 · 보완한 것임.

로 그리 오래된 제도가 아니다. 그런데 21세기에 들어서면서 자본주의가 아름다운 꽃을 피우기보다는 병들어 가고 부패하여 악취를 더해 가고 있다.

자본주의가 병들어 가고 악취를 더해 가는 근본 원인은 자본이 정치권력화 되어 가기 때문이다. 권력의 속성 중의 하나는 다른 사람의 정당한 권리와 권한을 제한하거나 지배하려는 힘이다. 거의 대부분의 인간은 자신의 이익(self-interest)을 최우선시 하는 동물적 본성을 가지고 있다.

사람들은 자신들의 생존을 위하여 자신들의 이익을 최우선으로 챙긴다. 따라서 사람들은 정치권력뿐만 아니라 다양한 분야에서 힘(권력)을 추구한다. 그리고 다른 사람보다 조금이라도 더 큰 힘을 가지고 있는 사람들은 그 힘을 이용하여 보다 더 큰 힘(권력)을 만들려고 하며, 자신의 이익을 최우선적으로 확보해 둔다. 인간이 자신의 생존을 위하여 그리고 인간으로서 최소한의 품위와 존엄성을 유지하기 위하여 최소한의 이익을 챙기는 본성을 나무라거나, 선악으로 구별해서는 안 된다.

문제는 한 개인이나 특정 집단이 과도한 이익을 챙기거나 탐욕은 다른 사람들의 정당한 권리나 권한 또는 다른 사람의 이익을 과도하게 침해하게 된다. 또한 과도한 탐욕은 다른 사람들이 인간으로서 가져야 하는 최소한의 존엄성(인간 자신의 자주적 생각)을 훼손시킨다.

10.4.2. 자본의 집중이 가져온 폐해

영국의 산업혁명(1760~1830년대)과 프랑스와 독일의 산업혁명(1830~1870년대) 시대를 거치면서 자본이 축적되고 상거래가 확대되면서 자본주의가 태동하게 되었으며, 자본주의가 점차 진화, 발전하면서 자본(돈)이 점차 더 큰 힘을 가지게 되었다.

자본주의가 발전하면서 화폐(돈, 자본)의 중요성이 점차 커지면서 오늘날에는 동서양을 막론하고 지구촌 전체가 돈(화폐, 자본)이 인간활동의 거의 모든 영역을 지배하게 되었고, 심지어는 인간의 영혼의 상당부문까지도 지배하는 상황이 되었다.

화폐(돈)의 중요 기능 중의 하나는 물건을 교환하는 지불수단이다. 그것이 어떤 형태(조개껍질, 금화, 은화, 동전, 귀금속, 각종 주화, 지폐, 신용화폐, 전자화폐 등)이든 거래 과정에서 일반적인 지불수단으로 사용되면 화폐의 기능을 하고 있는 것이다. 화폐의 역사는 인간의 역사가 문자로 기록되는 시점부터 함께 나타나고 있어서 그 출발이 언제부터라고 말 할 수 없을 정도로 오래된 역사를 가지고 있다. 인간의 역사의 변화와 함께 물건을 교환할 때의 지불수단과 화폐제도는 변화하고 발전되어 왔다.

원래 화폐(돈)는 인간들 사이의 물물교환을 편하게 하기 위하여 인간들이 만들어 낸 도구였는데, 언젠가부터 국가(정치)권력이 화폐(돈) 교환의 신뢰성을 법적 또는 제도적으로 보장해줌으로써 돈(화폐, 자본)은 막강한 힘을 가지게 되었다.

물건을 거래할 때, 금화나 은화를 사용하다 물건을 거래하는 양이 많아지고 빈번해짐에 따라 그리고 여행 중에 금화나 은화 등 귀금속을 가지고 다는 것이 불편하자 귀금속을 교환해 주는 교환증서가 탄생하였다. 이러한 것이 발전하여 19세기부터 금화 대신 금으로 교환해 주겠다는 증서 활용이 확대되었고, 이것이 지폐로 발전하는 금본위제도가 도입되었다. 이러한 금본위제도는 20세기 초인 1936년까지 유지되었다. 그러나 1930년대의 세계대공황과 유럽의 재정위기가 정부가 감당할 수 없는 금의 인출로 나타나자 1936년에 이르러 서양의 모든 통화는 금본위제도에서 벗어나게 되었다. 금본위제도를 대신하여 도입된 것이 오늘날 국가가 법적으로 지불을 보증하는 화폐(지폐)제도로 발전하였다.

그런데 문제는 특정 문양과 문자와 숫자를 표시한 인쇄물에 불과한 종이 쪼가리가 '화폐'라 하여 국가권력의 지불보증으로 힘을 가지게 되었고, 화폐(돈, 축적된 자본)는 다른 사람을 지배하는 힘을 가지게 되었다. 20세기에 들어서서는 자본이 점차 권력화되더니, 21세기에 들어서서는 이제는 자본권력이 정치권력을 압도하게 되었다. 그리고 이러한 자본권력이 정치권력을 압도하는 현상은 인간들이 특별한 노력으로, 특별한 제도적 변화를 이루어 내지 않는 한 앞으로 상당 기간 지속될 것이라는 데 문제의 심각성이 있다.

10.4.3. 자본의 세습화와 권력화는 자본주의의 적이며, 건강한 자본주의의 지속적 발전을 해치는 암적 존재다

자본주의에서 자본과 자본축적의 참된 가치는 축적된 자본을 이용하여 인간들에게 유익한 새로운 물건을 만들어 내는 데 투자되고, 또한 새로운 가치를 창출하여 인간들을 행복하게 만들 때 그 의미가 있게 된다. 일반적으로 사람들은 심신(心身)이 편안할 때 행복감을 느끼거나, 또는 어떤 큰 고통을 겪다가 그 고통이 감소할 때 행복감을 느낀다고 한다.

축적된 자본을 이용하여 새로운 물건이나 상품을 만들고, 새로운 가치를 창출하여 사람들의 몸과 마음을 편하게 해주고, 경제적 어려움으로 생존에 큰 위협을 느끼고 물질적으로 큰 고통을 겪고 있는 사람들의 고통을 해결해 주거나 완화시켜 줄 때 자본의 축적이 큰 의미가 있고, 자본주의를 올바르게 발전시키게 된다.

그런데 1860년대 이후부터 지구상의 인류가 경험한 것은 서양의 산업혁명 이후 자본축적과 더불어 만들어진 자본주의 제도이다. 서양의 자본주의 논리는 150여 년 동안 기업들로 하여금 이윤 극대화를 기업의 최대 목표로 가르쳐 왔고, 오늘날에도 그렇게 가르치고 있다. 기업들이 자기들만의 이윤 극대화를 위하여 다양한 방법과 편법을 사용해도 사회나 정부가 이것을 적절하게 통제하는 방법을 가지고 있지 못한 경우가 많았다. 경우에 따라서는 오히려 국가권력이 이들을 부추기고 과도하게 보호하는 경우가 자주 있다.

자본주의 하에서 축적된 자본이 세습화되고, 정치권력과 결탁되면서 여러 방면에서 부작용으로 나타나게 되었다. 자본의 세습화는 특정 소수계층에게 과도한 '자본축적'으로 나타나며, 이는 필연적으로 과거 세계경제 역사에서 경험한 바와 같이, '독점자본주의'의 폐해로 나타 날 가능성이 많다. 자본의 세습화에 따른 소수 계층으로의 자본의 집중은 필연적으로 정치권력화 되어, 정치권력 구조의 변화를 가져올 뿐만 아니라, 사회구조의 변화를 가져오게 된다. 인류 역사가 이미 경험한 바와 같이 산업혁명(1760~1870년) 이후 독점자본이 축적되면서 '자본가 계층'과 '대다수의 일반 국민'(노동자, 농민)과의 갈등의 심화와 괴리는 필연적으로 사회구조의 변화를 가져와 사회주의(공산주의)를 탄생 시켰다. 자본주의가 진화되면서 제1차 세계대전(1914~1917)을 전후하여 축적된 자본은 독점자본주의로 나타나게 되었고, 빈부격차가 급격하게 확대되었다. 독점자본주의가 확대됨에 따라 영국을 비롯한 독일, 프랑스 등 서구 선진국의 대다수의 노동자와 농민들이 생존에 극심한 어려움에 직면하게 되면서, 이러한 사회적 문제를 해결하는 방안으로 사회주의 또는 공산주의 사상이 생겼고, 프랑스와 독일을 중심으로 급속하게 확대되게 되었다. 급기야 1917년 레닌을 중심으로 한 구 소련 사회주의 체제가 지구상에 등장하게 되었다.

또한 산업혁명 이후 신흥 자본가 계급으로 자본이 급속히 집중되면서 소득분배의 악순환으로 대다수의 국민들은 점점 더 가난해져 물건을 구입할 구매력도 함께 약해졌다. 결국은 산업혁명 이후 생산물의 총공급이 급증하였으나, 노동자들에게 소득분배가 적절하게 이루어지지 못함으로써 총수요가 부족하게 되었다. 그 결과 미국과 영국, 프랑스 등 선진국에서는 1930년대 세계대공황을 겪으면서 많은 기업들이 망하고 말았다. 그리고 제2차 세계대전(1939~1945)을 거치고 1960년대까지 지구상에서 사회주의와 공산주의가 급속히 확대되었다. 이러한 사회주의 또는 공산주의 사상의 확대의 근본적인 배경에는 극심한 경제적 빈부격차가 있었다.

21세기에 들어서면서 일부 학자들에 의하면 1989년에 사회주의 종주국인 구 소련이 붕괴되기 전까지 공산주의가 확대되던 약 70여 년간(1917~1989) 공산주의 국가 건설을 추진하는 과정에서 지구상에서 약 1억 명 이상이 공산주의 국가 건설 때문에 죽임을 당한 것으로 추정하고 있다. 인류 역사상 이러한 끔찍한 배경에는 극심한 경제적 불평등이 있었다. 앞으로 인류사회가 또 다시 과거 공산주의와 같은 끔찍한 이념대립으로 1억 명 이상의 사람을 죽이는 일을 다시 해서는 안 될 것이다. 다시는 지구상에서 공산주의와 같은 특정 이념을 추진하기 위하여 사람을 죽이는 이러한 사회가 또 다시 만들어지는 일은 없어야 한다.

이런 역사의 반복을 피하기 위해서는 지나친 빈부격차 문제와 일부 계층의 과도한 자본의 집중 문제를 어떠한 형태로든 해결해야만 한다. 부(富)와 자본의 집중은 기업인들이나 자본가들의 노력만으로 이루어진 것은 아니다. 사회와 제도의 결과물이다. 자본 집중의 문제를 방지하기 위하여 새로운 변화가 필요한 시점이다.

인간사회는 상호 의존하며 더불어 사는 사회이다. 기업이 아무리 좋은 상품을 만들어도 소비자들이 구입하지 않거나, 사고 싶어도 대부분의 국민들이 분배 받은 소득이 적어 구입할 경제력이 없다면 그 상품은 팔리지 않게 되고, 결국 기업은 망하고 만다. 1930년대 서구 선진국에서의 세계대공황으로 수많은 기업들이 망한 것이 바로 생산된 물건이 산더미처럼 많아도 일부 자본가 계층으로 몰린 지나친 자본 집중으로 소득분배가 잘 안 되었기 때문에 대부분의

국민들은 가난하여 상품을 구입할 힘이 없었기 때문이었다. 즉, 총수요의 부족으로 서구 선진 자본주의 국가가 망할 뻔 하였다. 이때 위기에서 서구 자본주의를 살린 것은 정부의 적자재정정책 확대를 통한 노동자와 농민과 같은 저소득자들을 위한 과감한 사회보장정책의 도입과 확대였다. 이러한 정부정책을 통한 민간부문의 소비지출의 확대가 죽어 가던 자본주의를 회생시켰다.

이상적인 자본주의 시장경제의 전제조건은 경제거래 당사자 간의 '자발적 자유계약'과 '자유경쟁'을 기본으로 한다. 그러나 자본의 세습화와 권력화는 이들의 전제조건들을 말살시킨다.

앞으로의 인류사회에서 자본(돈 또는 화폐)의 기능이나 역할이 바뀌지 않는 한 일부 계층으로 자본과 부가 과도하게 집중될 것이며, 자본의 집중은 자본의 권력화로 변화되기 마련이다. 자본의 세습화와 권력화가 심화될수록 다른 사람의 이익을 침해하거나, 인권과 개인의 자유 및 자존감을 훼손시키는 일이 자주 일어나게 될 것이며, 사회질서와 정치질서를 무력화시키고, 자본주의 시장경제 질서를 훼손시키게 될 것이다.

대한민국은 정부수립 이후 60여 년 만에 세계에 유래 없는 급속한 경제성장으로 선진국으로의 진입을 앞두고 있다. 문제는 경제가 급속히 발전하면서 자본이 특정 일부 계층에게 지나치게 집중되어 가고 있다는 점이다. 자본은 순기능만 있는 것은 아니다. 자본이 지나치게 소수 계층에 집중됨에 따라 자본이 권력과 결탁하거나 또는 스스로 권력 작용을 하여 사회의 거의 모든 부분에 부정적 영향을 줄 수 있다는 데 문제의 심각성이 있다.

오늘날 우리나라의 현실은 어떤가? 재벌기업들이 보이는 여러 행태들, 대기업과 중소기업 간의 관계, 하도급 문제, 기업의 사용자와 노동자와의 관계, 비정규직 확대에 따른 문제, 빈부격차 확대 문제, 경제거래의 불공정성의 확대 문제, 과점기업들이 경쟁보다는 탐욕에 의한 가격담합과 높은 가격 책정으로 소비자들에게 엄청난 피해를 주고 있는 현실, 대기업들이 연고가 있는 특정 회사에 일감을 몰아 주어 공정경쟁을 해치는 행위, 기타 다양한 불공정한 기업행위로 경제적 정의가 실종되고 있다. 여러 곳에서 이상적인 자유경쟁에 따른 자본주의 시장경제 전제조건들이 제대로 지켜지지 못하고 있는 것이 우리나라 경제의 현실이다. 홍익인간 사상에 따른 사회 구성원들과 더불어 잘 살겠다는 철학은 찾아볼 수가 없다.

돈을 많이 가진 계층의 사람이나 소위 재벌기업이라 불리는 그룹에서 스스로가 절제를 하지 못하고 이윤 극대화와 돈벌이에만 최대 목표를 삼는다면 그들 스스로도 불행해질 뿐만 아니라 언젠가는 국내 소비자들의 저항으로 몰락할 수밖에 없다. 예를 들어, 일부이기는 하지만 일부 국내 기업들의 경우 생산한 상품을 국내 소비자들에게 지나치게 비싸게 팔아 과도한 이윤을 남기고 있음이 밝혀지고 있다. 국내 기업이 운송비를 들여 해외에 수출한 상품을 국내 소비자가 역(逆)으로 해외에서 직접 구입하여 관세까지 물고도 오히려 국내에서 판매되는 가격보다 더 싸게 살 수 있다고 한다. 이런 식으로 우리 기업들이 해외에 수출한 상품을 국내 소비자들이 국제거래로 직구입하는 현상에 대하여 국내 기업들은 진지하게 고민해 보아야 한다. 기업들이 국내 소비자들에게 터무니없이 더 비싸게 파는 상술은 더 이상 국내 소비자들에게 통하지 않을 것이다.

돈으로는 무엇이라도 할 수 있으며, 돈 놓고 돈 먹기 식으로의 돈벌이라면 무엇이라도 할 수 있다는 사고 방식이 우리 사회에 너무나도 팽배해 있다. 경제가 발전할수록 오히려 빈부격차가 더 확대되고, 자본의 세습화와 권력화로 그 횡포가 점점 더 심해지고 있다. 따라서 함께 더불어 살아갈 수 있는 방법이 무엇인지 진솔하게 모색해야 할 시점이며, 자본의 세습화와 권력화를 경계할 시점이다.

제11장
홍익인간 사상과 노블레스 오블리주

홍익인간 사상과 노블레스 오블리주

오늘날 한국경제가 갖고 가장 있는 큰 문제 중의 하나는 10여 년이 넘도록 1인당 소득이 2만 달러 수준에서 오르락내리락하며 더 이상의 경제성장을 하지 못하고 있다는 점이다. 선거철마다 대통령으로 뽑아준다면 경제를 성장시켜 나라가 잘 살 수 있게 하겠다고 각종 공약을 내세우고, 국민들은 경제성장을 시켜줄 대통령을 선택하지만 번번이 국민들을 실망시키고 있다. 더 이상 한국경제가 경제성장을 하지 못할 뿐만 아니라 가계부채는 계속 늘어 가계부채 규모가 천조 원을 넘어 국내총생산(GDP)에 근접하고 있다. 국민들은 빚에 쪼들리며 점점 더 살기가 힘들어지고 있으며, 더 이상 개선의 기미가 보이지 않는다.

경제가 성장했다면서 왜 이런 상태가 되었을까? 그 밑바탕에는 국가운영 시스템의 결함과 국가를 이끌어 가는 정치 · 사회 지도자들의 국가운영 철학의 빈곤과 올바른 의식의 결함이 있다. 뿐만 아니라 경제성장 과정에서 국가와 사회로부터 아주 많은 혜택을 본 대기업 운영자들도 올바른 의식의 결함으로 한국경제를 어렵게 하고, 한국경제의 미래를 어렵게 만든다.

지금과 같은 상태가 조금 더 지속된다면 한국경제는 일본과 같이 20여 년 가까이 장기 경제침체가 이어지게 되고, 선진국이 되기 어렵다는 우려가 점차 현실로 다가올 것이다. 일본의 경우는 장기 침체로 어려움은 있으나, 그들은 이미 선진국으로 경제가 안정기에 들어간 상태에서 나타나는 현상이다. 일본은 이미 사회 각 분야에서 밑바탕이 잘 정비되어 구조적으로 잘 짜여 있었기 때문에 나름대로 20여 년 이상을 버텨 왔고, 아마도 앞으로도 상당 기간 잘 버틸 수 있을 뿐만 아니라, 이제는 재도약을 준비하고 있다.

그러나 한국경제는 상황이 완전히 다르다. 대통령을 비롯하여 고위 정치가나 경제정책을 결정하는 고위 경제 관련 공무원들, 그리고 재벌그룹이나 대기업을 운영하는 기업인들, 그리고 이들에게 아이디어를 제공하는 여러 학자들과 사회 각 분야에서 영향력을 미치는 사람들, 심지어는 대기업에 속하는 정규직 노동자의 노조를 이끌고 있는 노조 지도자들의 생각과 의식에 기본적인 잘못이 있다. 이것이 고쳐지지 않는 한 대한민국의 미래는 없다.

그것은 다름 아닌 함께 잘 살겠다는 진정한 '홍익인간 정신'이 없기 때문이다. 말로는 국민을 위하고 백성을 위한다고 하나 실제 자신들의 이익 챙기기에 골몰했다고 밖에는 말할 수가 없다. 그 단적인 예가 노령층의 빈곤문제에 대한 대처 방안을 한 예로 들어 볼 수 있다. 1960년대 이후 대한민국의 경제발전 주역이었던 노동자들이 50여 년을 넘게 한국경제를 성장으로 이끌어 오는데 그 밑바탕이 되고 각종 어려움을 겪으며 희생을 감수해 왔다. 그들이 이제는 노인이 되어 노동력이 없어지자 마땅한 소득이 없고, 마땅히 마음 편히 머물 곳이 없고, 병이 들어도 치료할 돈이 없어 고통을 당하고, 심지어는 굶주림에 시달려 견디다 못해 자살을 선택하기도 한다. 이를 단적으로 잘 나타내는 지표가 있다. 여러 해 동안 한국의 노인 자살률이 OECD 국가 중 제일 높다는 것이다. 얼마나 살기가 막막하고 힘들면 노인들이 자살을 할까?

경제가 성장하여 잘 살게 되었다고 자랑하는 대한민국이 노인들의 자살률이 10여 년이 넘도록 세계에서 제일 높을 뿐만 아니라, 청소년 자살률도 세계에서 제일 높다는 자료들을 접하게 된다. 그뿐인가? 영국의 싱크탱크인 신경제학재단(NEF)의 2006년 발표자료에 의하면 우리나라의 '행복지수'(2005년 기준)는 세계 178개국을 대상으로 한 행복도 지수에서 102등이었다. 또한 최근 다른 기관

[표 11-1] OECD 2013년 행복지수 순위

순위	국가
1	호주
2	스웨덴
3	캐나다
4	노르웨이
5	스위스
6	미국
7	덴마크
8	네덜란드
8	아일랜드
10	영국
21	일본
27	한국

자료: OECD, 월스트리트저널(WSJ).

에서 조사한 자료를 접하여도 크게 개선된 것 같지 않다. 예로 경제협력개발기구(OECD)가 2013년도 행복지수 순위를 밝힌 바 있다. 34개 경제협력개발기구 회원국과 브라질 및 러시아 등 세계 36개 선진국을 대상으로 주거, 소득, 고용, 공동체, 교육, 환경, 시민단체 참여, 일과 생활의 균형, 건강, 삶의 만족도, 안전 등 11개 생활영역 등을 반영하여 삶의 질 수준을 '행복지수'로 환산한 결과, 대한민국은 27위에 그친 것으로 나타났다.

앞으로 대한민국의 국민들은 어떻게 하면 함께 행복하게 삼아갈 수 있는지를 함께 고민해야 한다. 우리 사회의 지도층에 속하는 사람들 대다수는 사회 기득권층의 물질적 · 정신적 유산을 물려받은 상속인들이다. 마치 중세 귀족사회의 계급 세습과도 같은 형식으로 현대 사회의 계층 상속이 이루어지고 있다. 그런데 얼핏 보기에 그 형식은 같지만 다른 점이 있다. 현대 한국 사회 기득권층의 상속에는 명예와 같은 정신문화적 유산이 빈약하다. 과거 귀족계급은 부와 권력 이외에 명예(예를 들어, 선비정신)로서 그들의 신분적 정당성을 유지하였다. 그런데 현대 한국 귀족의 상속자들에게는 이러한 명예가 없어 그 신분적 정당성을 얻지 못하고 있다.

예를 들어, 부(富)를 정당하게 축적하고 분배할 줄 아는 사람이 사회에서 존경을 받을 수 있는데 그러한 사람들을 우리 사회에서는 찾아보기 힘들다. 또한 공정하게 법을 집행해야 할 법조계의 판사와 검사 그리고 변호사 간의 접대 향응으로 사회적 물의를 일으키는 사건들이 일어나며, 심지어는 모 지검장의 어린아이에 대한 성추행사건이 뉴스화되기도 하였다. 그런가 하면 고위 공무원, 의사, 교수, 고위 법조계와 국회의원, 고위 정치인, 언론계 인사들 등 사회 각 분야의 지도층에 있는 사람들의 비리와 부정부패, 부동산 투기와 관련된 사건들이 끊임없이 발생한다. 사회 지도층은 정직성과 청렴성, 성실성을 갖고 있을 때 그 직위에 대한 명예와 권위가 얻어지는 것인데 우리 사회는 그렇지 못한 모습을 너무나도 많이 국민들에게 보여 실망을 주고 있다.

우리 사회에서는 돈과 권력만을 사회적 힘이라고 믿으며 각계 각층에서 이를 추구하고 있는 듯하다. 부와 권력만이 사회 각계를 좌지우지할 수 있는 무소불위의 힘을 발휘하고 이를 인정하는 사회는 필연적으로 불행한 미래를 맞이할 것이다.

그러나 사회 각 분야가 다양한 가치관과 요소를 중심으로 정직성과 청렴성 그리고 성실성을 가지고 고유한 자율적 세계를 구축할 때, 도덕과 명예를 기반으로 하는 사회는 힘을 얻을 수 있으며, 사회 발전의 추진력을 얻을 수 있다. 도덕성과 명예 등 눈에 보이지 않는 사회적 가치가 부와 권력을 견제할 수 있으며, 영향력을 가지는 사회가 균형 있는 발전을 할 수 있을 것이다.

이러한 사회를 건설하는데 있어서 소수의 상류층과 엘리트 집단들의 균형 잡힌 가치관이 절실히 요구된다. 그들이 갖고 있는 부나 권력이 의롭고 명예롭게 사용될 때 진정 사회적 힘을 발휘할 수 있다. 사회 구조적으로 지배계급은 재생산되고, 계급의 의식문화 또한 확대되고 재생산된다. 그러므로 지배계급의 비뚤어진 특권의식의 남용은 그들 자신을 망칠 뿐만 아니라 나라를 망칠 수도 있다. 이제 한국 사회에서 지배 엘리트들은 특권의식의 원형을 귀족정신의 뿌리에서 찾아야 할 것이다. 지배 엘리트와 지식인들이 사회적 책무를 성실히 수행할 때, 비로소 그들은 다른 계층과 구별되는 명예와 이에 어울리는 권위를 갖게 되고 귀족 대접을 받을 수 있을 것이다.[1] 그 방법 중 하나는 자발적 기부문화를 활성화시키는 것이다.

11.1. 홍익인간 사상에 따른 기부문화 확산

오늘날 '기부'라는 단어가 새삼스럽게 많이 강조되고 있는 것은 역설적으로 그만큼 우리 사회에서 그 동안 기부가 잘 이루어지지 않고 있었기 때문이기도 하다. 기부란 사전적 의미는 "어떤 일을 도와 줄 목적으로 돈이나 물건을 스스로 내어줌"이라 한다. 그런데 오늘날에는 다른 사람을 도울 때 돈이나 물건뿐만 아니라 다른 사람이 가지고 있지 않은 재주나 재능을 이용하여 특정한 대가 없이 자발적 순수 봉사로 남을 도와 줄 때 이를 '재능기부'라 하며, 또한 전문지식을 가지고 남에게 도움을 줄 때 '지식기부'라 부른다.

이처럼 오늘날에는 기부의 범위가 점차 넓어지고 있다. 한편, 문화란 넓은 의미로 사용될 때에는 '한 시대 그 사회 사람들의 생활 양식'을 뜻한다. 따라서

1 현택수, 『노블레스 오블리주』, 동문서, 2002, pp. 24~28.

기부문화라고 하면 '어떤 일을 도와 줄 목적으로 돈이나 물건뿐만 아니라, 자신이 가지고 있는 재능이나 지식을 자원하여 스스로 내어 주는 한 시대 그 사회의 생활 양식 또는 생활 방식'이라고 할 수 있다.

요즈음의 우리 사회는 어떠한가? 우리 사회는 비용을 가능한 적게 들이면서 효과를 최대로 내기 위하여 무한경쟁과 효율성을 강조하는 시장기능 만능주의를 신봉하고 있다. 경제성장 제일주의에 빠져 모든 것을 돈과 물질의 소유 크기에 의해 잘됨과 잘못됨 또는 옳고 그름을 평가하고 있다. 오늘날 극소수의 부자와 특권층을 제외한다면 대부분의 많은 백성들은 삶이 피곤하다 못해 인생이 피폐해지고 있다.

우리나라가 경제 발전으로 이제는 잘 살게 되었다고 언론 매체들은 이야기하고 있지만, 우리나라에서 나타나는 사회 현상들을 보면 심각한 문제들을 가지고 있다. 올바른 인격형성과 아름다운 삶을 준비하기 위한 학생 시절이 아니라, 유치원때부터 시작하여 초 · 중 · 고 학생 시절에 치열한 입시경쟁에 찌들어 생활하며 사회에 나오는 청소년들, 대학을 나와도 무엇을 해서 당당하게 잘 먹고 살아야 할지 모르는 미래가 암담한 청년들, 직장을 얻었다 해도 언제 잘릴지 몰라 불안한 중년의 직장인들, 빚을 더 이상 낼 곳도 없고 빚에 쪼들려 정상적인 가정생활을 꾸려가기 어려운 주부와 가정들, 당당하게 먹고 살 마땅한 방법이 없어 자신의 신체 일부인 장기를 팔거나 몸을 팔아 당장의 끼니를 해결하고 있는 사람들, 고령이 되어 먹고 살 길이 막막한 수많은 노인들, 주로 선진국으로 구성된 경제협력개발기구(OECD) 국가 중 노인과 청소년 자살률이 세계 최고인 나라, 이러한 것을 생각하면 우리나라의 사회 전체 구조가 무엇인가 크게 뒤틀려 있음을 부인할 수 없다.

이러한 문제를 해결하기 위해서는 국민들이 최소한의 의식주와 생계가 보장될 수 있도록 복지와 관련된 국가의 법과 제도가 획기적으로 변화되고, 여러 분야에서 국가정책들의 변화가 있어야 한다. 사회 구성원들의 복지를 증가시키기 위해서는 막대한 비용이 요구되며, 그 비용은 사회 구성원 누군가가 세금으로 부담할 수밖에 없다. 조세부담의 공평성이라는 측면에서 본다면 부가 많거나 경제적으로 지불능력이 많은 사람이 더 많은 세금을 부담하는 것은 상식이다. 그런데 여러 가지 상황들, 특히 많은 부(富)를 가지고 있으며 특혜를 누리고 있는 기득권 계층의 사람들은 그들의 이익을 조금이라도 침해되는 변화를 허용하지 않는다. 뿐만 아니라, 자신의 이익이 조금이라도 침해를 받으면 그들이 가지고 있는 막강한 돈과 권력 및 특권을 활용한다. 방송, 신문, 잡지 등 여러 언론매체를 동원하여 조직적이며 적극적으로 저항하고 있어 보다 나은 복지사회로의 발전과 변화를 어렵게 만든다.

그렇다고 사회적 변화가 오기를 손놓고 무한정 기다릴 수는 없다. 조세부담의 증가를 통한 복지향상에 대하여 많은 부와 권력 등 특혜와 특권을 누리는 사람들이 보다 많은 사회 구성원들과 함께 더불어 더 잘 살 수 있는 사회로의 변화를 방해한다면, 올바른 뜻을 가진 사람들과 함께 일반 국민들이 기부문화를 확산시킴으로써 사회의 변화를 이끌어 낼 수 있어야 하는 것이다.

돈이나 부, 지식, 권력 등을 많이 가진 사람들만이 타인을 돕고 기부를 할 수 있는 것은 아니다. 내가 가진 것이 적고 보잘 것 없는 것이라도, 내가 가진 것의 일부를 다른 사람에게 조금이라도 나누어 줄 수 있는 마음과 정신이 있다면 부자들 못지않게 기부를 할 수 있다. 사회를 훈훈하게 만들고 그리고 더 많은 사람들이 인간답게 그리고 행복하게 살기 위해서 기부문화 확산을 통해 해결방법을 찾을 수 있다.

11.2. 홍익인간 사상과 기부정신

홍익인간 사상은 '널리(크게) 인간을 도우라(이롭게 하라)'는 정신이다. 홍익인간 정신은 서양인들이 생각한 '노블레스 오블리주'(Noblesse Oblige)였다고도 말할 수 있다. 프랑스어로 '노블레스 오블리주'라는 말은 '지위가 높을수록 책임의식과 덕망도 높아야 한다'는 뜻이다. 바로 이 정신이 귀족계급으로 하여금 그들의 명예와 특권을 유지할 수 있게 하던 힘이었다.

귀족(유럽의 프랑스나 영국)의 명예란 그들의 사회적 지위에 합당한 교양과 도덕을 갖추고, 대사회적 의무와 책임을 다함으로써 얻어지는 것이다. 바로 이 정신이 귀족계급으로 하여금 그들의 명예와 특권을 유지할 수 있게 하던 힘이었다. 명예란 귀족에게 특권의식을 갖게 하는 핵심적인 요소이다. 그래서 귀족은 자신과 가문의 명예를 위해 때로는 목숨을 걸기도 했다. 또 이러한 행위는 궁극적으로 그들의 부와 권력을 지키는 행위였던 것이다.

그런데 오늘날 한국 사회에서 신귀족이라 할 수 있는 엘리트집단들의 경우는 어떠한가? 그들은 상속받은 유산 이외에 자신의 전문성을 확보하고 있다. 이들이 그러한 전문 직업을 가질 수 있게 된 것도 사회 정책적 경쟁과 선별 과정에서 언제나 유리한 배경을 갖고 있었기 때문이다. 유산을 물려받고 든든한 배경에서 교육을 받아 그들은 사회 기득권층의 자리를 쉽게 차지할 수 있었다. 그런데 좋은 배경 속에서 출세한 엘리트들의 처신이 왜 오늘날 우리 사회에서 문제가 되는가? 왜냐하면 그들에게는 명예라는 정신문화적 유산이 부족하기 때문이다. 다시 말해, 부와 권세를 누리는 방식 혹은 그에 걸맞는 의식이 부족한 것이다.[2)]

2 현택수, 앞의 책, pp. 24~28.

노블레스 오블리주(사회적 지위에 상응하는 책임의식과 도덕적 의무) 문제는 인류사회와 공동체의 안녕과 통합 및 발전에 핵심적으로 관여하는 중대한 사안이다. 인류사회는 항상 소수의 힘 있는 자들이 지배하였으며, 창조적 소수의 선도적 노력과 헌신에 의해 역사는 전진해 왔다. 다수를 지배하는 소수자의 역량과 도덕성 여하에 따라 피지배층의 행·불행은 크게 좌우되어 왔다. 특히, 지배층의 도덕적 속성이 노블레스 오블리주인데, 현대 사회의 노블레스는 일단 권력과 부와 지식을 남보다 많이 가진 자로 규정할 수 있다.[3)]

많이 배운 사람은 못 배운 사람들을 위해 더 많은 의무를 지어야 하며, 많은 부를 가진 사람은 가지지 못한 사람에게 나누어 주고, 권력이 있는 사람은 권력이 없는 사람들을 돌보아 주라는 말이다. 자비를 베풀고, 사랑을 베풀고, 이웃을 도와주는 것이 '노블레스 오블리주'이다.

함께 살아가는 사회에서 그 사회를 위하여 그리고 이웃을 위하여 좋은 일을 많이 하며, 많은 의무를 지는 사람은 마땅히 존경 받아야 한다. 그리고 사회 구성원들은 사회를 위하여 많은 의무를 지는 사람들에게는 그에 합당한 예우를 해주는 것이 마땅하다.

이는 뒤집어 이야기하면 **'사회에서 자신의 의무를 다하지 않는 사람' 또는 '사회적 지위에 상응하는 도덕적 의무를 다하지 않는 사람'은 존경 받을 수 없으며, 고귀한 사람으로 대접받아서는 안 된다는 뜻이기도 하다.**

예를 들어, 납세자로서 고의적으로 납세의 의무를 다하지 않은 사람은 고귀한 대접을 받아서는 안 되며, 한 나라의 국민으로서 양심에 비추어 마땅히 지켜야 할 법을 지키지 못했다면 존경 받기를 기대하지 말아야 한다. 유감스럽게도 우리 사회에서 사업자 10명 중 4명은 사업소득세를 한 푼도 안 낸다는 자료

3 한국학중앙연구원, 「홍익인간 연구」, AKSR2012-M04 한국학 모노그래프 과제, pp. 44~45.

가 발표된 적이 있다. (자영)사업을 하여 일정 이상의 소득이 분명히 있으며, 좋은 집에 값비싼 고급 승용차를 타고 다니며, 골프를 치고, 해외여행을 자주 다니고, 좋은 옷을 입고, 값비싼 맛있는 음식을 먹고 다니는 사람인데도 여러 가지 편법과 불법적 방법을 이용하여 탈세를 하거나 심지어는 세금을 한 푼도 안 내는 사람들이 꽤 있는 것으로 밝혀지고 있다.

그런가 하면 우리 사회에서 많은 특혜를 받아 부를 축적한 재벌그룹에 속한 많은 사람들은 마치 자신들의 부가 자신들의 노력만으로 이룬 것으로 생각하고, 축적한 재산을 각종 편법적 방법을 통해 상속세를 적게 내거나 안 내고 자식들에게 상속시켜 주는 경우가 자주 있어 국민들의 빈축을 사는 경우가 있다. 또 축적한 돈을 이용하여 해야 할 일과 하지 말아야 할 일을 가리지 않고 돈이 되는 일이라면 물불을 가리지 않고 뛰어든다. 그리하여 재벌기업이나 대기업들이 중소기업이나 소상공인들이 해야 할 일까지 넘보며 사업을 확장하여 중소기업인들이나 소상공인들이 일자리를 잃어 가고 있다. 심지어는 재벌계열에서 운영하는 대형 체인점들이 동네 골목까지 파고들어 동네 골목의 소형 상점으로 생계를 이어가던 상인들은 생계에 위협을 받고 있는 것이 요즈음 우리나라의 실정인 듯하다.

이러한 상황과는 반대로 큰 기업을 운영하는 사람들이나 사업가들이 말하기를 "선진 외국에서는 큰 기업의 기업인들이나 사업가들이 존경을 받는데, 우리나라에서는 사업가들이 존경을 받지 못하는 풍토라 사업가들의 사기를 떨어뜨린다"라고 볼멘소리를 종종한다. 존경심은 사람들의 마음에서 스스로 나오는 것이지 강요한다고 되는 것이 아니다.

선진 외국에서 사업을 크게 하여 부자가 된 사람들이 사회에서 존경을 받는 것은 부(富)를 형성하는 과정과 절차에서 법(法)을 잘 지키며, 불법과 편법을 사용하지 않고 많은 부를 이루었거나, 아니면 최소한 사회적 비난을 받을 만큼의 불법을 저지르지 않고 부를 형성했다고 믿기 때문이다. 그리고 축적한 부의 상당 부분을 사회의 좋은 일에 쓰거나 기부를 통하여 사회에 환원하는 일이 많기 때문에 국민들이 부자들을 존경하는 것이다.

만약 외국의 사업가들이나 부자들이 불법과 편법을 통해 부를 축적하고, 각종 특혜를 받아 축적한 부를 자신들만 위해 사용하고, 편법으로 세금을 적게 내어 자식들에게 대를 이어 상속하는 일이 자주 있다면 그들도 사회에서 존경받을 수 없을 것이다.

우리나라의 재벌이나 그 가문의 사람들이 많은 국민들로부터 존경을 받기보다는 빈축을 사거나, 빈축의 정도를 지나 일부 계층의 사람들에게는 내 몫을 빼어간 사람들로 혐오의 대상이 되기도 한다는 것을 부자들은 알고 있을까 궁금하다. 대부분의 많은 국민들은 부자들의 많은 재산과 부를 가지고 있는 그 자체를 부러워하기는 하지만 그러한 사람들을 부러워하는 것은 아니며, 존경하는 것은 더더욱 아니다.

왜 우리나라의 재벌 가문의 사람들과 부자들은 존경을 못 받고 비난의 대상이 될까? 국민들은 자주 TV 뉴스 화면과 각종 신문 및 언론매체를 통해 일부 재벌 총수나 일부 대기업의 기업인들이 탈세, 금융적 비리, 정치적 비자금 조성과 뇌물 공여 등 불법과 편법으로 사회적 물의를 일으키고 법적 처벌을 받는 모습을 자주 보고 듣는다. 요즈음은 갑(甲)질이라 하여 부나 권력이나 힘 있는 사람들이 약자들을 힘들게 하는 사건들이 자주 사회 문제로 나타나고 있다. 또는 대기업들이 중소기업들과의 거래 관계에서 그들의 우월적 지위를 남용하여 불평등한 계약을 강요하거나, 부당한 요구로 약자들을 더욱 힘들게 만드는 사건들이 사회적 문제로 끊임없이 뉴스거리가 되고 있다. 심지어 아들이 싸우다 맞은 것을 갚아 주겠다고 폭력배를 동원하는 재벌 총수가 있는가 하면, 재벌가의 친인척이면서 회사 중역인 사람에게 받을 돈이 있어 찾아가자 폭력을 행사하고 매값이라며 돈을 던져 주어 뉴스거리가 된 사건, 모 재벌가의 형제 간의 재산싸움 과정에서 한 형제가 다른 형제의 탈세 사실을 세무당국에 알려 감옥에 갔으나 얼마 되지 않아 풀려난 사건, 사장 자리에서 부당한 이유로 물러난 것에 대하여 이의를 제기하자 회장이 폭력배를 동원한 사실이 밝혀져 뉴스거리가 된 사건, 회사 돈을 마치 개인 돈처럼 불법적 방법으로 빼돌려 개인적 용도로 사용하여 처벌 받는 사건 등 각종 불법의 죄목으로 법적 처벌을 받고 있는 재벌가의 사람들이나 대기업의 기업인들을 국민들은 너무도 자주 목격한다.

더욱이 법적 판결로 죄가 확정되어 감옥에 가더라도 그 형기가 끝나기 전에 '사회와 경제에 기여한 공로?'라는 납득하기 어려운 명목으로 감형되어 감옥에 간 지 얼마 안 되어 풀려 나온다. 죄가 있어 감옥에 갔다 풀려 나오면 자중하는 것이 아니라 언제 그런 일이 있었더냐 하는 식으로 활개를 치며 다시 사회를 휘젓고 다니는 것을 국민들은 너무나 자주 접하기 때문에 그들에게 존경심이 들지 않는 것은 너무나 당연하다.

물론 우리 사회에서 재벌이나 기업인들이 경제발전에 막대한 기여를 한 점은 누구도 부인할 수 없는 사실이며, 기업인들이 국가 경제발전에 기여한 점만 생각하면 분명 우리의 기업인들은 존경 받아 마땅하다.

그러나 현실은 그렇지 못하다. 오히려 종종 비난의 대상이 되기도 한다. 왜 그럴까? 어떤 면에서 보면 1960년대 이후 우리 사회에서 재벌기업이 생기고, 개인들이 막대한 부를 축적할 수 있게 된 것은 부자가 된 개인의 피나는 노력의 결과이기도 하지만, 한편으로는 한 시대의 사회적 산물이기도 하다. 경제발전에 기여한다는 명분으로 일부 기업인들은 정부로부터 각종 특혜를 받았고, 정치권력과의 결탁과 각종 특혜로 부를 쉽게 모을 수 있었다. 또한 일부 부자들은 정부정책의 변화 과정에서 또는 법적 · 제도적 미비와 결함을 이용해 부동산 투기를 해 막대한 부를 얻을 수 있었다. 특히, 탈세를 하거나 불법 · 편법적 방법으로 부를 축적하거나, 값비싼 각종 골동품과 그림 및 미술 작품 등을 상속세 한 푼 내지 않고 자식들에게 상속시켜 줄 수 있는 사회, 할아버지 때 밀수로 돈을 벌어 사회적 물의를 일으켰던 집안이 그 한 번으로 끝나는 것이 아니라 아들 대와 손자 대에서 편법적 부의 대물림으로 또 사회적 물의를 일으켜 뉴스거리가 되는 등 부자들의 편법과 불법을 우리는 너무 자주 목격한다. 그러한 것을 잘 알고 있는 대다수의 많은 선량한 국민들이 부자들에게 존경심을 갖지 않는 것은 너무나 당연한 것이 아닐까. 국민들은 바보가 아니다. 단지 지켜볼 뿐이다.

우리나라에서 기업인들이나 재벌 그룹에 속하는 사람들이나 정치권력을 가진 힘 있는 사람들이 존경을 받으려면, 국민들로부터 사랑과 존경을 받을 만한 일을 그들 스스로가 찾아서 해야 한다. 정부가 강요하거나 누군가가 억지로 시켜서가 아니라 기업인들이나 부자들뿐만 아니라 사회적으로 우월적 위치에 있는 사람들이 자발적으로 남에게 유익한 일을 하거나, 이웃을 돕는 일을 하는데 그들의 부를 일부나마 사용하거나 사회를 위하여 기부를 할 때, 사람들의 기업인들이나 부자들에 대한 이미지가 개선될 것이다.

일부 부자들이나 대기업들이 국민들에게 오랫동안 부정적 이미지를 심어 주었기 때문에 좋은 이미지로 바꾸는 데에는 그만큼의 긴 시간이 필요하다. 부자들이나 대기업들이 부의 일부나마 사회에 환원하거나 기부하는 일이 많아질 때, 그러한 모습을 국민들이 자주 그리고 꾸준히 보게 된다면 시간이 지나감에 따라 부자들에 대한 존경심을 갖을 수도 있을 것이다. 물론 기부를 강요할 수는 없다. 부자들에게 기부를 강요하여 어쩔 수 없이 돈을 냈다면 그것은 더 이상 기부가 아니다.

기업인들이나 부자들이 '나는 다른 사람으로부터의 존경심 따위는 필요 없으며, 돈만 많으면 된다'라고 생각한다면 할 말은 없다. 그러면 과연 그러한 부자나 기업인들이 행복할까? 이에 대한 대답은 그들의 몫이다.

11.2.1. 부자들에게 선비정신을 갖추도록 권유해 보자

'사회적 지위에 상응하는 도덕적 의무'를 뜻하는 "노블레스 오블리주"란 프랑스나 서양의 선진국에서만 있었던 것은 아니다. 오래 전 우리의 조상들은 더 좋은 정신을 가지고 있었다. 우리 조상들은 조선조 때에 이미 '선비정신'이 있었다. **원래 "선비란 고품격 인성과 지성을 겸비한 지식인을 말하며, 선비는 지연이나 혈연으로 태어나는 것이 아니라 학문적 능력과 인격적 완성도에 의해 만들어지는 존재였다.** 선비의 배움은 학문(문학, 역사, 철학 등)과 예술(시, 글씨, 그림 등)을 일치시키려는 학예일치(學藝一致)를 추구하였다. 학문을 통해서는 이성 훈련을, 예술을 통해서는 감성 훈련을 하였다. 이성 훈련은 의리(義理)의 구현으로, 감성 훈련은 인정(人情)의 구현으로 나타난다고 보았다.

의리와 인정은 사람다운 사람이 되기 위해 갖추어야 할 덕목이고, 선비는 이 두 가지를 균형 있게 조화시킬 수 있는 인간형을 말했다. 그리하여 **'선비'는 의리를 지키기 위해 서릿발 같은 기개와 꼿꼿한 지조로 외경의 대상이 되는가 하면, 어려운 사람이나 고통 받는 이를 위해 따뜻한 인정을 베푸는 사람이었다.** 지식인으로서 사회적 역할의 극대화를 위해 공적인 일을 우선하고 사적인 일을 뒤로 하며, 공평무사(公平無私)를 생활신조로 삼았고, 최종적으로 극기복례(克己復禮) 하여 자신을 이기고 예(禮)로 돌아가는 것이니 이는 이기적 욕망을 이겨내고 타인과 바람직한 관계를 확장하려는 것이었다.

자신에게는 박하고 남에게는 후하게 하는 박기후인(薄己厚人), 강자를 누르고 약자를 부추겨 주는 억강부약(抑强扶弱), 모든 구성원이 함께 더불어 살아가는 세상을 만들려는 공생공존의 정신, 옳은 명분은 반드시 지키고 명분에 맞지

않는 일에 함부로 뛰어들어 질서를 무너뜨리지 않으려는 명분주의 등이 선비가 추구하던 생활 태도와 가치들이었다.[4)]

역사 속에서 보면 어느 시대나 그 시대를 이끌어 나가는 주체 세력이 있다. 정치권력의 힘을 가진 자뿐만 아니라 지적 능력을 가진 지식인들이 권력자의 참모 역할을 하며 한 시대를 이끌어 가는 주체 세력이었다. 오늘날에도 전문 지식인들이 한 시대를 이끌어 가는 주체 세력 중의 하나이며 지식인들의 역할은 매우 중요하다. 그러나 언젠가부터 우리 사회의 전문 지식인들은 선비정신을 잃어 버렸으며, 지식인 스스로가 각종 불법과 편법을 동원하면서까지 배운 지식을 이용하여 부당한 부를 축적하는 데 열을 올려 사회적 물의를 일으키는 경우가 종종 있다. 그런가 하면 경우에 따라서는 적지 않은 전문 지식인들이 정치권력자에게 올바른 조언을 해주기보다는 자신의 전문지식을 지나치게 개인적 출세와 부의 축적으로 사용하여 사회적 문제를 일으키는 경우가 적지 않다.

오늘날에는 돈을 많이 축적한 재벌이나 대기업들은 금융 전문가, 유명 법조인, 경제 분야의 전직 고위 공무원 출신 등 각 분야의 전문 지식인을 고용하여, 힘 없는 중소기업이나 가난한 서민들의 경제적 이익까지 가로채어 부를 축적하는 일을 전혀 주저하지 않고 저질러, 서민들의 원성을 사는 경우가 자주 있다.

우리 사회에서는 언젠가부터 부를 많이 가진 재벌과 부자들이 사회의 지도층을 자처하면서 사회 각 분야에 막강한 영향력을 행사하며 명예를 누리고 있다. 올바르게 한다면야 누가 무어라 할 수는 없다. 그러나 막대한 부를 가지고 사회 지도층 인사가 되긴 하였으나, 사회적 의무는 다하지 않으면서 명예와 권한만을 누리려고 한다.

---

4 정옥자, 『한국의 리더십 선비를 말하다』, 문이당, 2011, pp. 152~154에서 발췌함.

조선시대의 '선비'는 글을 알고, 학문과 덕망을 쌓은 양반만이 선비가 될 수 있었다. 그러나 오늘날에는 누구나 글을 깨우치고 있으며, 본인이 뜻만 가지고 있다면 누구나 학문과 전문지식을 갖출 수 있으니 조선시대의 선비들이 갖추어야 할 요건의 일부를 누구나 갖출 수 있게 되었다. 그러나 덕망은 단순히 글자를 알고 지식을 가진다고 되는 것은 아니다. 인격과 덕망은 각자 스스로가 자신을 가꾸고 만들어 가는 것이다.

이제는 지식인들뿐만 아니라 부자들에게도 품격 있는 인격과 덕망이 요구되는 시대이다. 선비정신을 갖춘 품격과 덕망이 있는 사람이 되기 위해서는 다른 사람을 배려하며 후하게 대하며, 약자를 도우며, 불법과 편법, 탈세 등 명분에 올바르지 않은 일은 함부로 하지 않으며, 지식과 부와 권력을 가지고 있을 때 사회적 역할을 다하며, 공적인 일을 우선하고 사적인 일을 뒤로 하며, 공평무사를 생활신조로 삼고, **최종적으로 극기복례 하여 자신을 이기고 예(禮)로 돌아가 이기적 욕망을 이겨 내고 타인과 바람직한 관계를 갖추는 것이 오늘날의 선비정신이다. 부자들에게도 선비정신을 갖추도록 권유해 보자.**

11.2.2. 홍익인간 사상은 기부정신이다

우리 민족의 고유 정신이자 아주 오래 전부터 전해 내려온 삶의 철학은 홍익인간 정신(사상)이다. 2015년은 홍익인간 사상을 근간으로 단군조선을 건국한 지 4348년이 되는 해이다. 그런데 홍익의 익(益)자를 일반적으로 '더할 익' 또는 '유익할 익'자로 보통 사용하여 홍익인간(弘益人間)을 "널리 인간세계를 이롭게 함" 또는 "널리 다른 사람을 유익하게 하는 삶"이라 해석한다. 그러나 익(益)자는 '도울 익'자로도 사용된다. 따라서 홍익인간의 뜻을 "널리 다른 사람을 도우는 삶"으로 해석함이 바람직하다. 대부분 종교의 기본정신은 '돕는 정신'이다. 기독교의 사랑, 불교의 자비(慈悲), 유교의 인(仁)의 정신은 '이웃 사람을 돕는 정신'으로 바로 '홍익인간' 사상이다. 각 종교의 성립 시기로 본다면, 그 어떤 종교보다 빠른 우리 민족의 고유한 정신이며 그리고 수천 년 동안 면면히 흘러왔던 '홍익인간' 정신이야말로 기부정신의 원조라 할 수 있다.

유감스럽게도 오늘날 '홍익인간' 정신하면 구태의연한 용어로나 취급한다. 그러나 참뜻을 "크게 인간을 돕는 정신"으로 이해한다면 다양한 방법으로 다른 사람들을 도울 수도 있다. 돈으로 물질로 남을 도울 수 있을 뿐만 아니라 자신이 가지고 있는 재능으로 '재능기부'를, 전문지식을 가지고 '지식기부'를 하는 등 다양한 형태의 자원봉사를 통해 남을 도울 수 있고 기부할 수 있다.

기부에도 올바른 정신자세가 필요하다. 서양의 '노블레스 오블리주'(사회적 지위에 상응하는 책임의식과 도덕적 의무) 뿐만 아니라, 우리의 얼(정신)에서도 기부의 정신을 찾아볼 수 있다. 조선시대의 선비들의 덕목 중 '선비정신'에는 단순히 학문을 갈고 닦는 데서 끝나는 것이 아니라 배운 지식을 통해 자신의 욕망을 절제하며 약자를 돕고 배려하는 정신이 있었다. 또 우리 민족의 고유 정신인 '홍익인간' 정신은 '남을 널리 돕는 정신'으로 오늘날의 올바른 기부정신의 원조라 할 수 있다. 올바른 기부정신을 우리 조상 때부터 가지고 있는 것이라 해도 그것이 우리의 삶 속에서 행동으로 실천되지 않는 것이라면 죽은 정신이다. 이제는 지식인들뿐만 아니라 부자들에게도 '선비정신'과 '홍익인간 정신'을 갖추도록 권유해 보자.

남을 자발적으로 돕는 것이 참된 기부이지만, 보통 사람들은 선천적으로 이기적인 속성을 가지고 있음을 부인할 수 없다. 따라서 기부가 활성화되고 기부문화가 확산되기 위해서는 기부행위에 대하여 무언가 제도적 인센티브가 있는 것이 좋다. 예를 들어, 돈이나 물질 등 기부행위가 화폐적 크기로 평가될 수 있다면 기부금에 대한 현행 세제상의 혜택을 지금보다 더 확대하는 것이 좋다.

우리 사회에서 부와 특권을 누리는 사람들 중 의식을 가진 일부 사람들이라도 우선 더 많은 기부를 할 수 있도록 사회적 환경을 만들고, 평범한 일반 국민들도 일상생활 속에서 더 많은 기부를 할 수 있는 제도와 환경을 만들어 가야 한다. 더 많은 사람들이 자신들이 가지고 있는 부와 물건뿐만 아니라 권력과 재능과 지식을 이웃에게 나누어 줄 수 있는 기부에 참여할 때 우리 사회는 보다 많은 사람들이 인간답게 살 수 있으며, 보다 많은 사람들이 함께 더불어 행복한 삶을 살아갈 수 있으며, 보다 아름다운 사회로 발전해 나갈 수 있다.

제12장
홍익인간 사상과 21세기 남북한 통일국가가 요구하는 리더십의 조건과 리더의 역할

홍익인간 사상과 21세기 남북한 통일국가가 요구하는 리더십의 조건과 리더의 역할[1)]

12.1. 리더십이란?

세상의 어떤 일도 혼자서 할 수 있는 일은 거의 없다. 개인의 능력이란 한계가 있기 때문이다. 하지만 여럿이 힘을 합쳐서 팀워크를 이룬다면 혼자서는 절대로 할 수 없는 일을 해낼 수 있다. "팀워크는 평범한 사람들이 비범한 결과를 낼 수 있도록 하는 연료이다"라는 강철 왕 카네기(Andrew Carnegie, 1835~1919)의 말처럼,[2)] 팀워크는 개인이 할 수 없는 엄청난 일들을 성취해 내는 강력한 에너지를 발휘한다. 이렇게 각기 다른 능력을 가진 사람들로 팀을 구성하고, 팀워크를 만들어 내는 것이 바로 리더십이다.

자동차는 2만여 개가 넘는 부품이 서로 연결되어 움직인다고 한다. 자동차의 수많은 부품 중 단 하나만 잘못되더라도 그 자동차는 제대로 작동하지 않거나 멈춰 서듯이, 팀을 이루는 팀원 중 한 명이라도 자신의 역할에 최선을 다하지 않으면 좋은 팀워크는 이루어지지 않는다. 그만큼 팀워크는 어렵고, 팀을 이끄는 리더의 역할은 중요하다.

팀워크는 마치 오케스트라 연주와 같다. 지휘자가 각각의 악기 소리를 조

---

1 유경문, 「21세기 한국형 리더십의 조건과 리더의 역할」, 『납세자』, 한국납세자연합회, 「납세자」, 2012 여름호(통권 19호), pp. 6~11 내용을 수정 · 보완한 것임.
2 신현만, 『회사가 붙잡는 사람들의 1% 비밀』, 위즈덤하우스, 2009, p. 210.

절하여 조화로운 선율을 이끌어 내듯이, 리더는 각 팀원 개인의 능력을 이끌어 내고 서로 협력하여 막강한 팀워크를 만들어 낸다. 오케스트라가 하나의 악기로는 만들어 낼 수 없는 웅장한 교향곡 선율을 만들어 내듯이, 팀워크는 개인으로서는 이루어 낼 수 없는 큰 업적을 달성하게 한다.[3)]

팀워크란 초인적인 능력을 발휘하게 한다. 그리고 이러한 초인적인 팀워크를 만들어 내는 것이 지도자의 리더십이다. 위기 속에서 구성원들에게 공동의 목표를 주고, 공동체 정신을 주지시키고, 긍정적 사고를 갖게 하고, 서로에 대한 신뢰와 예의를 지키게 하며, 솔선수범하면서 절체절명의 위기 속에서 팀워크가 깨지지 않도록 이끌어 가는 것이 리더십이다.

그래서 국가와 기업, 기관이나 학교, 심지어 가정까지도 팀워크가 없으면 제대로 운영될 수 없다. 성공한 기업, 성공한 조직은 모두 팀워크가 조화롭게 이루어지는 곳이다. **나 홀로 최고인 시대는 이미 지나갔다. 성공을 원한다면 팀플레이어가 되어야 한다. 아무리 뛰어난 개인도 팀워크를 따라잡을 수는 없다.** 그리고 무엇보다 좋은 리더가 되도록 힘써야 한다. 성공한다는 말은 결국 좋은 리더가 된다는 말과 같다.[4)]

우리가 사는 사회도 마찬가지이다. 사회 구성원 각자가 자신의 장점과 특성을 잘 살리면서 사회 구성원들이 자신의 역할에 최선을 다할 수 있는 여건을 만들어 주고, 최선을 다할 수 있게 하는 것이 지도자의 역할이다. 그러면 21세기 남북한 통일국가가 요구하는 리더십은 어떠한 조건을 갖추어야 하는가를 함께 살펴보도록 하자.

3 김성광, 『작은 성공』, 도서출판 강남, 2010, pp. 156~157.
4 김성광, 위의 책, pp. 158~160.

12.2. 21세기 남북한 통일국가가 요구하는 리더십은 무엇일까?[5)]

다가오는 통일 시대에는 그 어느 때보다도 새로운 정치 지도자의 역할이 중요하다. 특히, 우리 사회에서 사회통합과 남한과 북한 간의 통일을 위하여 그 어느 때보다도 정치 지도자와 사회 각 분야의 지도계층의 올바른 리더십이 매우 중요한 때이다.

세간에 리더십의 조건과 지도자(리더)의 역할에 관한 논의가 분분하다. 사실 대통령뿐만 아니라 어떤 조직이든 여러 분야에서 각 분야를 이끌어 가는 지도자가 있게 마련이다. 심지어는 한 가정에도 그 가정을 책임지고 이끌어 가는 가장이 있다. 크든 작든 어떠한 조직을 이끌어 가는 사람을 리더(지도자)라 하며, 지도자가 가져야 할 정신을 리더십이라 할 수 있다.

21세기 남북한 통일국가가 요구하는 리더십의 조건은 무엇이며, 그 리더(지도자)의 역할은 무엇일까? 조직의 성격과 규모에 따라 필요로 하는 리더십은 다르다. 더욱이 한 사회, 한 시대를 이끌어 나갈 지도자가 갖추어야 할 정신과 덕목 그리고 리더(지도자)의 역할은 각 국가나 사회가 처한 상황, 역사적 · 시대적 상황에 따라 다르게 나타날 것이므로 어떠한 리더십이 가장 좋다고 단정 지을 수는 없다.

우리는 앞으로 어떠한 대통령을 뽑는 것이 좋을지, 또는 대통령을 뽑는 것이 아니더라고 우리 사회에 영향력을 끼치는 각 분야, 각 조직에서 어떠한 리더(지도자)를 선택하는 것이 좋을지, 특히 21세기 남북한 통일국가가 요구하는 리더십의 조건을 살펴보기로 한다.

본 글의 내용은 필자의 독창적인 생각이 아니라 김진홍의 『21C 한국형 리

5 김진홍, 『21C 한국형 리더십』, 가이드포스트, 2006의 내용을 남북한 통일국가의 관점에서 재조명함.

더십』의 책의 내용과, 그 동안 여러 사람들이 저술한 책이나, 자주 논의되는 내용들을 나름대로 선택하여 정리해 본 글이다. 본 글은 앞으로 21세기 남북한 통일국가를 이끌어 갈 리더십의 조건을 갖춘 인물이 누구인지, 대통령을 뽑을 때뿐만 아니라 국회의원, 지방의회 의원, 지방자치단체장을 비롯하여 어떠한 조직의 어떠한 직책이던지 선거로 책임자를 선출할 때, 우리에게 적합한 인물인지 점검 목록으로 활용해 보았으면 한다.

거꾸로 내가 국가의 지도자뿐만 아니라 사회에서 어떠한 조직이나 단체에 지도자가 되기를 희망한다면, 그에 적합한 인물이 되기 위해서 나는 어떠한 리더십과 덕목을 갖추어야 할 것인가 하는 자기 점검 목록으로도 활용되었으면 한다.

1) 미래에 대한 확고한 비전을 제시할 수 있어야 한다

비전이란 현실의 정체성, 어려움을 넘어서 미래에 희망을 줄 수 있는 능력이다. 즉, 과거를 통해 현실을 바라보며, 자신이 이끄는 공동체가 나가야 할 방향을 제시하는 능력이다. 비전 있는 지도자가 중요한 것은 국민들의 시각을 미래에 있게 하기 때문이다. 비전은 미래에 대한 꿈과 성취하고자 하는 목표인데, 한 사회의 지도자가 제시하는 비전은 올바른 방향성을 가지고 있어야 하며, 사회 구성원의 많은 사람이 공감하고 따를 수 있는 것이어야 한다. 그리고 그 비전은 공동체에게 희망을 주는 것이어야 한다.[6)]

많은 사람들이 공감하고 따를 수 없는 비전은 단지 개인의 비전이자 개인이 성취하고 싶어 하는 목표에 불과한 것이다. 한 시대의 사회나 조직을 이끌어 가는 지도자는 공동체를 위한 미래에 대한 확고한 비전을 제시할 수 있어

6 김진홍, 앞의 책, pp. 81~84.

야 한다.

2) 열정을 가지고 있어야 한다

대통령뿐만 아니라 어떤 단체나 조직의 최고 지도자로서의 갖추어야 할 능력 중 한 가지가 열정이다. 이 열정은 개인적 또는 자신이 소속한 집단만의 이익을 탐하는 탐욕이 아니라 공동체 전체의 유익을 증진시킬 수 있는 열정을 가진 자가 리더가 되어야 한다.

3) 변화에 적응하기 위하여 지도자 스스로 끊임없는 자기 혁신이 필요하다

21세기는 과학기술의 급속한 발전으로 인하여 정치, 경제, 사회, 문화, 심지어는 종교 등 전 분야에서 급속한 변화가 진행되고 있다. 변화에 적응하고 생존하기 위하여 자신이 끊임없이 변화하고 적응하려는 노력이 요구된다. 21세기에는 과거와 같이 전통과 권위만으로는 통하지 않는다. 21세기의 지도자는 스스로 끊임없이 새로운 것을 배우며, 창조적이어야 하며, 솔선수범해야 한다.

왜냐하면 21세기는 과학기술의 급속한 발전과 이에 따른 사회 각 분야에서 변화가 급속하게 이루어질 뿐만 아니라, 누구나 모든 분야에서 모든 것을 다 알 수는 없다. 또 지도자라고 모든 분야를 다 잘 알아야 하는 것은 아니다. 다만 자신이 잘 모르거나, 창조성이 부족하면 주위 사람들(윗사람, 선배, 동료, 후배, 자신의 부하 직원 등)에게라도 배우거나 도움을 청할 줄 아는 겸손한 자세가 필요하다. 자신의 가치를 높이기 위해서 뿐만 아니라, 한 조직의 또는 사회의 리더가 되기 위해서는 평생 학습, 평생 교육을 받으려는 노력과 자기 혁신이 필요하며, 겸손함이 요구된다.

4) 통합과 융합을 이끌어 낼 수 있어야 한다

갈등(지연, 학연, 특정 이념, 특정 계층만의 이익을 강조하는 사람)을 조장하는 사람은 지도자가 되어서는 안 된다. 21세기 통일국가의 지도자는 소통을 원활하게 할 수 있어야 하며, 관용과 포용심을 가지고 있어야 한다. 일본인 작가 시오노 나나미가 쓴 책『로마인 이야기』에 의하면, 로마가 제국을 이루고 천 년을 지탱할 수 있었던 힘의 근원은 적(상대방 또는 나와 다른 사람)에 대한 관용과 포용이었다고 말한다.

이 시대의 지도자는 분열이나 차별을 조장하는 것이 아닌, 통합하는 지도력이 있어야 한다. 보통 사람들은 자신의 이익을 위해서 편가르기를 한다. 그러나 21세기 통일국가의 지도자는 사회 각계 각층의 불만과 갈등을 해소시키고 융합시킬 수 있는 능력을 갖추고 있어야 한다.

분명한 것은 21세기 남북한 통일국가의 지도자는 국민의 역량을 통합시킬 수 있는 능력을 갖춘 사람이어야 한다. 다시 말해 가난한 자, 부유한 자, 높은 위치에 있는 자, 낮은 위치에 있는 자를 나누지 말고 서로 다른 것을 인정하고 통합시킬 수 있는 지도력을 갖추고 있어야 한다.

우리 사회가 더욱 발전하기 위하여 나와 다른 것이나 다른 생각을 나쁜 것, 혹은 악한 것으로 단정하여 상대방을 배격과 타도의 대상으로 삼아서는 안 된다. 21세기 통일국가의 지도자는 나와 다른 생각 및 다른 점을 받아들이지 않는다 하더라도 있는 그대로 서로 다른 점을 인정하고 공통점을 찾아 미래로 나아갈 수 있는 통합능력을 가진 지도력이 있어야 한다. 공존할 수 있는 방법을 찾아낼 수 있는 지도력을 가지고 있어야 한다.

특히, 앞으로 남북한이 통일될 경우 이러한 융합과 통합 자세가 더욱 필요하다. 융합과 통합을 이루기 위해서는 배려의 정신이 필요하다. 배려는 상대방의 관점으로 바라보기이며, 마음을 움직이는 힘이다. 배려는 받기 전에 주는 것이며, 사소하지만 위대한 것이다. 배려는 공생의 길이다. 배려는 선택이 아니라 공존의 원칙이다. 사람은 능력이 아니라 배려로 자신을 지킨다. 사회는 경쟁이 아니라 배려로 유지된다.[7] 따라서 21세기의 통일국가의 지도자는 융합과 통합의 능력뿐만 아니라 나와 다른 생각, 다른 사상, 그리고 나를 반대하는 사람을 배려할 수 있는 능력을 갖춘 지도자라야 한다.

5) 통일국가의 지도자는 누구보다도 정직해야 한다

사회 지도자일수록 도덕성과 투명성이 요구된다. 부정부패를 멀리할 수 있어야 한다. 한국경제가 세계에서 유래 없는 고속성장을 이루어 오다가 10여 년이 넘도록 제자리걸음을 하고 선진국으로 들어가지 못하는 이유 중의 하나는 정직성(도덕성)에 문제가 있기 때문이다. 점차 만연하는 부정부패, 정경유착, 탈세, 이중장부, 거짓과 남의 것을 속여 빼앗기, 약탈적 이윤추구 등이 우리 경제의 발목을 잡고 선진국으로의 진입을 가로막고 있다. 21세기 통일국가의 지도자는 누구보다도 정직해야 한다. 그러나 자기 자신만의 정직으로는 부족하다. 사회 전체를 정직하고 투명한 사회로 만들 수 있는 능력을 갖춘 사람이어야 참된 지도자가 될 수 있다.

6) 자신에 대한 절제력을 갖추어야 한다

모든 성공은 스스로 인생을 절제함으로써 완성된다. 지위 고하를 막론하고 무절제한 사람에게 성공은 뜬구름일 뿐이다.[8] 예나 지금이나 앞으로도 위대한 지도자로서의 일을 해낸 사람은 철저한 자기 관리와 절제된 생활 속에서 큰 뜻을 품은 사람이었다. 21세기 통일국가의 지도자는 지나친 물질적 탐욕, 명예

7 한상복, 『배려』, 위즈덤하우스, 2006, pp. 251~255.
8 미즈노 남보쿠 지음, 권세진 옮김, 『절제의 성공학』, 바람, 2005, p. 6.

욕, 권력욕 등에 대한 자기 절제력을 가진 자라야 한다.

7) 올바른 역사의식과 통찰력을 가지고 시대정신을 이끌어 갈 수 있는 지도력을 갖추고 있어야 한다

임진왜란이 일어나기 10년 전 율곡 이이는 10만 양병설(10만 건군안)을 주장했으나 이 의견은 받아들여지지 못했다. 우리 역사에서 한스러운 것은 그 시대 경륜 있는 지도자들이 빛을 보지 못하고 초야에 묻혀 버린 것이다.[9] 21세기 남북한 통일국가의 지도자는 올바른 역사의식과 통찰력을 갖추고 있으면서 시대정신을 이끌어 갈 수 있는 사람이어야 진정한 지도자라 할 수 있다.

12.3. 21세기 남북한 통일국가 지도자들의 역할

21세기에 대한민국 또는 남북이 통일된 국가의 지도자의 역할은 무엇일까?

앞으로 10년 내지 20년 안에 남북한이 평화적 통일을 만들어 내지 못한다면 남북한의 통일은 영원히 불가능하지 않을까 하는 염려가 자꾸 든다. 중국은 오래 전부터 '동북공정'이라는 사업으로 이미 고구려 역사를 자국의 변방의 역사로 만들었다. 그리고 고구려의 영토가 한강 이남까지였음을 청소년들에게 공식적으로 역사교육을 시키고 있다.

일본은 독도를 자국의 영토라 하며 이미 오래 전부터 국민들에게 역사왜곡 교육을 시켰고, 이제는 대다수의 국민들이 당연히 독도를 자기네 땅으로 믿고 있다. 일본은 이미 정부의 공식 입장과 함께 국방백서에서도 독도가 자국의

---

9 김진홍, 앞의 책, p. 31.

영토라고 명백히 밝히고 있다. 군인이 자국의 땅이 다른 나라에 의해 불법적으로 점령당하고 있다고 믿고 확신한다면, 여건만 된다면 무력도발 등 극단적 방법을 선택해서라도 다시 찾으려 할 것이다.

일본이 독도를 자국의 땅이라고 주장하고, 특히 일본의 국방백서에서 독도를 자국의 땅이라고 명시한 것은 사실상 대한민국과 전쟁을 하겠다는 선전포고를 한 것과 같다. 그런데 우리는 그 동안 조용한 외교를 표방하면서 소극적 자세로 일관함으로써 일본의 야욕을 사전에 막지 못했다. 앞으로는 보다 적극적인 자세와 면밀한 대책이 요구된다.

이러한 한반도를 둘러싼 국제정세의 변화를 고려한다면 앞으로 10~20년 안에 남북한이 협력하여 평화적 통일을 만들어 내지 못하고 영구히 분단된다면 아마도 평화적 통일은 점점 더 어려워지거나 불가능해 질 수도 있다. 그 피해는 다음 세대의 남북한의 국민들이 고스란히 떠안게 될 것이다. 더 심각한 문제는 만약 남북한 간에 평화적 통일을 만들어 내지 못하고 영구히 분단된다면, 대한민국의 다음 세대의 후손들이 지금과 같은 경제적 번영과 자유를 계속 누릴 수 있을까? 아마도 불가능할 것으로 판단된다. 이것이 남한의 국민들이 통일을 위하여 더 많은 세금과 경제적 부담을 하더라도 가능한 빠른 시일 내에 남북한 간의 평화적 통일을 이루어 내야 하는 이유이다.

따라서 21세기 대한민국 지도자의 가장 시급한 역할은 남북한 간의 평화적 통일을 이끌어 내고, 빠른 시일 내에 안정을 정착시키는 일이다. 대통령의 역할은 매우 중요하고 우리 국가의 미래 방향과 운명을 결정하는데 결정적 역할을 한다. 그러나 이 글에서 지도자란 단지 대통령 한 사람만을 뜻하는 것이 아니다. 대통령뿐만 아니라 사회 각계 각층에서 그 분야를 이끌어 가는 지도자들을 뜻한다. 정치계, 경제계, 기업계, 언론계, 교육계, 과학계, 문화와 체육 및 예술계, 군사 분야 등 각 분야를 리드하는 지도자들이 있다. 21세기에는 한 분야의 특출한 지도자만으로 이 사회를 이끌어 가기에는 세상이 너무 다양하고 복잡해져 있다. 각계 각층의 지도자들이 우리 사회를 이끌어 가는 방향과 비전에 있어서 최소한의 통일된 합의점을 갖추고 있어야 한다.

그렇다면 21세기에 대한민국 또는 남북한이 통일된 국가를 위해 이들 각계 각층의 지도자들의 역할은 무엇일까?

필자의 판단으로, 첫째는 빠른 시일 내에 남북한 간의 평화적 통일을 이끌어 내고, 빠른 시일 내에 사회적 안정을 정착시키는 일이다. 둘째는 사회 구성원 각자가 정직하고, 공정하며, 투명한 사회활동을 할 수 있도록 제도와 법을 만들고 국민들의 의식개혁을 이끌어 낼 수 있는 역할을 해야 한다. 그리하여 사회 지도자들은 정의로운 사회를 만들고, 사회통합을 이끌어 내야 한다. 셋째는 계층 간, 지역 간 경제적 빈부격차와 사회 각 분야에서의 양극화를 완화시키고 해소시켜야 한다. 넷째는 앞으로 우리 사회의 지도자는 사회복지(welfare)를 지금보다 더 향상시킬 수 있는 일을 해낼 수 있어야 한다.

요즈음 일각에서는 우리나라의 복지지출이 높다는 논란이 계속되고 있다. 한 나라의 경제부총리까지 지냈던 어떤 분은 "보편적 복지는 돈이 철철 넘칠 때나 하는 것"이라고 말한 적이 있다. 잘못된 생각이다. 복지는 돈이 철철 넘쳐서 베풀고 나누는 것이 아니다. 우리 민족의 정신인 홍익인간 사상과 같이 복지는 '널리 다른 사람을 유익하게' 또는 '널리 다른 사람을 돕는 정신'으로 하는 것이다. 콩 한 알이라도 둘로 쪼개어 나누어 먹고자 하는 정신에서 이루어지는 것이다. 세계에서 노인 자살률이 제일 높은 나라, 청소년 자살률이 높은 나라가 우리나라라고 한다. 그만큼 우리나라 국민들이 행복하지 못 하다는 반증이기도 하다. 그 동안 한국이 급속한 경제발전과 민주화를 이루었다고 자평하지만, 경제성장 제일주의 경제정책과 대기업이나 부유층 및 더 많이 가진 자들에게 유리한 사회제도와 정책이 대다수의 국민들을 불행하게 만들고 있다.

정치 권력자나 재벌기업들, 부자들은 정부가 보호를 안 해주어도 그들 스스로 잘 해나갈 수 있다. 정부는 잘 하는 기업이나 잘 사는 사람들을 못 살게 만드는 불필요한 규제정책을 만들 것이 아니라, 공정한 경쟁과 공정하고 자유로운 경제거래가 이루어질 수 있는 사회제도를 만들고, 법을 공정하게 집행하면 된다. 사회에서 정치 · 경제 · 사회적으로 강자의 입장에 있는 정치 권력자들, 대기업, 잘 사는 사람들을 보호하는 정책보다, 이제는 사회적 약자나 소외된 계층을 보다 세심하게 보살필 수 있는 일을 하는 지도자가 필요한 때이다.

특히, 통일국가의 지도자들은 대책 없이 복지비 지출 증가만 주장할 것이 아니라, 모든 국민들이 세금을 더 내고 함께 더불어 잘 살 수 있는 사회를 만들어 내는 것이 앞으로의 21세기 남북한 통일국가의 지도자들이 해야 할 중요한 역할 중의 하나이다.

우리나라 대부분의 기업인이나, 경제 정책가, 언론들이 높은 세금에 높은 복지비는 국가를 망칠 것이라 우려한다. 그러나 현실에서 그렇게 나타나고 있지 않은 여러 국가들을 보고 있지 않은가? 세계경제 위기로 다른 선진국들의 국민들이 고통을 겪고 있는데 스웨덴, 덴마크, 노르웨이, 핀란드 국가의 국민들은 높은 세금을 내면서도 그러한 고통을 겪지 않고 행복한 삶을 이루고 있지 않은가?

결국은 사회제도, 즉 시스템의 문제이며, 국민들의 정신 자세에 관한 문제이다. 나만 잘 살겠다는 정신보다 다른 사람과 함께 잘 살겠다는 정신, 그리고 필요하다면 그 비용을 함께 부담하겠다는 국민들의 정신 자세로 이룩한 사회가 우리가 선망하고 있는 스웨덴, 노르웨이, 핀란드 및 덴마크와 같은 복지국가들이다.

태어나서 죽을 때까지 돈 걱정 없는 교육제도, 대학교육이나 평생 교육비를 걱정하지 않는 나라, 구조조정으로 실직을 당해도 최소한의 생계를 보장 받

아 생계 때문에 두려움에 떨지 않고 살 수 있는 나라, 일자리를 잃는다고 모든 것을 잃지는 않는 나라, 큰 질병에 걸려도 크게 걱정을 안 해도 되는 나라, 노년에 경제력이 없어도 불안하지 않는 삶,[10] 최소한의 인간의 자존심을 지키며 살아갈 수 있는 나라들이 스웨덴, 덴마크, 노르웨이 등의 국가들이며 현재 이 지구상에 엄연히 존재하지 않은가?

우리나라 그리고 남북한이 통일된 앞으로의 통일국가는 홍익인간 사상을 국가운영의 기본 철학으로 삼아야 한다. 그리고 홍익인간 사상(즉, '널리 남을 이롭게 하는 삶', 또는 '인간을 크게 돕는 정신')에 따라, 더 많은 국민들이 함께 행복해질 수 있는 사회를 만들어 내는 것이 21세기의 남북한 통일국가의 지도자들의 역할이다.

이제는 사회 각 분야의 지도자들이 앞에서 소개한 일들을 중심으로 보다 구체적인 실천대안을 만들고 실천해 나가는 것이 21세기 통일국가의 지도자들의 역할일 것이다. 앞으로 한민족을 이끌어 갈 지도자들의 역량을 기대해 보기로 하자.

10 최연혁, 「우리가 만나야 할 미래」, 쌤앤파커스, 2012, pp. 27~28, 208~210 내용들 중에서.

제3부
요약 및 실천적 제안

제13장
요약 및 실천적 제안

요약 및 실천적 제안

2015년 현재 우리 민족은 일제강점기로부터의 광복을 맞은 지 70년이 되는 해이자, 남한과 북한이 분단된 지 70년이 되는 해이기도 하다. 21세기가 시작된 지 벌써 15년이 지나가고 있다. 2015년 현재 그리고 앞으로 10년 또는 20년 안에 대한민국이 시급히 해결해야 할 중요한 과제들이 무엇일까? 각자의 입장에 따라 다를 것이나 필자의 생각으로는 크게, 첫째는 남한과 북한 간의 평화적 통일 문제의 해결이며, 둘째는 사회적 · 경제적 양극화 문제의 해결이다.

그런데 이러한 문제를 해결하기 이전에 보다 근원적으로 해결해야 할 문제가 있다. 그것은 다름 아닌 사회 구성원들의 올바른 가치관 확립이다. 우리 사회가 가지고 있는 많은 문제들의 해결 방법의 출발점이자 열쇠는 '국가운영 철학과 사회 구성원들 간에 함께 공유할 수 있는 철학이 무엇인가'에 달려 있다.

우리 사회가 보다 바람직한 사회로 발전하고 변화되기 위해서는 올바른 가치관과 사상을 바탕으로 한 실천이 있어야 한다.

● 홍익인간 사상의 의미와 재해석

1. 홍익인간 사상은 4,300여 년 동안 지켜온 우리 한민족의 고유의 사상일 뿐만 아니라, 세계인들에게 함께 통용될 수 있는 가치관이며, 21세기의 생활철

학이자, 21세기의 새로운 패러다임으로 손색이 없는 훌륭한 사상임을 자각하고 확신을 가질 필요가 있다. 그리고 한민족의 홍익인간 사상이 21세기의 새로운 가치관이자 21세기의 패러다임이 될 수 있도록 각 분야에서 보다 체계적인 학문적 논리체계를 개발하고, 생활 속에서 실천 및 실용이 가능하도록 구체적인 정책 개발이 필요하다 하겠다.

2. 샌델은 저서 『정의란 무엇인가(*JUSTICE: What's the right thing to do?*)』에서 정의로운 사회를 만들기 위하여 '공동선'과 '강한 공동체 의식을 키우는 방법' 그리고 '도덕에 기초한 정치'가 필요하다고 주장은 했으나, 이를 어떻게 이룩할 수 있는지에 대한 구체적인 방법에 대하여 답을 못하였다. 그런데 샌델이 하지 못한 답이나, 서양의 사상가들이나 철학자들이 말한 '사회적 · 경제적 정의'를 실현할 수 있는 방법을 우리 선조들의 사상에서 찾을 수 있다.

이는 우리 민족정신의 뿌리이며 이미 B.C.2333년에 '단군왕검'으로 시작한 단군조선 시대부터 수천 년을 지나면서도 우리 조상들에게 면면히 흐르는 단군사상이자 홍익인간 사상이다. 홍익인간 사상(단군사상)의 핵심은 "하늘의 뜻에 따라 이 세상을 다스려 인간을 널리 이롭게 하라"(在世理化 弘益人間)로 압축된다.

3. 한편, 우리가 지금까지 일반적으로 사용하던 '弘益人間'(널리 인간을 이롭게 한다)이라는 용어의 개념은 그 본래의 의미가 왜곡되기도 하였을 뿐만 아니라, 협의로 해석되고 있다는 비판이 있다.

홍익인간 사상에 대하여 정영훈은 그 어떤 문헌보다도 '弘益人間'이라는 4자의 한자가 의미하는 바를 폭넓게 그리고 상세히 잘 설명하고 있다. 정영훈의 해석에 의하면 홍익인간은 일단 '홍익'과 '인간'을 분리하여 이해할 필요가 있다고 한다. 이때 '홍익'의 '弘'은 1차적으로는 '크다'로 새겨야 하고, 2차적으로 '넓다'로도 새길 수 있는 한자이다. 홍익인간에 대한 가장 일반적인 해석은 "널리 인간을 이롭게 한다"인데, 그때의 '홍'은 넓다는 의미로 해석한 것으로, 1차적 의미가 아닌 2차적 의미를 적용한 셈이다.

여기서 '크다'와 '넓다'는 의미상 큰 차이를 수반하는 말이다. '크다'고 할 때는 부피, 길이, 넓이 등이 규모면에서 수적 · 양적으로 많은 것을 의미하지만, '넓다'고 할 때는 어떤 것이(규모의 측면이 아닌) 고르거나 너그럽게 존재하며 펼쳐져 있는 모습 또는 양상을 가리키고 있는 것이다. 이 둘은 정치 · 사회적으로 볼 때 서로 다른 지향의 원리와 결합한다. 곧 규모가 '크다'는 말은 성장이나 생산성 등을 우선시하는 관점으로 연결되지만, '고르다'는 말은 연대성이나 평등–분배를 중시하는 정책노선으로 전개되는 것이다.

물론 성장이나 생산성은 자유주의의 사회원리와, 평등–분배는 공동체주의와 각각 친화력을 가지는 가치이다. 자유주의는 인간의 본성을 자유에서 찾고 이기심과 이윤 동기를 발전의 동력으로 상정하지만, 공동체주의는 인간을 공동체적 존재라 보고 인간이 갖고 있는 이타심과 선의지를 발전의 동력으로 상정한다.[1)]

'홍'(弘)에 대한 올바른 해석은 '크다'와 '넓다'를 모두 포괄하는 용어로 본 것이다. 그리고 그 같이 볼 수 있다면, 홍은 성장(발전)과 복지(통합)를 동시에 추구하는 지향을 갖는 말이며, 자유주의와 공동체주의의 정책지향을 조화시키고자 하는 말로 해석될 수 있다. 또 '홍'을 그렇게 해석하면 홍익인간의 본 뜻은

1 정영훈은 '홍'을 '넓게'와 '크게' 중 어느 하나로만 해석하는 것은 홍익인간 사상의 본래 의미를 제한하거나 왜곡하는 결과로 이어질 수 있다고 본다. 두 방향으로의 해석 가능성을 모두 열어두는 것이 바람직하며, 실천적으로 볼 때는, 두 방향의 가치 모두를 동시에 충족하는 (크면서 동시에 넓은 행복을 가능하게 할 수 있는) 정책대안을 찾는 것이 홍익인간 사상의 핵심적 지향이라고 판단한다. 물량적으로 풍요로우면서 고르게 행복을 누리는 상태 또는 그러한 세상이 홍익인간 사상의 지향점이라 보는 것이다.

크면서도 넓은 '풍요로우면서도 평등한' 행복과 복지를 동시에 추구하는 것이라는 해석도 가능하다.[2)]

홍익인간의 '익'(益)은 '돕는다'와 '더한다'의 의미를 가지고 있고, '이롭게 한다'는 의미로도 자주 새겨지고 있다. 통상적인 해석인 '이롭게 한다'의 의미보다는 '돕는다'는 의미가 우선적이라 할 수도 있는데, '돕는다'의 본래적 의미는 '되게 한다'거나 '답게 한다'는 뜻으로서 어떤 것이 본래의 속성을 다할 수 있도록 도와주는 것을 말한다.[3)] 또한 '이롭게 한다'거나 '돕는다'는 의미는 우리가 통상 사용하는 '행복하게 해준다', '행복해지도록 도와준다'는 의미로 새겨도 될 것이다. 홍익인간은 인간을 행복하도록 도와주는 것이며, 그렇게 행동하도록 권고하는 지침이다.[4)]

이처럼 21세기에 한민족이 생존하기 위한 가장 기본적인 요소는 대다수 사회 구성원들이 공감하고 따를 수 있는 올바른 가치관의 재정립이다. 그것은 다름 아닌 우리 민족에게 면면히 흐르고 있는 홍익인간 사상에서 찾을 수 있다. '널리 남을 이롭게 하는 삶' 또는 '인간을 크게 돕는 정신'으로 풀이되는 홍인인간 사상은 세계 어느 민족, 어느 나라에도 없는 훌륭한 우리 민족의 사상이다.

● 홍익인간 사상과 조소앙의 삼균제도 실천 방안

4. 홍인인간 사상에 대하여 현대적인 구체적 실천 방안은 약 70여 년 전에

2 이렇게 보면 '홍'을 '널리'로 보아 홍익인간을 "널리 인간을 이롭게 한다"로 풀이하는 기왕의 주류의 해석은 홍익인간의 가능성을 너무 좁히는 결과를 초래하는 것 같다. 홍익인간의 '홍'을 '넓게'로 해석한 대표적인 사람은 조소앙인데, 그는 홍익인간을 "널리 인간을 이롭게 한다"로 새겨서, 자신의 삼균주의가 추구하는 균등 사회론의 민족사적 연원으로 거론한 바 있다.

3 최봉영, 「대한민국의 교육이념과 교육목적에 대한 검토」, 『인격교육』 제1권 제1호, 한국인격교육학회, 2007.

4 정영훈, 「홍익인간 사상의 인문학」, 〈성남시민을 위한 인문학 수요강좌 강의자료〉, 2014, p. 20.

조소앙의 '삼균제도'(三均制度)가 있다. 단지 오늘날에는 홍익인간 사상이 진부한 구호로 그치고 있고, 시대에 맞게 적용하여 실천하지 못하고 있을 뿐이다. 홍익인간 사상을 학술적 논리체계를 갖춘 학문으로 발전시키는 노력과 함께 일상생활 속에서 삶의 실천철학이 될 수 있다면, 홍익인간 사상이 가지는 현대적 의의는 우리 한민족을 지켜줄 수 있는 기본 가치관이자 생활철학이며, 세계인과 공생공영할 수 있는 21세기의 시대정신이 되기에 충분하다.

5. 신 삼균주의: 조소앙이 홍익인간 사상에 입각하여 주창했던 삼균주의인 균권(均權), 균부(均富) 및 균학(均學) 정신을 오늘날 이 땅에서 실현하기 위한 구체적 주요 실천정책이 조속히 실시되어야 한다.

(1) 균학정책: 모든 국민의 지력이 고르게 향상되기 위해서는 교육기회의 균등화가 필요하다. 이를 위해서는 유아교육부터 대학교육까지 국가가 교육비를 지불하고, 그 비용부담을 모든 국민이 나누어 함께 부담하는 것이 홍익인간 사상에 부합한다.

(2) 균권정책: 정치권력의 균등화를 위해서는 중앙정부의 기능을 과감히 지방정부에 이전하고, 그에 따른 재정적 재원을 대폭 지방정부로 넘기는 정책이 필요하다.

지방교부세율을 연차적으로 인상하여 교육교부세를 제외하고, 현행 내국세 수입의 19.24%로 되어 있는 교부세율을 점진적으로 25~30% 수준으로 인상하여야 한다. 지방교부세율을 인상하는 대신 또 다른 방법은 독일식 '공동세제도'와 '역교부세제도'를 우리 실정에 맞게 도입하는 방안도 검토할 만하다.

그리고 지방자치제의 실시로 지방의회 의원이 광역과 기초자치단체의 의원 수를 합하면 3,649명이나 된다. 지방의 일은 지방 의원들에게 맡기고, 중앙정부의 국회의원 수(현행 298명)를 현행의 2/3(200여 명) 수준으로 대폭 줄여, 국가 전체와 관련된 입법과 예산 문제를 다루도록 할 필요가 있다.

(3) 균부정책-부(富)와 경제력의 균등화를 위해서는

① 경제거래의 투명성과 공정성 확보는 부의 균등화와 창조경제의 전제조건이자 출발점이다.

② 경제력이 균등화되기 위해서는 복지제도의 확대가 필요하다.

③ 금융실명제가 2014년 11월 29일부터 원래의 취지에 맞도록 강화된 것은 부정부패를 방지하는 데 큰 도움이 될 수 있는 바람직한 조치이다. 앞으로 금융실명제가 더 잘 지켜질 수 있도록 제도의 개선이 요구된다.

④ 금융소득종합과세를 강화하여야 한다.

⑤ 상속 · 증여세 강화가 요구된다. 부의 세습화를 차단하기 위하여 상속증여세제도의 강화가 필요하다. 대한민국 건국 이후 우리나라가 급속히 성장하는 과정에서 여러 큰 부자들의 경우, 부의 축적 과정이 정당성과 공정한 절차를 거친 것인지에 대하여 많은 국민들이 동의하기 어려운 경우가 많다.

피케티의 『21세기 자본』이라는 책에서 주장하는 바와 같이 대한민국 부유계층의 경우 민간자본수익률(*r*)이 경제성장률(*g*)보다 훨씬 클 것은 쉽게 예상할 수 있다. 그러므로 대한민국의 자본주의 자유시장경제가 건전하고 지속적으로 발전하기 위해서는 경쟁의 불평등을 고착시키는 '세습자본주의'를 확실하게 차단할 필요가 있다. 이를 위하여 일정 규모 이상의 과도한 부의 소유에 대하여는 상속 · 증여세를 지금보다 더 강화시킬 필요가 있다. 그리고 이러한 과도한 '세습자본'의 차단은 홍익인간 정신에 부합하다고 판단된다.

다만 중소 및 중견기업의 보호 및 육성정책의 한 방안으로 제조업의 경우 중소기업 또는 중견기업이 상속세 때문에 가업(家業) 승계가 어렵게 되는 일이 없도록 개선해야 한다. 이를 위하여 제조업 분야의 가업 상속 공제제도를 현실에 맞게 개선하여 중소기업 및 중견기업의 가업 승계에 대한 상속세 부담을 완화시켜 주는 조치가 필요하다.

⑥ 탈루 및 탈세 방지 강화가 요구된다.

⑦ 부동산실명제 강화와 토지공개념제도의 재도입이 필요하다.

⑧ 근로자의 삶의 질을 향상시키고 한국경제의 구조적 침체를 벗어나기 위해서는 노동시장에서의 비정규직의 축소와 비정규직을 정규직으로의 전환이 시급히 필요하다.

⑨ 중소기업 육성 및 지원 방안이 요구된다.

⑩ 중소기업의 기술지원 방안이 필요하다.

⑪ 중소기업의 자금난 해소 방안이 필요하다. 중소기업의 자금난 해소를 위한 가장 좋은 방안은 '상업어음' 또는 '진성어음'(상품 매매대금으로 발행하는 어음)으로 불리우는 상업어음제도의 폐지가 바람직하다. 상품 매매대금은 현금지불을 원칙으로 하고, 부득이 상품을 수령하는 측이 현금지불 대신 매매대금을 상업어음(진성어음)으로 발행할 경우 어음할증제도의 도입이 요구된다. 즉, 상품 매매대금 지불을 지연하는 경우에는 시중은행 중 상위 5대 은행의 평균 대출금리에 일정 수준(1~2% 포인트)의 가산금리를 더하여 상품을 제공하는 측에 지불하게끔 법적 · 제도적 장치 마련이 필요하다. 이러할 경우 우월적 위치에 있는 대기업들이 중소기업에 대한 대금지급이 지연되는 일이 적을 것이며, 중소기업의 자금난은 획기적으로 개선될 수 있다. 즉, 어음 사용을 부분적으로 허용할 경우 상업어음의 경우 어음할인제도를 어음할증제도로 바꾸는 것이 경제적 정의에 합당하다.

⑫ 고리대금 방지를 위하여 이자제한법의 최고 이자율을 가능한 더 낮추어야 하며, 이에 관한 규정을 강화시켜야 한다.

● 홍익인간 사상과 복지논쟁

6. 일부에서는 복지비용을 마련하는 가장 쉬운 방법이 증세를 통한 재원조달 방법이라 말하는데, 틀린 생각이다. 증세를 통한 복지재원 마련 방안이 가장 힘든 방법이다. 정부가 부족한 재정재원을 마련하는 가장 손쉬운 방법이 적자재정을 운영하면서 이를 메우기 위하여 채권을 발행하는 방법을 사용하거나, 중앙은행을 통해 돈을 찍어 내어 부족한 재원을 마련하는 것이다. 그러나 부족한 재원을 마련하기 위하여 돈을 찍어 낼 경우에는 중 · 장기적으로 인플레이션을 초래하여 미래 경제에 나쁜 영향을 미칠 수 있기 때문에 바람직하지 않은 방법이다. 부족한 재원을 국민의 저항 없이 가장 쉽게 마련하는 방법은 채권을 발행하여 부족한 복지재원을 마련하는 것인데, 이는 결국 미래 세대(우리의 자녀 세대)에게 부담을 지게 하는 것으로 이 또한 바람직하지 않다.

부족한 복지재원을 만드는 방법은 국민들이 고통스러워도 고통을 함께 나누는 방법, 즉 증세를 통한 재원조달 방법이 가장 바람직한 방법이다. 여기에도 홍익인간 정신이 요구된다. 즉, 널리 다른 사람을 돕거나 또는 널리 다른 사람을 유익하게 하는 방법이 복지향상이며, 이에 드는 비용은 여러 사람들이 나누어 부담하는 방법이 요구된다. 복지향상을 위한 적극적인 방법은 세금부담을 국민들이 함께 나누어 부담하는 길밖에 없다.

만약 증세조치를 취한다면 정부에서는 우선적으로 이명박 정부가 들어설 때 취했던 각종 조세감면 조치를 철회해야 한다. 그리고 소득세 부문에 있어서 금융소득과세 기준 하향 조정 및 강화, 주식 양도차익 과세범위의 확대, 소득세 과표구간 조정 및 최고세율 상향 조정, 상속 및 증여세의 합리적 강화, 종합부동산세의 경우 비거주용 토지를 중심으로 보유세를 강화하는 대신 거래세 완화, 종합부동산세의 부과기준 하향 조정 등이 필요하다. 이러한 조치에도 불구하고 복지를 위한 재원이 부족하다면 마지막으로 소득세, 법인세, 종합부동산세 및 재산세의 세율 인상 등 납세자들의 동의를 이끌어 내어 시대 상황에 맞게 점진적으로 증세를 실현할 필요가 있다.

우리 사회가 앞으로 복지국가로 나가기 위해서는 증세에 대한 국민들의 동의가 절대적으로 필요하다. 이를 이끌어 내는 것은 앞으로 우리 사회의 정치지도자의 몫이다. 그리고 국민들도 홍익인간 정신(弘益人間 精神)에 따라, 더 많은 세금을 내는 것이 타인의 행복에 기여하는 방법으로 믿고, 많은 세금을 내는 것을 명예롭게 생각하는 사회, 그리고 더 많은 국민들이 함께 행복해 질 수 있는 사회를 만들어 내기 위하여 복지비용을 함께 부담하겠다는 의식의 변화와 적극적인 자세가 필요하다.

● 남북한 통일을 위해 어떠한 준비를 해야 하나

7. 지금처럼 남북한이 이념적 대립으로 인한 분단 상태에서 상호 적대시하면서, 10년 또는 20년이 더 지난다면 북한의 땅과 자원과 주민들은 자연스럽게 중국에 편입될 가능성이 매우 많고, 독도는 일본에 빼앗길 가능성을 배제할 수 없다. 그렇게 된다면 2020~2030년대를 살아가게 될 지금의 성인 세대는 그럭저럭 살아갈 수 있을지 모른다. 하지만 앞으로 남북한이 분단된 상태로 20~30년이 더 지난다면, 남한과 북한은 영구히 분단될 수도 있다. 우리들의 자식 세대나 손자 세대는 지금의 남한 국민들이 누리는 경제 · 정치 · 사회 · 문화적인 자유를 지금처럼 누리지 못하게 될 것이 명확하다고 판단된다. 따라서 남북한의 평화적 통일이 시급한 과제이다.

만약 남북한의 평화적 통일, 자유민주주의적 시장경제체제로의 통일이 될 수 있다면, 북한의 광물자원과 값싼 노동력을 남한 기업들이 활용할 수 있어 세계시장에서 국제경쟁력을 더 높일 수 있으므로 수출이 더 확대될 것이다. 또한 남북한이 통일될 경우 2015년 현재 북한 주민을 약 2,500여만 명으로 추산할 경우, 북한 주민들이 대한민국 주민들의 생활수준의 50~60% 수준에 이르기 위해서는, 현재 남한의 대기업이나 중소기업 모두에게 최소한 20~30년 이상의 국내수요가 확보된다고 볼 수 있어 기업들은 더 많은 생산과 그에 따른 수익을 올릴 수 있는 엄청난 기회가 될 수 있다.

8. 각 분야에서 통일을 위한 준비를 해야 한다. 그리고 평화적 통일은 빠를수록 남한과 북한 모두에게 좋다. 그러면 앞으로 남북한이 통일될 경우, 이 시대를 살아가는 우리는 어떠한 준비를 하여야 하는가?

첫째, 남북한이 통일될 경우 가장 중요한 요소는 대다수 사회 구성원들이 공감하고 따를 수 있는 올바른 가치관의 재정립이다. 그것은 다름 아닌 우리 민족에게 면면히 흐르고 있는 홍익인간 사상에서 찾을 수 있다. 홍익인간 정신이 일상생활 속에서 삶의 실천철학이 될 수 있다면, 우리 한민족을 지켜줄 수 있는 기본 가치관이자 생활철학이며, 세계인과 공생공영할 수 있는 21세기의 시대정신이 되기에 충분하다. 홍익인간 사상이 가지는 현대적 의의는 우리 사회를 도덕적으로 정화시키고, 남북한이 화합하여 분단을 극복하고 통합시킬 수 있게 해준다.

둘째, 통일국가의 경제기반은 올바른 조세제도와 조세체계를 기반으로 해야 하므로 이에 대한 준비가 필요하다. 통일국가는 홍익인간 정신을 국가운영의 기본철학으로 하고, 조세제도를 개혁할 때에도 이를 충실히 반영할 수 있어야 한다.

세계의 역사 속에서 한 국가의 흥망성쇠는 조세저항과 밀접한 관계를 갖는 경우가 종종 있었다. 한 시대의 조세제도와 조세체계는 한 국가의 멸망을 자초하기도 하며, 반대로 국가를 흥하게 만들기도 한다.

어떠한 경우이건 갑자기 통일이 이루어지는 경우, 즉 결과적으로 남한이 북한을 흡수통일하는 방식으로 되었을 때 조세체계가 전혀 갖추어져 있지 않은 북한지역에 남한의 조세체계를 그대로 적용할 수는 없다.

북한은 사회주의 체제의 특성상 기본적으로 사유재산제도가 인정되지 않고 거의 모든 것이 국가소유로 되어 있기 때문에, 자본주의와 같이 조세제도가 잘 발달되어 있지 않아서 통일 이후 현재의 북한의 국가수입제도(조세제도)는 통일 이후에 적용할 만한 조세제도가 없다고 보아야 한다.

조세제도를 폐지한 북한지역에 대하여 남한의 조세제도를 바로 적용하기에는 세무행정상 기술적으로 많은 어려움이 따를 것으로 예상된다. 남북한이 통일될 경우 현재의 남한의 조세제도와 조세체계로는 통일(비용)을 감당할 수 없다. 또한 현재 남한의 조세제도나 조세체계를 북한지역에 그대로 적용할 수도 없는 문제이다.

그러나 갑자기 남북한이 통일이 된다면, 자본주의 자유시장경제체제를 기본으로 하고, 경제력이 우수한 남한이 통일국가 운영을 주도적으로 해나간다면 남한의 조세제도와 조세체제를 바탕으로 운영할 수밖에 없을 것이다. 이 경우 적용이 가능한 방안 중에는 남한의 조세체계와 조세제도를 기반으로 하되 과거의 '방위세제도'를 부활시켜 그 명칭을 '통일세'로 바꾸고, 과세대상이나 세율을 시대와 상황에 맞게 조정하여 적용한다면, 남북한이 통일된 이후 재정재원의 조달이 용이할 것이며, 통일 직후의 조세제도 운용의 혼란을 극소화시키는 방안이 될 것으로 판단된다.

특히, 통일 이후 세제개혁을 할 때 조소앙이 홍익인간 사상에 입각하여 주장했던 삼균주의인 균부(均富), 균학(均學) 및 균권(均權) 정신을 실현하기 위한 구체적 주요 실천정책이 조속히 실시되어야 한다.

예를 들어, 균학을 위해서는 지방교육재정교부금의 교부율의 상향 조정뿐만 아니라 지방교육세의 세율을 상향 조정하여 통일국가에서는 최소한 고등학교까지 무상교육이 가능하도록 조세제도를 개혁해야 한다. 그리고 가능하다면 서양의 복지 선진국처럼 대학교육을 받기 원하는 경우, 대학교육까지 무상교육으로 교육비에 대하여 사회 구성원이 함께 부담하는 제도가 바람직하다. 만약 대학교육까지 무상교육이 재정적 문제로 어렵다면 학생들에게 장기 저리(현행보다 더 낮은 이자율)의 학자금 대출(대출 조건 완화 및 대출 규모 확대)로 학생들이 대학을 졸업한 후 취업을 하여 스스로 학비를 후불로 지불할 수 있도록 하는 제도적 장치를 마련해야 한다.

한편, 균권을 위하여 통일국가에서는 중앙집권체제가 아니라 지방분권체제가 강화되고 지방자치제도가 성공적으로 정착되어야 한다. 정치권력적 측면에서 뿐만 아니라 경제적 측면에서도 지방분권적 체제가 바람직하다. 즉, 통일국가에서는 중앙(연방)정부의 기능이나 재원이 지방정부에 더욱 많이 이양될 수 있는 지방자치제도가 바람직하다.

이를 위하여 통일국가의 지방재정 운영에 있어서는 지방재정조정제도의 강화를 통한 지방자치단체의 재정력 격차를 완화시키는 방법을 생각할 수 있다. 통일 이후에 하루 빨리 낙후된 북한지역의 경제력을 활성화시키기 위하여 지방교부금의 확대를 비롯하여, 북한지역의 개발 투자를 위한 국고보조금 확대가 불가피할 것이다. 따라서 현행 법정 교부율을 대폭 상향시키는 방안이 요구된다. 경우에 따라서는 재정 및 세제운영 측면에서 독일식 연방제 국가운영체제와 공동세 방식 및 지방정부 간의 역교부세제도의 도입을 적극 검토할 필요가 있다.

● 극좌파와 극우파는 남북한 통일의 방해세력이며 민족의 반역자다

9. 이념적 갈등은 어떻게 해소할 수 있나

(1) 우리 사회의 이념적 갈등 해소가 필요하다. 극좌(종북)파와 극우파는 통일의 방해꾼이며 민족의 반역자다. 누구를 위한 극좌며, 누구를 위한 극우적 주장과 행동을 하는지 냉철하게 따져보아야 한다. 내 주장만 절대 옳고, 상대방은 섬멸의 대상이라면 어느 누가 통일을 하려고 하겠는가? 이 책을 읽는 사람들 중에 통일이 되면 나와 내 가족이 가지고 있는 것 모두를 빼앗기거나 심지어는 죽임을 당할 수도 있다는 위험이 있어도 통일을 하겠는가? 라는 물음에 자문자답을 해보아야 한다. 통일을 위하여 나와 내 가족의 재산과 생명까지도 포기할 수 있는 사람이 몇 명이나 될까를 생각해 보아야 한다.

남북한이 통일된 한민족 전체의 보다 많은 사람들이 행복하게 살 수 있게 해줄 수 있는 것이 무엇인지 냉철하게 따져보고 행동해야 한다. 남북한이 분단된 상태로 앞으로 20~30년이 지나 영구히 분단된다면, 주변 강대국에 휘둘리어 북한 주민들은 물론 대한민국의 후손들(자녀들)도 지금처럼 자유롭고 풍요한 삶을 누릴 수 없을 것이다. 언제까지 남북한이 분단 상태로 있기를 원하는가? 내 방식대로만 통일이 되어야 하고, 상대방을 섬멸의 대상이라고 생각하면 통일은 불가능하다.

(2) 우리 사회에서 이념논쟁의 종식을 위하여 자본주의 시장경제체제를 따르고 있는 OECD의 선진국들처럼 국내총생산(GDP) 대비 국민부담률(조세부담+사회보장부담금)을 높이고, 그 대신 국내총생산(GDP) 대비 사회보호(복지)비 비중을 이들 OECD 국가들의 평균 수준과 같게 하거나, 또는 정부의 세출예산 중에서 사회복지정책을 수행하기 위한 사회보호(복지)비 지출을 OECD 국가들의 평균 수준으로 높임으로써 우리 사회의 극단적인 이념논쟁은 종식이 가능하다고

판단된다.

● 경제적 갈등 문제 어떻게 해결하여야 하나

10. 우리나라가 참된 자본주의 자유경쟁 시장경제체제인지 냉정히 재검토해야 한다. 진정한 자본주의 자유시장경제체제로 나가기 위하여 현재 대한민국의 경제체제가 지금보다 더 공정한 경쟁이 이루어지도록 법과 제도를 개선해야 하며, 지금보다 개인의 인권과 자유가 더 보장된 국가로 나가야 한다.

11. 경제 활성화와 경제 양극화를 해결하기 위하여 감세정책만으로는 안된다. 경제거래의 투명화를 위해 실질적인 금융실명제가 확대되어야 하며, 부동산실명제와 종합부동산세의 누진율의 강화가 필요하다. 그리고 대기업의 법인세 인상과 부유계층에 대한 증세와 저소득층에 대한 복지지원 확대정책이 필요하다.

12. 자본의 권력화와 세습화를 경계해야 한다. 자본의 권력화와 세습화는 자본주의의 적이며, 건강한 자본주의의 지속적 발전을 해치는 암적 존재다.

● 홍익인간 사상과 노블레스 오블리주

13. 홍익인간 사상과 노블레스 오블리주 그리고 기부문화의 확산이 필요하다.

우리 사회의 지도층에 속하는 사람들 대다수는 사회 기득권층의 물질적 · 정신적 유산을 물려받은 상속인들이다. 마치 중세 귀족사회의 계급 세습과도 같은 형식으로 현대 사회의 계층 상속이 이루어지고 있다. 그런데 얼핏 보기에 그 형식은 같지만 다른 점이 있다. 현대 한국 사회 기득권층의 상속에는 명예와 같은 정신문화적 유산이 빈약하다. 과거 귀족계급은 부와 권력 이외에 명예(예를 들어, 선비정신)로써 그들의 신분적 정당성을 유지하였다. 그런데 현대 한국 귀족에 속하는 부자(富者) 상속인들에게는 이러한 명예가 없어 신분적 정당성을 얻지 못하고 있다.

우리 사회는 돈과 권력만을 사회적 힘이라고 믿으며 각계 각층에서 이를 추구하고 있는 듯하다. 그러나 사회 각 분야가 다양한 가치관과 요소를 중심으로 고유한 자율적 세계를 구축할 때 사회발전의 추진력을 얻을 수 있다. 부와 권력만이 사회 각계를 좌지우지할 수 있는 무소불위의 힘을 발휘하고 이를 인정하는 사회는 필연적으로 불행한 미래를 맞이할 것이다. 도덕성과 명예 등 사회적 가치가 부와 권력에 영향력을 가지는 사회가 균형 있는 발전을 할 수 있을 것이다.

이러한 사회를 건설하는데 있어서 소수의 상류층과 엘리트 집단들의 균형 잡힌 가치관이 절실히 요구된다. 그들이 갖고 있는 부나 권력이 의롭고 명예롭게 사용될 때 진정 사회적 힘을 발휘할 수 있다. 사회 구조적으로 지배계급은 재생산되고, 계급의 의식문화 또한 확대되고 재생산된다. 그러므로 지배계급의 비뚤어진 특권의식의 남용은 그들 자신을 망칠 뿐만 아니라 나라를 망칠 수 있다.

이제 한국 사회에서 지배 엘리트들은 특권의식의 원형을 귀족정신의 뿌리에서 찾아야 한다. 지배 엘리트와 지식인들이 사회적 책무를 성실히 수행할 때, 비로소 그들은 다른 계층과 구별되는 명예와 이에 어울리는 권위를 갖게 되고 귀족 대접을 받을 수 있다.[5] 그 방법은 다름 아닌 이 땅에 홍익인간 사상의 확산과 자발적 기부문화를 활성화시키는 것이다.

5 현택수, 앞의 책, pp. 24~28.

● 홍익인간 사상의 실천 방안

14. 21세기 통일 한국을 위해서는 홍익인간의 정신을 갖춘 지도자가 필요하며, 모든 국민이 홍익인간 정신(다른 사람을 널리 돕고, 이롭게 하는 정신)을 일상생활 속에서 실천해야 한다. 홍익인간 정신의 일상생활 속에서의 실천은 저절로 되는 것이 아니다. 국민들에게 홍익인간 정신에 대하여 지속적 · 반복적인 교육이 필요하다. 그리고 시대의 변화에 맞게 '홍익인간 정신'이 반영된 법과 제도의 지속적 개발과 함께 실천이 필요하다.

참고문헌

강무학, 『단군조선의 실존』, 명문당, 1989.

강철규 · 최광 외 5인 공저, 『현대경제학』, 박영사, 1993.

계연수 편저, 안경전 역주, 『환단고기』, 상생출판, 2012.

권성아, 「홍익인간사상과 민족통일교육」, 강원대학교 대학원 교육학과 박사학위논문, 1998.

_____, 「홍익인간 이념의 교육적 해석」, 『정신문화연구』 제22권 제1호, 한국정신문화연구원, 1999.

김득황 · 김도경, 『우리 민족 우리 역사』, 삶과 꿈, 1999.

김성광, 『작은 성공』, 도서출판 강남, 2010.

김승래 · 김형준 · 이철인, 「적정 조세체계에 관한 연구」, 한국조세연구원, 2008.

김영돈 편저, 『홍익인간과 한단고기』, 유풍출판사, 1995.

김유찬 · 이유향, 「주요국의 조세제도 –독일편–」, 한국조세연구원, 2009.

김인회, 「21세기 한국교육과 홍익인간 교육이념」, 『정신문화연구』 제74호, 한국정신문화연구원, 1999.

김진홍, 『21C 한국형 리더십』, 가이드포스트, 2006.

김한권, 『한민족의 정신문화』, 미래문화사, 1989.

달라이 라마 지음, 공경희 옮김, 『마음이 바뀌면 인생이 변한다』, 문이당, 2002.

대외경제정책연구원, 『2003/04 북한경제 백서』, 2004.

대천덕(R. A. Torrey III), 『토지와 경제정의』, 홍성사, 2006.

돈 탭스콧 지음, 김종량 · 유영만 옮김, 『디지털 경제를 배우자』, 물푸레, 1999.
마이클 샌델 지음, 이창신 옮김, 『정의란 무엇인가』, 김영사, 2011.
막스 베버 지음, 김덕영 옮김, 『프로테스탄티즘의 윤리와 자본주의 정신』, 도서출판 길, 2010.
매일경제 지식프로젝트, 『두뇌강국보고서』, 매일경제신문사, 1999.
미즈노 남보쿠 지음, 권세진 옮김, 『절제의 성공학』, 바람, 2005.
박근갑, 『복지국가 만들기』, 문학과지성사, 2009.
박기혁, 『경제학사』, 법문사, 1990.
박노자 · 김건 · 백명정 외 4인, 『나는 복지국가에 산다』, 꾸리에, 2013.
박형수, 「장기재정전망과 재정정책 운용 방향」, 〈한국조세연구원 개원 20주년 기념세미나 발표자료집〉, 2012.
법륜 · 오연호, 『새로운 100년 – 오연호가 묻고 법륜 스님이 답하다』, 오마이북, 2012.
북한경제포럼, 「현대 북한경제론 –이론과 실제에 관한 연구–」, 오름, 2007.
북한법연구회 · 국민대학교 북한법연구센터, 「북한정권 60년: 북한법의 변천과 전망 및 과제」, 〈북한법연구회 창립 15주년 기념 학술대회〉, 2009.
성삼제, 『고조선 사라진 역사』, 동아일보사, 2005.
손희두 · 문성민, 「북한의 재정법제에 관한 연구」, 한국법제연구원, 2007.
송상훈, 「재정분권제의 의의와 시행방안」, 『경상논총』 제13집, 한독경상학회, 1996.
______, 「독일의 재정분권과 지방세」, 〈지방재정 세미나 발표자료〉, 2008.
송상훈 · 김무형, 「재정분권의 시행과 경제적 효과에 관한 연구」, 『한국경상논총』 제17권 제2호, 한국경상학회, 1999.
송호수, 「한민족의 뿌리사상」, 『시원문화를 찾아서』, 컴네트, 1988.

신채호 원지, 박기봉 옮김, 『조선 상고사』, 비봉출판사, 2006.

신필권, 『복지국가 스웨덴』, 후마니타스, 2011.

신현만, 『회사가 붙잡는 사람들의 1% 비밀』, 위즈덤하우스, 2009.

안경전 역주, 『환단고기』 보급판, 상생출판, 2012.

안원전, 『통곡하는 민족혼』, 대원출판사, 1989.

안종범, 「통일한국의 재정정책」, 『통일경제론』, 도서출판 해남, 1997.

______, 『근로자와 서민을 위한 세제개혁』, 도서출판 해남, 2005.

안창남, 『북한 조세제도』, 세학사, 2005.

안호상, 「배달민족의 전통적 사상의 뿌리와 줄거리」, 『한국의 전통사상』, 형설출판사, 1983.

______, 『나라역사 육천년 –안호상 박사 상고사 논문모음』, 한뿌리, 1993.

유경문, 「교육 및 과학기술 투자재원 확보를 위한 연구」, 『경제학연구』 제42집 제2호, 1994.

______, 「통일전후의 재정운영과 세제개편 방안」, 『재정논집』 제12집 제2권, 한국재정학회, 1997.

______, 「분권화시대의 조세체계 개편방안」, 『98 지방재정세미나 최종보고서』, 한국재정학회, 1998.

______, 「단군사상과 경제–조소앙(조소앙)의 삼균주의(삼균주의)의 재해석」, 〈한국경제학회 정기학술대회 자료집〉, 2000.

______, 「홍익인간 사상과 경제–홍익인간 사상을 실현하기 위한 경제학적 접근–」, 『단군학연구』 제2호, 단군학회, 2000.

______, 「지방세체계의 개편방안에 관한 연구」, 『한국지방자치연구』 제9권 제2호(통권 19호), 2007.

______, 『분권화 시대의 조세체계 개편방안』, 세학사, 2007.

______,「아, 이를 어찌할고……」,『납세자』 2008 겨울호, 한국납세자연합회, 2008.

______,「통일을 준비하는 세제개혁 방안을 연구합시다」,『납세자』 2009 겨울호(통권 14호), 한국납세자연합회, 2009.

______,「공정한 사회를 위한 지방세제 개선방향」,『공평과세 구현을 위한 지방재정책 방향』, 〈한국지방세협회 발표논문집〉, 2011.

______,「21세기 한국형 리더십의 조건과 리더의 역할」,『납세자』, 2012 여름호(통권 19호), 한국납세자연합회, 2012.

______,「무상복지란 없다」,『납세자』, 2012 여름호(통권 20호), 한국납세자연합회, 2012.

______,「자본의 권력화와 세습화를 경계한다」,『납세자』, 2013 겨울호(통권 21호), 한국납세자연합회, 2013.

유경문 외,『재정격차 완화를 위한 합리적인 재정조정제도 연구』, 한국지방행정연구원, 1995.

윤이흠 외,『단군 그 이해와 자료』, 서울대학교 출판부, 1997.

이장희,「한국통일과 국제법적 과제」,『한국통일과 법적 과제』, 〈정부수립 60주년 기념 2008 남북법제 특별세미나〉, 2008.

______,「독일의 통일외교와 통일정책」, 심의섭 · M. 치맥 공편,『독일연방공화국 60년 1949~2009 분단국가에서 민주통일국가로』, 도서출판 오름, 2009.

이필우 · 유경문,『조세론』, 법문사, 2003.

이형구 엮음,『단군과 고조선』, 살림터, 1999.

일연 지음, 이민수 옮김,『삼국유사』, 을유문화사, 2013.

일까 따이팔레 역음, 조정주 옮김,『핀란드경쟁력 100』, 신영사, 2010.

임석민,『경영학자가 쓴 돈의 철학』, 나남, 2010.

임승국 변역 · 주해, 『한단고기』, 정신세계사, 1998.

장하준, 『장하준의 경제학강의』, 부 · 키, 2014.

정영훈, 「'단군민족주의'와 그 정치사상적 성격에 관한 연구–한말~정부 수립기를 중심으로」, 단국대학교 대학원 박사학위논문, 1993.

_____, 「홍익인간 이념의 유래와 현대적 의의」, 『정신문화연구』 제22권 제1호, 한국정신문화연구원, 1999.

_____, 「한국인의 정체성과 홍익인간 이념」, 『단군학 연구』 제6호, 2002.

_____, 「조소앙의 삼균주의 정치이론과 단군민족주의」, 『한민족연구』 제3호, 한민족학회, 2007.

_____, 「안재홍의 신민족주의 정치이론과 단군민족주의」, 『한민족연구』 제5호, 2008.

_____, 「홍익인간 사상의 인문학」, 〈성남시민을 위한 인문학 수요강좌 강의자료〉, 2014.

정영훈 외, 『홍익인간 이념연구』, 한국정신문화연구원, 1999.

정옥자, 『한국의 리더십 선비를 말하다』, 문이당, 2011.

제임스 M. 뷰캐넌 지음, 이필우 엮음, 『윤리와 경제진보』, 자유기업센터, 1997.

최동한, 『천부경의 예언론』, 삼일, 1993.

_____, 『혼돈과 파천황』, 삼일, 1997.

_____, 『천부경』, 삼일, 1998.

최봉영, 「대한민국의 교육이념과 교육목적에 대한 검토」, 『인격교육』 제1권 제1호, 한국인격교육학회, 2007.

최성은, 「경제위기하에서의 보건복지재정 우선순위」, 〈2010년 보건복지재정의 현안과제와 정책방향에 관한 토론회 자료집〉, 한국보건사회연구원, 2009.

최연혁, 『우리가 만나야 할 미래 – 스웨덴의 한가운데서 우리가 꿈꾸는 대한민국을 만나다』, 쌤앤파커스, 2012.
최영진, 『신조선책략』, 김영사, 2013.
최종철, 『환웅 · 단군 9000년 비사』, 미래문화사, 1999.
최태욱, 『복지 한국 만들기』, 후마니타스, 2013.
최홍규, 『신채호의 민족주의 사상』, 단재 신채호선생 기념사업회, 1993.
한상복, 『배려』, 위즈덤하우스, 2006.
허호익, 『단군신화와 기독교』, 대한기독교서회, 2003.
현대한국학연구센터, 『홍익인간 건국이상과 국가개조 과제』, 한국학중앙연구원, 2014.
현택수, 『노블레스 오블리주』, 동문선, 2002.
황경식, 『사회정의의 철학적 기초』, 문학과지성사, 1989.
황원갑, 『인물로 읽는 삼국유사』, 청아출판사, 2010.
토마 피케티 지음, 장경덕 외 옮김, 『21세기 자본』, 글항아리, 2014.
통일부 통일교육원, 『북한의 이해』, 양동문화사, 2008.
평화재단, 「민족의 화해와 상생을 위한 통일 구상 –화해상생 통일론–」, 〈평화재단 5주년 개념식 및 기념심포지엄〉, 2009.
Adam, Smith, *An Inquiry into The Nature and Causes of The Wealth of Nations*, 1776., E. Cannan ed., Modern Library Books, N.Y., 1965.
______, *The Theory of Moral Sentiments*, D.D, Raphael and A.L. Macfie, ed., Clarendon Press, Oxford, 1979.
Aristotle, *Nicomachean Ethics*, M. Ostwald trans., The Bobb-Merrill, Indianapolis, 1979.
______, *Politics*, Benjamin Jowett trans., Modern Library, 1942.

Jeremy, Bentham, *Introduction to the Principle of Morals and Legislation*, Haffner, 1940.

John, Rawals, *A Theory of Justice*, Harvard Univ. Press, Massachusetts, 1971.

Max, Weber, *The Prostestant Ethic and The Spirit of Capitalism*, T. Parsons, tras., NY, 1976.

Plato, *The Collected Dialogue – Republic*, E. Hamilton and H. Cairns, ed. Bollingen Series LXXI, Princeton Univ. Press, 1980.

Robert, Nozick, *Anarchy, State and Utopia*, N.Y. Basic Books, 1974.

찾아보기

ㄱ

ㅈ

ㅊ

ㅌ